贝页
ENRICH YOUR LIFE

超越增长

9大策略应对全球商业新格局

[印] 阿瑞丹姆·巴塔查里亚　[奥] 尼古拉斯·朗　[加] 林杰敏 / 著　靳婷婷 / 译

By Arindam Bhattacharya, Nikolaus Lang, Jim Hemerling

BEYOND GREAT

Nine Strategies for Thriving in an Era of Social Tension, Economic Nationalism, and Technological Revolution

文匯出版社

图书在版编目 (CIP) 数据

超越增长：9 大策略应对全球商业新格局 /（印）阿瑞丹姆·巴塔查里亚（Arindam Bhattacharya），（奥）尼古拉斯·朗（Nikolaus Lang），（加）林杰敏（Jim Hemerling）著；靳婷婷译 .— 上海：文汇出版社，2021.11

ISBN 978-7-5496-3661-7

Ⅰ. ①超… Ⅱ. ①阿… ②尼… ③林… ④靳… Ⅲ. ①企业管理—研究 Ⅳ . ① F272

中国版本图书馆 CIP 数据核字 (2021) 第 204470 号

Beyond Great: Nine Strategies for Thriving in an Era of Social Tension, Economic Nationalism, and Technological Revolution by Arindam Bhattacharya, Nikolaus Lang, and Jim Hemerling, ISBN: 978-1-5417-5718-9

超越增长：9 大策略应对全球商业新格局

作　　者 / [印] 阿瑞丹姆·巴塔查里亚 [奥] 尼古拉斯·朗 [加] 林杰敏
译　　者 / 靳婷婷
责任编辑 / 戴　铮
封面设计 / Monocolour
版式设计 / 汤惟惟
出版发行 / 文匯出版社
　　　　上海市威海路 755 号
　　　　（邮政编码：200041）
印刷装订 / 上海普顺印刷包装有限公司
版　　次 / 2021 年 11 月第 1 版
印　　次 / 2021 年 11 月第 1 次印刷
开　　本 / 889 毫米 × 1230 毫米　1/32
字　　数 / 224 千字
印　　张 / 10.5
书　　号 / ISBN 978-7-5496-3661-7
定　　价 / 88.00 元

我们将《超越增长》这本书献给家人：

阿瑞丹姆：献给我的太太苏吉塔以及我们的儿子伊山和迪曼

尼古拉斯：献给我的太太米莉娅姆，以及我们的孩子朱莉安娜，约翰娜和雅各布

林 杰 敏：献给我的太太妮古拉，以及我们的四个儿子：尼古拉斯，克里斯蒂安，米切尔和亚历山大

推荐序

你准备如何应对瞬息万变的时代？你该部署哪些策略，来构建使企业获得持久发展的文化？波士顿咨询公司（BCG）自创立以来，一直在助力全球企业赢得并保持竞争优势，以取得最佳业绩。本书也延续这一传统，展望各家公司未来数年会如何实现蓬勃发展。正如商业领袖们所知，近年来的商业环境一直在快速变化，而长期以来帮助企业成就卓越并保持领先的传统思维方式和实践方针已不再适用。在制定策略、分配资本、构建能力、优化运营以及打造成功团队等方面，商业领袖们面临的抉择日益复杂且多变，同时也带来了更大的风险与可观的回报。

不难理解，在这样的商业环境下，与我们对话的绝大多数商业领袖都在寻找有成功案例佐证的运营方式，以帮助他们在面对抉择时找准方向，找寻在下一个十年能够帮助企业获得成功的要素。《超越增长》一书就旨在满足这一需求。本书提供了一份全面的运营手册，以供领导者参考实践，帮助各公司在充斥着社会矛盾、经济民族主义以及科技革命的更加动荡的新时代中蓬勃发展。

阿瑞丹姆·巴塔查里亚、尼古拉斯·朗和林杰敏花费多年心血，深入研究了各行业、地区的商业领袖，基于BCG在全球范围内开展的客户业务，总结出9条基本策略。全球范围内的领先企业都在运用这些策略，以便在动荡的环境中更具备企业韧性，更敏捷，拥有更强的可持续性，以及更高效的运营模式。我相信，你会跟我一样认真研读这些策略，寻找策略间的关联，并探索各公司如何在现实世界中运用这些策略向所有利益相关方交付卓越价值。出人意料的是，绝大多数超越卓越的公司并不是那些知名的、相对年轻的大型数字公司，而是在制造业、农业、消费品、科技、金融和信息技术服务等行业中存在已久的老牌公司。各行各业的公司都能够利用本书中的观点，让企业更上一个台阶，提高自身在未来十年成长与发展的能力。正如三位作者所言，每一位领导者都可以培养多种方法和能力，来塑造超越卓越所需的转型技能和心态。

除了近年来迅速发展的诸多变化之外，新冠肺炎疫情的蔓延以及由此产生的对宏观经济的冲击，也给各公司近年来的发展带来了新的压力与挑战。绝大多数公司面临着比以往更大的压力，所受的限制也更为严格。然而，在面对疫情所带来的新现实的同时，我们必须记住2个关键点。首先，历史证明，艰难的环境更有利于孕育创新的力量，并加速了竞争地位的更迭。其次，早期迹象表明，当前的环境正在让近年来潜藏的趋势逐渐显露。这种趋势就是：消费者在线行为和新型工作方式正在加速转变；社会及消费者对企业韧性及涉及所有利益相关方商业行为的监管越发重视；社会和地缘政治压力日益加剧。

这一切表明,《超越增长》中的策略并非被搁置的、待时局好转后锦上添花的备用手段，而是企业为了加速发展，迫切需要实行的优先事项。正如书中所述，能将本书运营手册中的要素付诸实践的公司，已率先提出能塑造整个行业的价值主张，它们运用科技来重组运营，并将过去停滞不前的组织转变成了活力充沛、勇于创新的强大集团。在此过程中，这些公司不仅加速创造价值，也增强了自身韧性。当今时代的挑战或许令人生畏，但我们却不能畏首畏尾。这是迸发灵感、制定自身策略并勇于前行的时刻。过去的商业领袖们一直认为卓越是值得追求的目标，而你和你的公司身上，都有潜力超越卓越！

祝愿你在这段激动人心的旅途中一帆风顺。

李瑞麒（Rich Lesser）

BCG 全球主席

目　录

PART 3 超越组织

引 言

卓越已经不够了

你是一家大型制造公司的高管，在经历多年利润增长之后，现在的你面临着一项严峻的考验。一场全球性健康危机已经暴发，海外政府机构强制关掉了你合作的一家重要零部件供货商，禁止其工厂运营。甚至这位供货商的电话都无法接通。而在你那高效准时的全球供应链中，却偏偏缺少这种零部件的备用供应商。你的库存在逐渐减少，一旦库存用光，生产线也会停摆。如果这种中断要持续几周，而不能在几天内解决的话，便可能抵消你全年利润，带来灾难性财务影响。那么，你要如何处理?

2020 年，新冠肺炎疫情危机曾一度迫使全球经济中的大部分陷入瘫痪状态，许多公司都亲历了这场灾难。尽管这种对金融体系的冲击极其罕见，但发生的频率变得比过去任何时候都更频繁——回想一下“非典”或甲型 H1N1 流感的暴发，或者 2008 年金融危机这种经济冲击，或英国退欧这样的政治冲击。其实早在新冠肺炎疫情之前，时任耐用品制造商惠而浦（Whirlpool）公司的首席运营官、现任首席执行官的马克·比策（Marc Bitzer）就曾告诉我们，全球经济已经进入了一个新时代，他将此称之为“撕裂时代”。[1] 在提到最近全球的政治局势时，马克指出，企业现在面临着严峻的战略问题。比如，该在何处设立工厂，是否该在各大洲之间转移以规避贸易税的起伏；鉴于在过去具有吸引力的某些国家开展业务已变得困难且危险，企业是否应全盘放弃全球战略等等。比策还表示，更加动荡的环境也为企业带来了绝佳机遇，尤其对那些擅长把握全球消费趋势的企业而言。比策认为：“即便在我们这类所谓‘无聊’的行业里，数字通信的发展也让消费者的行为和偏好愈发趋同。”

与动荡本身相比，这些危机似乎还凸显出企业为繁荣发展而部署的长期商业战略存在不足。在 20 世纪后半叶，世界上最伟大和最受推崇的企业都在致力于实现出色的股东总回报（TSR）。[2] 那时贸易自由化和多边主义的发展，让全球经济体系拥有更加明确的规则和可预测的结果。在此环境下，企业通过销售差异化产品和服务、实行大规模高效运营，以及优化自身等手段来赢得市场，实现回报。而今，那些通过扩大经营规模和提高效率的客户价值主张与运营策略已不足以带来出色的股东总回报，更不用说要长期维系回报。1965 年，标准普尔 500 指数中的上市公司名单平均保留了一代人的时间——约 33 年。到了 2016 年，标准普尔 500 指数中的上市公司平均停留期已缩减至 24 年。[3] BCG 的研究表明，同样处于缩减状态的还有上市公司的寿命——从 1970 年的约 60 年到 2010 年的不足 40 年。[4] 此外，首席执行官的任期也在变短。[5] 业绩最佳公司与最差公司之间的差距越来越大，而一直提供丰厚股东总回报的公司，也在提供价值上愈发感到力不从心。[6]

放眼当下，日益脆弱的本地企业或跨国公司仍面临着一系列挑战，这些挑战阻碍了公司在动荡时期持续提供出色的股东回报，以及对整个社会产生积极影响。企业的领导者仍在罔顾消费者需求，推行着过时的价值主张。尽管地方竞争和经济民族主义给高增长市场带来了新的挑战，但这些领导者却仍然保留着笨拙的且会侵蚀利润的全球产业足迹。公司的内部流程和企业文化缚住了他们的手脚，不但阻碍其理解不断变化的消费者，也妨碍他们构建满足消费者需求的长期关系。传统的人事管理制度让他们无法吸引、激励和留住最优秀的创新者、工程师、数据科学家和数字营销人员，所有工作都举步维艰。最重要的是，领导者还要响应来自政府、社区、客户以及员工的要求，必须以更符合可持续发展的、更负责的方式运营。就如我们全球主席李瑞麒所说:“新冠肺炎疫情让全球趋势加速发展，并带来更多压力与挑战，同时，让未来提前降临。”领导者察觉到，公司的绩效标准已经发生变化，而曾经用起来得心应手的传统商业模式，已无法应对未来的挑战。他们知道自己需要一本包含卓越策略的全新运营手册，但不确定这其中具体包含哪些内容。

超越卓越

少数公司已经开始开辟前进的新路，为帮助自身适应新时代，应用了更具韧性的策略。这些前沿公司已经意识到，仅凭销售差异化产品和服务来创造卓越的业绩已经不够了，公司必须超越传统，带给客户惊喜成果和体验的定制解决方案。而客户对物质系统和生产工厂也有新要求，作为最具成本效益的产业环节，物流系统和生产工厂也必须实现超越，开发足够灵活的网络，以应对规则的废止及变化（如关税的突然提高或对人员流动的签证限制），并迅速适应不断变化的消费者需求。公司必须跳出 20 世纪的增长战略、运营模式和组织结构，创造 21 世纪的新优势。

从另一个层面来看，这些前沿公司正在另一个层面上超越卓越，重新定义“杰出业绩”的概念。尽管股东回报依然是这些公司的核心标准之一，但这些公司正带着一种新的使命感来追求回报，这么做不仅是为了股东，还要为客户、员工、当地社区、政府以及自然环境在内的所有利益相关方带来重大积极影响。这些前沿公司认识到，想要在动荡中实现长期、持续且最出色的股东总回报，就必须以培养韧性和影响所有利益相关方的方式，来重新定义增长、运营及组织方案。因此，这些公司正在使用一本全新的策略手册，以便实现长期的繁荣发展，在面对难以预料的挑战和冲击时使自身更具韧性，能更加敏捷地应对社会和环境的需求。

你或许会以为这些前沿公司一定都是主导媒体的热门数字公司，如谷歌（Google）、奈飞（Netflix）以及阿里巴巴等巨头，并认为传统的老牌大型公司则会无一例外地落在后面，然而事实并非如此。没有哪个行业要比农业更为保守老旧了，然而像约翰迪尔（John Deere）这样大名鼎鼎的公司却在对农业进行全新改造，不仅研发了新的数据密集型产品，还重新配置了公司部门以便实现产品的交付。同样，百事（PepsiCo）和万事达卡（MasterCard）等行业领先公司也为企业制胜制定了新的宗旨和支持策略。其中，为实现可持续的、有责任感的卓越发展，百事公司实行自我转型；而万事达卡公司则调整自身定位，与让金融服务业发生变革的灵活金融科技公司竞争。为了在变革中处于领先地位，并成为客户的全面战略伙伴，印度的软件服务公司塔塔咨询服务公司（TCS）也实行了广泛的变革。这四家公司都为其股东及所有利益相关方创造了巨大的价值。

鉴于其历史发展轨迹，塔塔咨询服务公司的案例在以上公司中显得尤其有趣。这家公司作为塔塔集团（Tata Group）的组成部分，于1968年创立，之后很快成为一家跨国公司。20世纪后期，塔塔咨询服务公司以规模、成本优势、自动化、注重知识产权开发及其首创的“精益服务工厂模式”为基础展开竞争，实现了快速增长。到2001年，塔塔咨询服务公司已成为一家传统意义上的成功公司，在6.9亿美元的收入基础上实现了近30%的利润率。[7]人们认为，该公司会受到全球金融危机的重创，尤其在经历了印度和其他新兴市场相对于发达市场的增长放缓，以及该公司工业化软件服务交付模式产生的规模优势遭到侵蚀之后。可即便如此，塔塔咨询服务公司仍实现了蓬勃的发展，这并不是因为公司夯实了曾经铸就伟业的策略，而是因为其领导者采用了新的策略。在过去的二十年里，塔塔咨询服务公司为了跟上外部环境的急剧变化而不断转型，变得更加灵活并更具韧性。这一努力的成果在2020年尤为明显，在新冠肺炎疫情期间，塔塔咨询服务公司得以在受到最小冲击的情况下继续运营。

更为突出的是，塔塔咨询服务公司重新定义了其与客户之间的关系，提供融入了最新科技的全面服务组合，使世界各地的客户均可享用。[8] 公司整改了自主研发的具有成本优势的大规模离岸 [1] 交付体系，采用一套更加灵活的全球交付模式，利用距离发达市场更近的中高成本设施，且这些实施全部实现云端连接。这种新的交付网络在成本上为消费者提供了更多选项，同时也降低了风险——因为即使一个地区出现了问题，整个网络依然能正常运行。塔塔咨询服务公司也对其产品实现了“服务化”，即不提供单一品种的服务，而是提供定制化解决方案，这些方案包含全套技术，并且可以针对具体业务实现产出。一直以来，塔塔咨询服务公司积极寻求从多方利益的视角审视行业，利用全球一流的技术技能，在全球多地区实现变革。公司在地方性社区变革上一直领先于时代，同时又能找回变革前的问题根源。塔塔集团创始人加姆塞提・N. 塔塔（Jamsetji N. Tata）[2] 在 19 世纪中期曾说过：“在一家自由的企业中，社区不只是行业中一个普通的利益相关方，还是企业存在的真正意义所在。”[9]

塔塔咨询服务公司多样的转型和对社会作出积极贡献的巨大决心，使其能持续为股东交付可观价值。在 2009 年到 2020 年之间，公司的市值激增了十倍之多，峰值超过 1,200 亿美元。到 2020 年，塔塔咨询服务公司已成为全球信息技术服务公司中市值最高的一家，虽然从财务收入上来看要比 IBM 和埃森哲（Accenture）低许多，但却可以与二者媲美。[10] 为了在动荡中保持出色的业绩，塔塔咨询服务公司已经超越传统策略，提高了公司韧性，并为更广泛的利益相关方创造利

---

[1] 离岸象征着海运船只离开港口远洋进行贸易。由此意引申为跨国贸易中某国某地区公司的产品及服务向全球其他地区交付。——译者注（如无特殊说明，本书注释均为译者注）

[2] 加姆塞提・N. 塔塔（1839—1904），印度实业家、慈善家。

益。“我们认为，成长是我们所有动力的源泉，” N. 钱德拉塞克兰（N. Chandrasekaran，现任塔塔集团董事长）这样表示，“公司每个业务部门都专注于发展正确的增长方式，如收入、利润、知识、员工以及与客户搭建的深层次关系。对于我们来说，增长是全面的，而不是单一维度的。” [11]

数字公司很早就放弃了老牌公司用来创造收益的策略，但塔塔咨询服务公司、约翰迪尔以及万事达卡等公司的成功却让我们看到：在充满不确定性的新时代，现有公司和数字初创公司之间的竞争要比过去更加激烈。在各个行业，一部分老牌公司正奋起反击，从数字公司那里学习如何利用新技术践行新的策略，同时与现存业务并用，以充分利用公司规模打造全新优势。西门子（Siemens）、飞利浦（Philips）、诺基亚（Nokia），这些公司都在实行转型，以提高企业韧性，提升盈利能力，同时让公司更好地响应社会和环境的需求。零售业、金融服务业和消费业务公司也采取了相同的行动。在很多公司还尚未准备好迎接日益艰难的挑战时，以上这些公司又是如何做到的呢？它们的成功策略是什么呢？你又该如何为公司应用类似的策略呢？

改变世界的 3 种力量

2016 年，我们在世界经济论坛（WEF）的网站上读到一篇文章，该文章声称“全球化已死”，并认为全球商业已经“越过地图的边界，进入了未知的领域”。[12] 这一论点令人震惊，因为在全球多个地区，公司高管仍然对全球化和全球增长抱有相当乐观的态度。我们好奇到底有哪些要素发生了转变，也想探索某些前沿公司是否在这一转变发生之前做好了准备。于是，我们便对数十家公司展开了一项研究，通过采访这些公司的高管，深入探讨了其所在公司的增长策略以及正在采取的运营措施。

全球化并未消亡，也没有日渐式微。实际上，从跨境数据流动、国际旅客数量，甚至海外员工寄回国的汇款数额上来看，全球一体化进程都处于加速状态。然而，全球化的游戏规则发生了根本性变化，它不仅带来了威胁，也创造出了新的机遇。一部分全球公司之所以蓬勃发展，是因为其领导者对机遇有很强的敏感性，同时推进公司适应机遇、提高韧性。而其他公司则较为被动，仍然固守着传统策略，其效果大打折扣。

以这项研究为基础，我们发现了曾经并正在改变过去一个半世纪里全球商业性质的 3 股力量。每一种力量都体现了科技、社会、政治、卫生以及环境领域逐渐显露的、存在已久的一个或多个历史趋势。

改变全球商业性质的第一股力量，是由 2 种截然不同但彼此关联的变化所触发的社会压力。这 2 种压力一是自然生态系统压力的加重，二是资本主义及由此产生的不平等而引发的不满情绪的加剧。一个半世纪的工业化已严重耗损了自然环境及资源，导致气候变化、污染肆虐、生物多样性丧失以及随之而来的大规模人类健康危机。长期以来，公民一直认为保护自然环境属于政府的职责，但现在他们也要求企业为保护环境积极采取行动，要求还不止于此。在许多国家，不平等的加剧引发了员工和部分激进的股东等群体对资本主义的普遍质疑。越来越多的客户和员工要求公司超越股东价值最大化，为社会提供明确福利。[13]

改变全球商业性质的第二股力量，是不断发展的经济民族主义以及美国霸权主义的日渐式微。虽然美国在经济、军事及科技领域仍异常强大，但自2000年以来，中国国内生产总值已增长两倍。尽管近几十年来，新兴市场凭借自身的更快增长，有可能与发达市场的国内生产总值持平（一些经济学家将此称为“大融合”[14]），但这一情景尚未发生。即便新冠肺炎疫情对发达国家造成重创，但过去十年间，发展中国家的增长速度集体放缓，而发达国家的增长速度则有所加快。[15]土耳其和巴西等国在金融危机爆发前曾荣居快速发展经济体之列，而今发展速度却愈发不稳，在这种情况下，亚洲经济体的整体增速却高于世界平均水平。在世界各国，不平等现象正在加剧，其中某些行业和部分群体发展更快。因此，现在的公司不仅要在发展中国家实行大规模扩张，还必须在不同国家的特定行业中寻找利润。

经济民族主义的加剧，也加速了第二次世界大战引发的多边主义的衰落。2012年至2017年间，美国采取的保护主义行动数量几乎翻了一番（且仍在继续增加），绝大多数其他国家的保护主义措施也有所增长。[16] 2019年，二十国集团国家约有20%的出口“受到了贸易扭曲的影响”，而在2017年，这个比例超过了50%。[17]在世界范围内，国家认同已被赋予新的意义，且日益影响着消费者行为——一些评论员将这股潮流称为“部落主义”。在西方社会，不平等现象的加剧也同样深化了民族主义，由于实际工资停滞不前和传统制造业高薪工作岗位的流失，很大一部分人感到自己是全球化的受害者。由此，多边主义进程和机构正在减弱，新的多边关系的探讨进展放缓。在 2018 年的一项关于全球供应链的调查中，有记者认为，大约三分之一的人将保护主义政策列为一项“巨大的挑战”。[18] 随着新冠肺炎疫情对民族主义情绪的激化，这一挑战只会愈发严峻。

重新改写全球商业规则的最后一股力量，是由全球数据与数字科技的快速成长所推动的技术革命。国家间流动的数据量每两年就会翻一倍，这让“全球化消亡”的说法不攻自破，网络也使世界变得越来越无国界。[19] 到 2019 年，全球电子商务的价值几乎达到了实体产品贸易的两倍——前者约 42 万亿美元，后者约为 24 万亿美元。[20]

物联网（IoT）技术的使用正在改变制造业的经济状况、工厂内部的工作性质以及公司向客户交付价值的方式，这一转变也加速了因卫生考虑而对人员流动施加的限制。数字通信导致了新的全球消费者出现。在过去，接触客户是指跨越地域界限向客户交付商品，但有了数字技术后，公司可以越来越便捷地向身处各地的客户提供服务和体验——在新冠肺炎疫情期间，大量消费行为都转移至家中，使得这一趋势变得更加明显。与此同时，电子商务也在使不同国家消费者的消费行为和消费期望值趋同。如发达国家的消费者一样，印度和中国等地的消费者也会希望获得高品质的产品和服务，要求商户积极响应自己不断变化的需求，及时交货并具备在线订购的能力。

超越增长的 9 大策略

以上 3 种力量共同改变了全球格局，颠覆了领导者长期用于竞争的传统运营策略。新的时代即将来临，在未来几十年必将进一步发展。这个新时代的一个持续性特征，便是市场和全球经济体系的转变越来越频繁，并引发动荡。当今公司必须要面对越来越多的突发事件，如气候条件恶化、科技迭代速度加快、对新数字技术的依赖而导致的网络安全风险、经济民族主义衍生出的贸易关税和非关税壁垒，以及世界某不知名角落发布的一条推特（Twitter）或脸书（Facebook）帖子所引发的消费者行为突变等等。现在的公司必须要抵御越来越多无法预料的重大事件。这 3 种力量也使公司更容易遭受传统冲击的影响，如金融或经济崩溃、地缘政治冲突以及流行病大暴发。就如我们在新冠肺炎疫情中所看到的一样，全球一体化不仅意味着风险变得更加复杂，也让传播速度变得更快。在我们写这段文字的时候，芝加哥期权交易所的波动率指数（VIX 指数），也就是我们熟知的“恐慌指数”，已经达到了自金融危机以来的峰值，[21] 于 2020 年 3 月 18 日上升到了 85.47 的高点。[22]

尽管世界已变得如此动荡，充满了不确定性，但这 3 种力量也为现在的公司提供了创造新优势的巨大机遇。老牌公司可以利用科技来构建新的韧性业务模式，从而实现可观的股东回报，同时产生巨大的社会效益。由于政府无法独自应对由社会和自然生态系统带来的巨大威胁，社区、雇员、政府以及越来越多的股东正要求企业采取行动，承担更多责任。2019 年，全美顶级公司首席执行官的商业圆桌会议组织发布了一份“公司目标声明”，将股东价值的创造放在 5 大目标的最后一位，排在“为客户提供价值”“为自己的员工投资”“与我们的供应商公平合理地交易”以及“为我们所在的社区提供支持”之后。[23]“我们在研究中发现，前沿公司在将更多的响应能力和适应能力融入其增长战略、运营与组织的同时，也以开放的心态接受着这一目标。百事公司就是一个很好的范例。近年来，百事公司积极推行了一项名为“目标型绩效”（Performance with Purpose，PwP）的策略。与其他目标驱动型公司一样，百事并未全盘放弃其原有的价值主张、供应链、人才管理战略或组织结构。相反，这些公司正在适当之处保留这些要素，但同时也在这些基础上构建了新的战略，使公司能够发挥新优势，提高韧性并为利益相关方持续提供价值——换言之，这种方法能让这些公司在超越卓越的路上越走越远。

通过分析公司行为以及我们与企业领导者和其他利益相关方进行的大量访谈，借用一位高层经理的话，这些成功前沿公司的高管都在对组织实施“流动转型”。也就是说，他们正在构建流动、灵活且敏捷的组织结构，以便适应和利用不断变化的消费者需求、监管制度、经济条件以及科学技术。同时，交付出色的全新解决方案和体验，并将之附加于实体产品之上。为了系统地增强整个公司的响应力和韧性，这些领导者们正重新思考，该对公司全球业务中的哪些要素集中维护或构建规模优势，以及要深化哪些要素并实现本地建设。这些高管还在构建广泛的合作伙伴关系，同时引进远程协作技术；在本地市场强化当地特色，以迎合本地民众情绪和政府要求；他们还将对人类、地球以及社区的关注深深融入到增长策略之中，使自己的公司更具使命感，将公司最主要的技术和能力调用起来，去解决紧迫的社会和环境问题。与此同时，领导者们依然保留了过去的策略、全球供应链以及竞争力中的许多要素。实际上，成功的、最具活力的跨国公司，正转型成为能够“双管齐下”的公司，即将新与旧、流动的与稳定的、最低的成本与最高的速度、效率与韧性融合为一。最成功的领导者不仅能充分接受这种模糊、矛盾、开放以及无常的思维方式，同时也能将企业的一只脚稳稳扎根于过去。

随着新时代的动荡特征逐渐彰显，随着更为宏大的新业绩标准势在必行，随着前沿公司在我们眼前构建起新型优势，我们也在研究中投入了两倍的努力。我们的目标，就是理解和整理那些能使公司达到或超越未来几十年业绩标准的行为与方针。几年以来，我们的团队进行了数十项案例分析，评估了 BCG 的大量定量数据，进行了广泛的案例研究，并组织了数百场与高层商业领导者之间的对谈。

我们得出的结论是，能推动公司超越卓越且弹无虚发的单一策略是不存在的，这结论并不意外。各公司必须采取一系列措施，并根据各自的行业和竞争的具体情况进行调整，方能取得成功。通过仔细审阅研究结果，以及从大批客户公司那里获得的认知，我们提炼出了 9 大核心策略以及一套领导力守则，帮助各位领导者重新定义可持续保持高业绩的未来型公司。总体而言，这些策略涉及公司的方方面面，从价值主张、全球供应链，再到公司对其员工和利益相关方的承诺的履行。一家超越卓越的公司，需要做到以下几点：

- **重新定义核心业务，创造社会影响力，产生长期而持续的股东总回报，而不是将社会影响力视为与核心业务相互独立的要素。**能够认真将行善纳入其核心战略和业务的公司，会在持续创造高股东回报的同时，对所有利益相关方产生积极的影响。

- **提供令人信服的数字化解决方案与体验，而不只提供实体产品或服务。**前沿公司正在为客户得到的收效和体验全权负责。这类公司正利用数字技术深入探究产品生命周期，以满足尚未被满足的客户需求，或将新的解决方案移植到实体产品和服务之上，或完全取代实体产品和服务。

- **有选择地发展（即重点选择有利可图的市场份额），并适应当地环境，而不是在多地同时发展。**前沿公司正在利用轻资产、数字化或以电子商务为中心的商业模式打入新市场，实现迅速扩张。另外，这些公司在考虑入驻哪些市场时也变得更有选择性，而它们在所选市场中的参与度也越来越高。

- **利用动态、新型的价值网来补充传统价值链，以此创建并提供客户迫切需要的解决方案、收效和体验。**这些价值网或生态系统已得到大量推广，但前沿公司逐渐意识到，不同生态系统的效用也有优劣之分。

- **投资高科技的跨国工厂和物资配送中心，结合低成本产能快速交付定制产品。**如今的支付模式要求：成本低、支付速度和响应速度要快、面对阻碍干扰时要具备强大韧性。

- **建立跨国数据基础设施和分析能力，为其他 8 项策略提供支持。**前沿公司将全球数据视为宝贵的“燃料”，全球数据不仅能预测未来的业绩或消费者行为，还能推动强大价值主张的形成。

- **由传统的矩阵组织模型，转向由平台功能支持的以客户为中心的敏捷团队。**在动荡时期，官僚主义与远离客户都意味着死亡——如今的前沿公司对此心知肚明。

- **通过获取人才、为人才提供再培训、激励人才、赋权人才，来打造一支精通数字技术的员工团队。**公司必须更加关注新一代员工的渴望与需求，也必须从根本上改变寻找、激励以及开发 21 世纪员工团队的方式。

- **接受永续转型，而不是遵循“一蹴而就”的传统转型方案。这一策略对于其他 8 项策略的成功至关重要。**想要在动荡不止、瞬息万变的商业竞争中取得成功，跨国公司必须习惯在多个领域内持续转型。

在我们研究的公司中，没有一家能悉数用到以上所有策略。有的公司做到了其中的三四项，少数几家做到了五项或以上。若（配合本书末尾所述的领导者要求）予以贯彻，以上策略中的每一项都需要公司做出深远变革。总体而言，这些策略会引领公司在大范围内重新定义自身，使公司在面对更严峻的挑战时具有更高的敏捷度和韧性，并有能力为更多的利益相关方带来积极影响。归根结底，这些策略构建

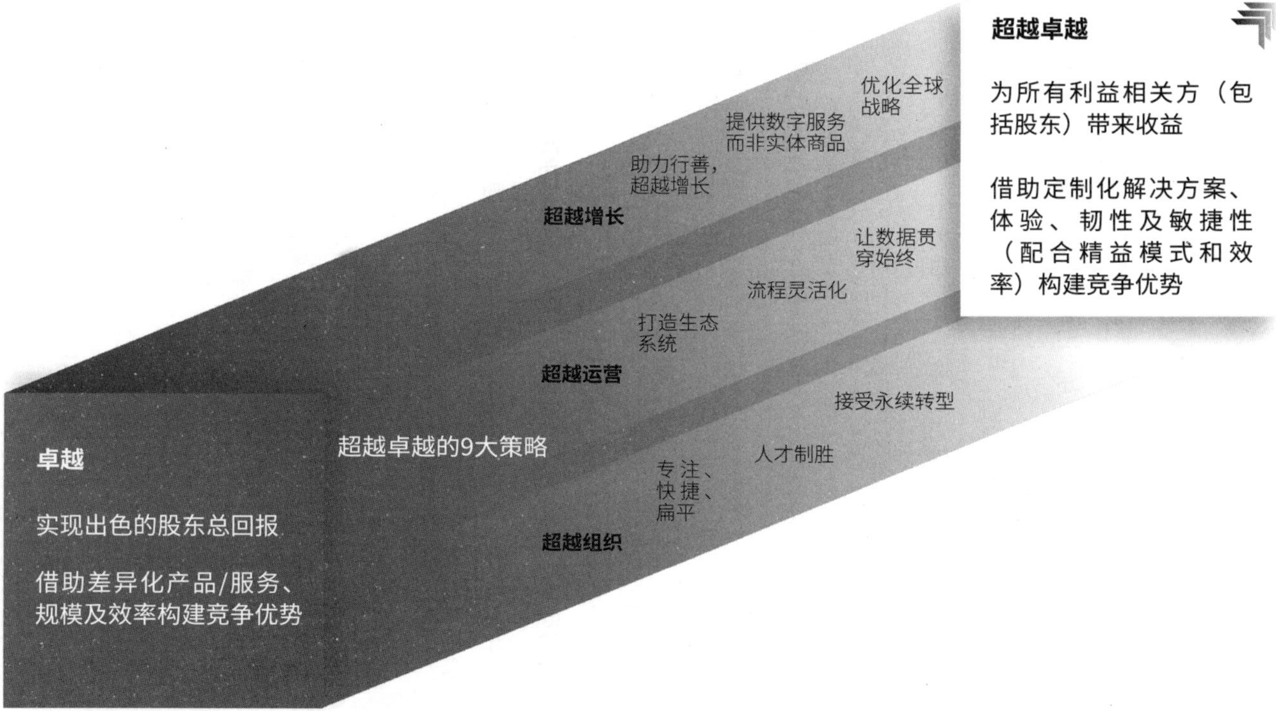
卓越
实现出色的股东总回报
借助差异化产品/服务、规模及效率构建竞争优势
超越卓越的9大策略
超越增长
助力行善，超越增长
提供数字服务而非实体商品
优化全球战略
超越运营
打造生态系统
流程灵活化
让数据贯穿始终
超越组织
专注、快捷、扁平
人才制胜
接受永续转型
超越卓越
为所有利益相关方（包括股东）带来收益
借助定制化解决方案、体验、韧性及敏捷性（配合精益模式和效率）构建竞争优势

起让跨国公司在21世纪取得成功的基础，也成为一本让本地企业和跨国公司在超越卓越的旅途中都能受用的全面运营手册。

关于本书

研究让我们意识到自己掌握着重要的东西：这是一套公司领导者、企业家以及其他对全球商业感兴趣的人都能够采用的方法，能帮助这些人理解当今的市场，并开拓一条充满智慧的道路。如果你的公司总在追赶别人，而你本人也不知道如何领先于变革，那么这本书能派上用场。如果你的公司正蓬勃发展，那么你也能运用《超越增长》这本书让公司在未来取得更大的成功，拥有更强的企业韧性。我们将利用BCG的量化分析，参考塔塔咨询服务公司、纳图拉（Natura）、西门子、奥多比（Adobe）、约翰迪尔、微软（Microsoft）、耐克（Nike）等多家公司的第一手转型资料，为大家分别阐释这9大策略，并揭示当今最成功的跨国公司如何在赚足消费者眼球、吸引和团结员工、提升整个社区，并在维持和改善地球环境的同时，还能创造高增长和高回报。考虑到这些任务所面临的困难，我们会在书中认真探讨领导者应当培养的具体特质和思维模式，以帮助他们开启超越卓越的旅程。

在书中，读者将遇到贯穿9大策略的不同主题和相关问题。例如，那些努力超越卓越的公司往往会在本地和全球市场之间寻找平衡。它们会思考，哪些功能、流程以及团队应该在本地开发，哪些又该在全球开发？如何让公司在规则多变的不同地区运营？超越卓越的公司不再只将科技看作改善业绩或流程的工具，而是将其视为一种重要的全新生产要素。如何将科技融入到公司，使其能像公司的土地、劳动力或是知识产权一样，为每一项运营活动提供动力呢？此外，这些公司如何才能将公司仿生化，让人类和科技能够无缝、时时刻刻地融合为一呢？致力于超越卓越的公司会努力寻找平衡的方式，与所有利益相关方建立密切关系。这些做法具体实践起来是什么样子的呢？公司该如何确保能真正做到善待员工呢？最后也是最重要的一点，公司该在运营和组织上做出哪些改变，以提高韧性呢？这些问题通常难以简单回答，但它们的确刺激了创造力，能让公司领导者做好准备，更好地应对不确定性。未来几年，能够始终如一并很好地回答这些问题的能力，将构成最卓越公司的“基因”。

新兴地缘政治变动、技术变革以及社会矛盾给领导者和管理者带来了巨大挑战，然而研究教会了我们如何面对变化的洪流。一直以来，无数商业人士都在努力打造卓越的公司。但在动荡和复杂的时代中，销售更多的产品、通过跨国组织获得更高的利润并回馈公司股东的传统策略，已不再像从前那样有效。你必须彻底重新定义跨国公司，必须与本书中所叙述的具有前瞻性思维的领导者们一样，采用一种新原则，具备彰显开放性、灵活性以及敏捷性的能力，以便在不完全抛弃现有策略和运营规范的基础上积极部署新的策略和规范。你必须学会熟练处理不确定性、矛盾、多样性与微差，必须掌握全新的规则，让你的公司成为一家具有优势和韧性的公司。

好在，你不需要一次性实行这些转变。与我们一起跨出超越卓越的第一步，想象新的可能性，并在你的公司中开始践行一些策略。如果你能规划出长期路线并坚持不懈地投身其中，那么你就会发现，艰难时期虽然挑战重重，但也会创造出许多机遇——这些机遇不仅关乎你的投资人，也关乎你的客户、员工以及你置身的社区。接纳这本书中的策略，不仅是为了生存，更是为了蓬勃发展；不仅是为了满足需求，更是为了带来快乐和动力；不仅是为了盈利，更是为了治愈和进步。在未来几十年，卓越公司的旧模式已不再适用，我们每个人都必须为自己的公司寻找超越卓越的意义。希望这本书能够为你提供一个坚实的基础，助你抵达目的地。

PART 1

超越增长

Growing Beyond

第一章

助力行善，超越增长

随着气候风险和不平等的不断加剧，员工、社会及政府对公司的要求变得越来越高。公司如果能将“助力行善”融入核心业务，不仅能够对这些利益相关方产生积极影响，也能带来更高的长期股东回报。

几年前，一家总部位于美国的跨国工业公司的副董事长告诉我们，现今各国政府采取贸易保护政策的方式是，同类跨国公司若想进入某国市场，就必须对该国进行投资。他所在公司的现有策略，是通过将西方产品出口到发展中国家市场来实现利润最大化，而这样的策略在经济民族主义时代已不适用。这家跨国公司及同类企业必须要比过去更加认真地在当地市场担当起“企业公民”[1]的角色，重新调整策略以

[1] 企业公民是企业在社会上作为公民的形象，指企业为了表达对人类、社区及环境的尊重而做出符合道德及法律规范的发展策略。

秉承更全面的社会宗旨，实现更高的利润。如果不这么做，就会危及公司自身未来的发展。该副董事长还表示："政府……询问我们正在实行什么措施以促进其国家发展，这合情合理。这些国家的市场'经营和发展许可证'，是我们必须通过努力才能获得的。"

在这个不平等和气候风险加剧的世界里，对"所有"利益相关方（包括政府、监管机构、社区、客户、员工和环境）产生积极的影响才是正道。然而，追求既定目标并为多个利益相关方带来社会影响，不仅仅是基于利他主义或公正合理的考虑，在许多国家、许多行业中，这是保留经营许可证的先决条件。不仅如此，对于那些寻求在不确定时期维持高业绩的公司来说，它也逐渐成为核心业务的一项强有力的策略。将关注社会影响力融入核心战略和核心业务，你便能够打造出全新的优势杠杆，直接提高长期盈利能力。遗憾的是，很多全球领导者还尚未将这些可能性内化。他们或许认可多利益相关方模式，但这种认可还没有重要到需要对思维模式、战略以及操作规范进行彻底改革的程度。这些领导者继续将公司的社会参与局限在传统的企业社会责任（CSR）工作上，笃信对所有利益相关方行善就意味着牺牲股东回报——这是他们坚决不愿做的。

全球领导者正在日益打破这种狭隘的逻辑，他们在打造为所有利益相关方带来积极影响的业务的同时，仍然实现了可观的股东总回报。在更新思维模式、战略及运营时，这些领导者也在关注总体社会影响力（TSI），BCG将其定义为"社会从一家公司的产品、服务、运营、核心能力以及职能中获得的整体利益”。[1]

巴西化妆品巨头纳图拉公司创始人安东尼奥·路易斯·塞亚布拉（Antonio Luiz Seabra），就是这样一位有远见的创新型领导者。该公司的品牌、创新、国际化及可持续性发展官安德烈娅·阿尔瓦雷斯（Andrea Álvares）告诉我们，从1969年创立时起，公司就在追寻一个比盈利更重要的目标。[2] 塞亚布拉希望将化妆品作为一种工具，来促进个人、社会以及自然世界之间的积极联系——公司将其称为“bem estar bem”，意即“健康安乐”。[3] 这一宗旨源自万物相联理念，贯穿在纳图拉迄今为止所有的商业战略和业务之中。[4]

以纳图拉的分销策略为例。纳图拉最初在圣保罗经营着一家小店面，到了20世纪70年代中期，公司开发出一种与雅芳（Avon）相似的直销模式。但对于纳图拉而言，直销并不只是普通的分销方式。相反，正如阿尔瓦雷斯所说，直销“源于一种理解，即‘关系’是最强大和最有价值的要素”。纳图拉的女性销售顾问团队与消费者建立了紧密的联系，相应地，公司也与这些顾问建立了异常深厚且意义深远的联系，这激励了销售团队的发展。截至2019年，纳图拉产品的销售顾问已达到约180万名（另有数百家公司、特许经营店和在线渠道）。[5]

纳图拉并不只是简单地把这些顾问投到市场中，要求她们去销售产品。公司了解到这些人大多来自中低收入家庭，[6] 于是为她们提供了大量商业和个人发展方面的技能培训。该培训配合宝贵的工作经验，能让顾问们更有效地为公司在社区宣传助阵。[7] 事实证明，纳图拉给很多顾问的生活带来了天翻地覆的改变，让她们有能力支付住宿费和子女的学杂费等费用。[8] 相应地，顾问们也成为有力的品牌代言人和倡导者，帮助纳图拉与消费者建立起坚实而持久的关系。此外，这些顾问帮助公司提高了韧性。20 世纪 80 年代，巴西经济遭遇高通胀的威胁，百货商场及其他传统化妆品分销商纷纷倒闭，而纳图拉却凭借着直销模式实现了业绩飙升，在这十年内，公司利润每年的增长率均超过 40 个百分点。[9]

正如公司名称所表达的 [1]，“保护环境”是纳图拉创办的另一个重要宗旨。早在“可持续发展”远未成为风潮的 20 世纪 80 年代初，纳图拉就开始对此予以关注。如今，对可持续发展的关注已经渗透到其运营模式的方方面面。公司有一套侧重于可持续发展的领导层和成熟的组织结构，并会将年度环境损益表与财务报表一同发布。[10] 2011 年，公司首次推出“亚马逊方案”，致力于“以科学、创新、生产链及本地创业为基础，促进新型可持续性业务的增长”。[11] 该方案包括在亚马逊地区设立一家创新中心，拓展可持续生产以及打造协作型可持续发展项目。

长期以来，纳图拉对可持续发展的专注始终贯穿其产品和品牌战略之中。1983 年，公司成为补充包装 [2] 的早期使用者，在减少成本和提高客户忠诚度的同时，也降低了公司的碳足迹 [3]。1995 年，纳图拉发

[1] 纳图拉的葡萄牙语原名为Natura，有“自然”之意。
[2] 补充包装指为减少浪费和成本而设计的只更换内容而循环使用原包装的产品。
[3] 碳足迹指个人或团体在生产、运输和消费等各种活动中产生的温室气体排放总量。

布了一个系列产品[1]，并将其利润全部捐献出去，为巴西人民提供高质量的公共教育助力。2000年，公司发布Ekos系列产品，使用了可回收包装和生物多样性成分。2013年，纳图拉推出了Sou系列产品，对价值链进行优化，实现了高效的资源利用率，其品牌识别[2]的核心理念为，“只要考虑环境因素去设计产品，消费就能具备社会关怀意识”。另外，纳图拉的产品不仅完全不经动物实验，而且如前文所述达到了碳中和。[12]不仅如此，纳图拉的品牌推广还诚邀消费者参与理性消费。比如，在2019年，纳图拉就采用了“呵护关怀，创造美丽”的口号，意图唤起人们对多样性、动物福利以及整治环境的重视。[13]

纳图拉的生产模式让它能够建立更强大的社区，为保护地球做出更多努力。纳图拉通过从本地社区采购天然提取的产品原料，将资金投回这些社区，旨在保持社区的完整与繁荣。2019年，公司与亚马逊地区的5,000多家小生产商达成合作，共同开发可持续商业模式，使得约2,732万亩的雨林得到了保护。作为其生产战略的一部分，2011年以来，纳图拉对亚马逊地区本土公司的投资数额达到约18亿美元。[14]纳图拉还协助成立了“生物贸易伦理联盟”（UEBT），该组织致力于保持生物多样性，并和本地社区公平分享利益。自2010年起，纳图拉已投入超过3.7亿美元用于研发植物萃取的化妆品及稳固生产能力。用纳图拉联合创始人吉列尔梅·莱亚尔（Guilherme Leal）的话来说，他们打造出了“前所未有的全新价值链”。[15]

公司可持续发展经理凯万·马塞多（Keyvan Macedo）表示，纳图

---

[1] 特指纳图拉的非化妆品类系列产品Crer Para Ver。

[2] 品牌识别可理解为品牌的“身份”和“形象”，即消费者在看到某品牌时联想到的某种品牌承诺。

拉坚信“我们可以利用当今存在的社会和环境问题，创造新的商业机会——不是简单的商业，而是可持续的商业”。[16]令人称奇的是，自2007年以来，纳图拉就一直保持碳中和，而它也是全球第二家利用自身碳排放变现的公司。[17]“我们会衡量整个价值链所带来的环境影响，”阿尔瓦雷斯解释道，“我们会革新产品以减少排放，并对原料进行再利用。对于无法完全抵消的所有排放，我们会使用同样可产生社会影响力的碳信用。”[18]举例来说，公司的一个碳补偿项目为环境消除了320万吨的碳排放量，同时影响了1.5万个家庭，创造了2,000个就业机会。因这些努力，纳图拉公司获得了联合国“地球卫士奖”以及“全球气候行动奖”等多项荣誉。

商业上的成功，让纳图拉有能力将其社会影响力进一步拓展至可持续发展以及女性赋权之外的领域。公司针对其他重要的社会问题也设立了方案，如普及医疗保健、教育以及消除性别暴力。数百万名销售顾问与社区携手，共同推进发展对当地有意义的事业。[19]“我们为回馈社会做出了一系列的努力，”阿尔瓦雷斯表示，“我们也找到了利用这种社会影响力为社会变现的方式。”事实上，正如公司所预计的，为纳图拉碳中和方案投入的每一巴西雷亚尔[1]，都为社会创造出了31倍的价值。[20]2014年，纳图拉成为首家以“共益企业”身份上市的公司。[21]共益企业是一种认证机制，用于授予那些“为平衡利润与宗旨，而达到经核实的最高标准的社会环保绩效，并在公共透明度和法律责任方面恪守最高标准”的公司。[22]鉴于纳图拉的规模，该认证是其取得的

[1] 巴西雷亚尔为巴西货币单位。

一项重大成就。

纳图拉集团董事长兼首席执行官罗伯托·马克斯（Roberto Marques）告诉我们，时至今日，总体社会影响力“贯穿了公司思维和运营的方方面面”。他补充说，“多年以来”，社会影响力“始终是一个竞争优势”，鉴于年轻一代对可持续性的关注，这一点在当今尤为重要。对于社区、政府、消费者以及投资者而言，纳图拉的宗旨和对社会的关注已经成为了其品牌和声誉的决定性因素。这也助推了该公司经由收购而展开的全球积极扩张计划的实施，包括 2016 年对伊索（Aesop）的收购，2017 年对美体小铺（the Body Shop）的收购，以及 2020 年对雅芳的收购。这几家公司全都秉持着与纳图拉一致的使命或宗旨，因此对纳图拉而言，合并也就容易了许多。另外，纳图拉的这一宗旨也成为吸引年轻员工的磁石。公司建立了强大的领导团队，团队管理人员也正是因为纳图拉在可持续商业模式上与其秉持着相似的理念，才加入其中。[23]

纳图拉以“保护环境”为宗旨驱动的运营模式不仅让股东获利，也使社会和环境受益。从 2004 年 5 月到 2019 年 9 月，该公司的估值翻了约 15 倍，达到巴西 IBrX50 指数平均值的 2 至 3 倍。另外，纳图拉的业绩还超过了其他大型跨国化妆品公司，如欧莱雅（L'Oréal）、雅诗兰黛（Estée Lauder）以及资生堂（Shiseido）等，其股价涨幅几乎是同行中排名第二的雅诗兰黛的两倍。[24] 总而言之，作为一家公司，纳图拉通过助力行善而实现了超越卓越的增长，树立了令人叹服的榜样。

你的公司很可能也为应对社会和环境问题而采取了重要举措。然而除了利润之外，你又对核心策略进行了多大程度的改革以产生社会影响力呢？商业与可持续发展委员会（BSDC）主席马克·马洛赫-布朗（Mark Malloch-Brown）勋爵曾说：“有些企业将可持续性作为核心商业战略的一部分，也有些企业仍将其视为一种‘附加因素’，这两者之间存在着一定的差异。”[25] 前沿公司理解这一差异，并正在以不牺牲利益为前提，对战略和运营进行重塑，以求实现社会和环保目标。这些公司不仅实现了环境的进一步可持续发展，而且能更敏锐地察觉地方政府和社区的需求，给员工和供应商提供更好的支持和帮助。这些公司同纳图拉一样，也在通过努力创造新的优势，以实现长期的利润增长。

每家公司的具体策略各不相同。我们通过分析承担社会责任的高绩效公司，发现各家公司找到了 3 种风格各异的策略，通过这些策略，公司能在广泛造福社会的同时，为股东提供可持续性收益。每一种担负着社会责任的策略，都能让公司获得独特的商业优势：比如有机会开拓新市场和客户群体、激励员工创新，或是与当地政府和社区建立更为有效的协作关系。我们以 3 家世界知名公司为案例，检视这些将总体社会影响力和股东总回报相结合的策略。但在此之前，我们还需要深入了解一下，为何“社会影响力”会成为跨国公司的关键策略之一。

总体社会影响力的推进

20 世纪后期，在绝大多数跨国公司的领导者眼中，有一个角色的地位是至高无上的，那就是投资人。这些领导者认为，商业博弈的目的就是最大限度地提高股东回报，至于全球变暖、贫困、水源匮乏以及其他由来已久的社会问题，都丢给政府和非政府组织（NGO）去解决就好。经济学家米尔顿·弗里德曼（Milton Friedman）对这一观点进行了论证，他这样写道："企业有且只有一个社会责任——利用其资源，从事旨在增加利润的活动。"[26]可与理论不同的是，许多公司将自己的部分利润用于企业社会责任方案的设置——这一善举被领导者看好，对品牌也有好处。但就像某位首席执行官曾指出的，尽管实现环境、社会和公司治理（ESG）目标的需求越发急迫，企业社会责任也一直被视为"商业世界的'穷亲戚'"。[27]

当今的公司和其领导者明白，在社会和环境问题上，他们不能再袖手旁观了。气候变化、不平等以及流行病等问题正在加剧，仅靠政府一己之力已无法解决，企业与政府一起施行举措已成为大势所趋。同时，公众要求企业担负责任并发挥领导作用的呼声也愈演愈烈。就如罗伯托·马克斯所说："如果世界毁灭，我们也就没有生意可做了。"[28]

利益相关方也比以往任何时候都更有权利要求各家公司采取行动。随着媒体的民主化发展，公众能够以前所未有的方式获取到关于公司业务及其影响的实时、可靠的信息。与环境、社会和公司治理问题有关的标准、指标以及数据也变得越来越全面和可靠。在2018年，标准普尔500指数中有86%的公司将其可持续性绩效列入了年度报表。[29]环境、社会和公司治理业绩报告本身正在成为一个产业，据估计，该产业的价值到2020年将超过4亿美元。[30]在未来几年中，还会有更多公司的相关信息被公布出来。2018年，代表拥有5万亿美元资产的投资者们向美国政府提出要求，让上市公司披露与其业务相关的环境、社会和公司治理标准举措。[31]中国监管机构在同年宣布，到2020年，中国国内的上市公司也必须将环境、社会和公司治理绩效数据公布于众。[32]

在这个透明化和全球危机不断加剧的时代，消费者们不再仅仅从其参与交易的公司那里寻求某种令人满意的产品、服务或是体验；他们希望这些公司将对社会造成的负面影响减至最低，甚至能为解决迫在眉睫的问题贡献一些方案。研究表明，世界上绝大多数的消费者都是根据社会、环境及一些政治因素来制定消费决策的。[33]因为消费者们正在变得愈发两极化，同时迫切希望通过选购来表达自己的主张。一项调查发现，全球几乎有三分之一的Z世代[1]消费者会拒绝购买他们认为不具备可持续性的品牌；在美国，则有超过90%的千禧一代[2]会选择支持有深远社会意义活动的品牌。[34]超过四分之三的美国人表示，他们会通过抵制的方式来表达他们对立场与其信仰相悖的品牌的不满。[35]

这些变化能够转变为实实在在的业绩。2006年，卢英德（Indra Nooyi）接任百事公司首席执行官，当时该公司及同行正面对着消费者对碳酸饮料影响健康的担心、激进人士对征收“含糖饮料税”越发高涨的呼声，以及人们对生产过程（包括用水）的可持续性的质疑。卢英德决心对公司进行彻底改造，为所有利益相关方带来积极效益，于是在2006年为公司引入了一个名叫“目标型绩效”的新主张，将可持续性纳入了公司的核心业务范围。正如卢英德所说，这项策略反映了

[1] Z世代，特指20世纪90年代中期到2010年前出生的人。
[2] 千禧一代，特指20世纪80年代和90年代出生的人。

一种认识，即“我们的成功以及我们所服务的社区和世界的成功，是不可分割地联系在一起的。”[36]

为了将该主张落在实处，百事公司将重点放在3大支柱上，实施了一项旨在为其所有利益相关方交付出色业绩的策略：“改进我们销售的产品，负责任地运营以保护我们的地球，并为全世界的人民赋能。”[37]百事公司将其现有产品打造得更加健康（如去除过量的糖分、饱和脂肪和钠，同时将反式脂肪完全剔除），并开发出一系列的健康产品。公司聘请了第一位首席科学家，协助公司专注于改进现有产品，同时把控新产品的投资。为了更负责任地运营，公司还启动了一项可持续农业计划（SFP），旨在帮助种植者提高农业生产的效率和利润，并支持维护农业工人[1]权利。为了给员工赋能，公司还开办了百事大学，开设可帮助员工提高技能的在线课程，同时更加注重确保员工队伍的人员多样性。[38]

这些努力已经为包括股东在内的所有利益相关方创造了巨大的利益。截至2016年，“有益类”和“健康类”产品的收入占百事公司整体收入份额的比例已经从2006年的38%上升到了约50%。[39]到了2018年，百事公司将一半以上的粮食作物直接外包给可持续农业计划中的农民，到2016年，其原有业务中的用水效率提高了25%。[40]百事公司还极大地增进了员工团队的多样性。2018年，其全球管理职位的40%都由女性担任。[41]伴随这一切社会效益出现的，还有同样令人叹服的财务数据。2006年到2017年（卢英德担任首席执行官的最后一个整年）间，

[1] 与农民不同，农业工人指的是受雇佣的农业劳动者。

百事公司的股东总回报几乎达到了标准普尔 500 指数的两倍。[42] 2018 年，百事的新任首席执行官拉蒙·拉瓜尔塔（Ramón Laguarta）接任卢英德的职位，他对这一战略进行了补充，通过阐释“目标制胜”（Winning with Purpose）的主张，进一步推动了可持续发展的进程。[43]

各国政府和地方社区也期望企业能为换取经营权而为当地贡献更多。各地当选的领导者、官员以及活动家都意识到仅靠各级政府自身无法实现更具可持续性的未来，因此纷纷希望通过企业来填补这一缺口。“各国政府必须带头采取果断措施，”前联合国秘书长潘基文表示，“与此同时，企业可以提供必要的解决方案和资源，让我们的世界走上一条更具可持续性的道路。”[44] 长期以来，印度和中国等新兴市场的国家政府一直在实行较为严格的经济管控，部分原因就是基于“企业经营必须贡献社会利益”的信念。（例如，印度是第一个强制企业在企业社会责任领域进行投资的国家。）[45] 意图在此类市场中寻求增长的企业，必须对当地政府的顾虑和要求作出响应，表明企业自身将致力为社会带来积极影响的决心。这种做法会使企业拥有更强的韧性，对于那些在矿产、石油天然气及制药等领域受严格管制，或在受政府、地方社区严管的行业开展业务的企业来说尤为如此。

员工和投资者也在向公司寻求更多。顶尖人才会被与他们一样渴望有所作为的企业所吸引。一项调查显示，92% 的初入职场的新人以及学生表示愿意为注重环保的公司效力。[46] 同样，投资者们也在呼吁企业采取更可持续发展的战略。某项研究发现，在选择资金投资渠道时，80% 的投资者都会基于价值做出决定。[47]

越来越多的证据表明，致力于可持续商业战略的公司能够获得更高的回报。与传统公司相比，可持续性公司的基金波动较小，比市场价值的下行偏差[1]要低 20%。48 一项针对 2009 年至 2018 年的研究表明，公司对社会影响力的投入与更高的估值、更低的波动率以及更可观的回报相关。49 另一项研究发现，在 80% 的案例中，惠及多利益相关方的策略均提振了公司的股价。50 鉴于投资者的需求，为追求社会影响力而付出的努力正在愈发有效地助力公司获取资本。近年来，多家重要的投资公司的首席执行官都表达了追求可持续投资战略的意愿，来自投资者的压力势必愈演愈烈。2020 年有封致企业首席执行官的信被广为传阅，贝莱德集团（Blackrock）首席执行官拉里 · 芬克（Larry Fink）在信中表示："随着时间的推移，对利益相关方不予响应、对可持续性风险坐视不管的公司和国家，将会面临越来越多的市场质疑，进而推高资本成本。相反，那些大力遵从透明度且积极响应利益相关方的公司和国家，则会更加有效地吸引投资，包括更高质量和更为长期的耐心资本[2]。" 51

据 BCG 估计，到 2023 年，将有 45 万亿美元流入肩负社会责任的资产之中。52 较大的私人股本公司已经设立了与可持续性和社会影响领域相关的目标基金，包括科尔伯格 · 克拉维斯 · 罗伯茨（KKR）集团的全球影响力基金（Global Impact Fund）、德太资本（TPG）的睿思基金（Rise Fund）以及贝恩资本（Bain Capital）的双重影响基金（Double Impact Fund）。其他公司则为现有基金增添了环境、社会和公

[1] 下行偏差是一种衡量不良波动的风险指标，通常情况下，此数值越小越好。
[2] 耐心资本亦可称为长期资本，指投资者在不期快速盈利的情况下对企业进行的金融投资，期待获得更有深远意义的回报。

司治理的新维度（如拒绝为响应号召的公司投资，同时更加积极地承担投资人职责），并就如何将此领域融入更广泛的投资组合向客户提供咨询服务，从而推出新型的环境、社会和公司治理投资基金。

实现总体社会影响力和股东总回报的 3 条策略

当今，将总体社会影响力作为战略施行的前沿公司不仅正在探索该如何让每个决策、资产或业务流程创造利润，也在探索如何使社区和整个社会受益。尽管如此，除非领导者对实现社会影响力有一个总体的把控——像为了最大限度地提高股东总回报那样，将实现社会影响力的收效与企业的运营和绩效联系起来，并加以追踪记录；否则，社会影响力的实现可能仍会与核心业务脱节。认识到这一点后，BCG便将总体社会影响力视作一套结构精密且与时俱进的策略，并通过6个关键指标对其加以表述：（1）经济价值，（2）消费者幸福感，（3）伦理价值和实践，（4）环境可持续性，（5）社会赋能，以及（6）治理管控。正如图1所示，这6个关键指标恰好与联合国的主要可持续发展目标契合。6个关键指标的具体策略和标准会因公司所在行业和其影响领域而有所不同。正如BCG所指出的，各公司将会发现，在某些领域会比在其他领域更容易衡量总体社会影响力。[53]

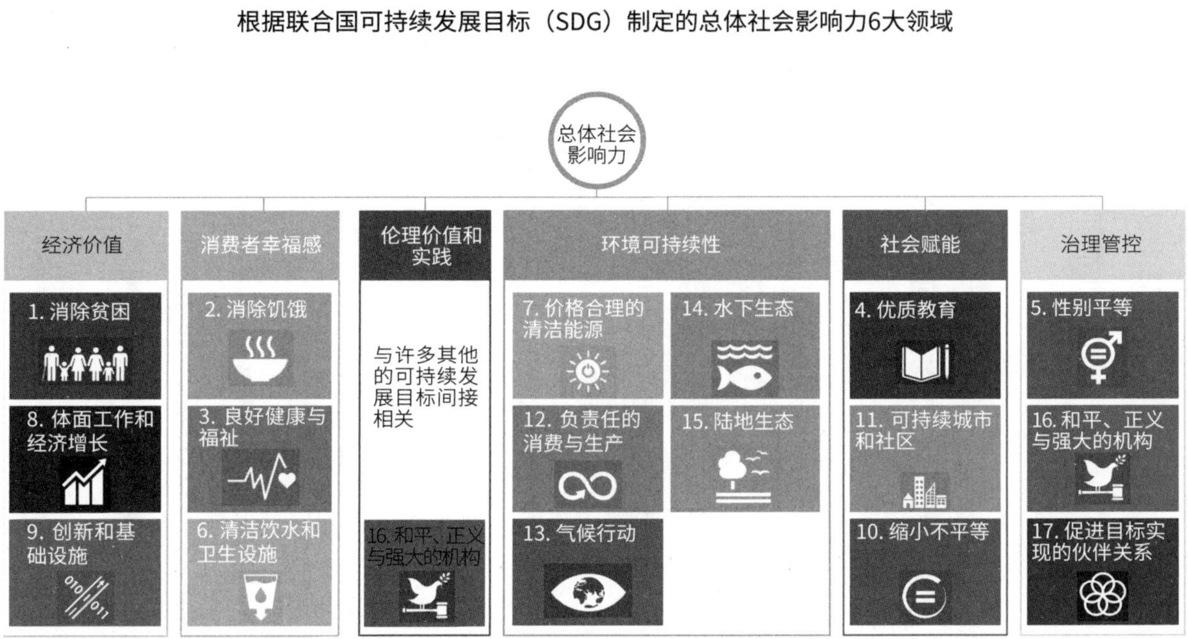

来源：联合国可持续发展，BCG分析。

图 1　总体社会影响力 6 大领域与联合国可持续发展目标对应图

若在制定企业战略时将实现股东总回报与总体社会影响力一同考虑进去，便能主导一家企业的业务和产品对外部世界的总体影响。想要将总体社会影响力与股东总回报联系起来，领导者必须全面考虑 6 个关键指标，以确定如何才能最准确地衡量企业运营对社会及环境带来的效益和危害。接下来，领导者需要找出威胁企业未来生存与增长的最大挑战，将这些挑战与企业的核心竞争力及产品相联系，并确定企业战略的有形影响和无形影响。在针对战略、业务以及资源分配做出决策时，领导者也应运用总体社会影响力的视角，力求在 6 个关键指标上最大限度地发挥决策对社会的影响力。在制定总体社会影响力策略时，领导者也可从中提炼出一个具有决定性的宗旨或理由，让整个企业都可以因此团结起来——这不仅仅是一份使命声明，更是一个企业之所以存在的鲜活理由。“增强总体社会影响力的最有效、也最富挑战性的方式，就是利用核心业务。这一方法可以延伸出规模化的可持续方案，”BCG 表示，“如果执行到位，该方法就能降低企业负面事件风险并有利于开辟新机遇，从而使社会总影响力得到长足的发展。”[54]

对总体社会影响力的评估，各公司可采用多种模式，模式也会因各公司所在行业的不同而千差万别，甚至在同一行业内也会存在巨大差异。尽管如此，我们仍通过研究揭示了 3 条各具特色的策略，具备社会责任感的前沿公司正在运用其中的一条或多条，以发挥社会影响力，同时实现可观的利润增长，创造更多的股东回报。这些策略并不是通过追求总体社会影响力为企业赢得商业优势的唯一方法，但却是我们在研究中所遇到的最有效且最有前景的方法。让我们来一一解读。

策略一：构建新业务模式，使创新产品和服务更具广泛可用性

公司可以提供更加便利的途径，努力为原本无法接触到自家产品和服务的客户提供服务，利用创新引擎为边缘化人群和社区提供支持，从而极大地改善当地社区的健康福祉，推动可持续发展事业。

有关这一策略，万事达卡公司是一个很好的案例。自 2006 年首次公开募股起，万事达便对提供社会福利做出了重大承诺。2010 年，刚刚成为首席执行官的彭安杰（Ajay Singh Banga）扩充了相关举措。他坚信，领导者们需要放弃紧盯股东的执念，转为树立系统的大局观念。“企业是全球生态系统的一部分，”彭安杰这样表示，“根据定义，生态系统需要平衡和多样性；需要人们拥有更宏大、更长远的视角；也需要人们领悟到，团结一心的集体要比彼此孤立的参与者更加强大。”[55] 万事达卡公司的这些举措需要具备可持续性和可扩展性，将“利成于益”奉为企业常态，已成为万事达的重中之重。

彭安杰和其他领导者希望看到万事达卡公司利用其核心业务来壮大社会影响力并从中受益，而不只是通过慈善活动这种轻描淡写的方式。要想做到这一点，就要拓展万事达卡在发展中国家的业务。公司领导者们认为，万事达有机会帮助得不到充分服务的群体接触金融服

务和数字解决方案，以便他们创造财富、推动本地经济建设并通过数字化与各生态系统和市场联结。假以时日，处于边缘的社会阶层便有可能为万事达卡公司创造新客户，推动公司的增长。人道主义和发展部门执行副总裁塔拉·内森（Tara Nathan）表示："我们的核心业务是建设数字基础设施，方便人们接触商业与贸易。我们现在对自己提出的问题是，该如何将核心能力拓展到边缘阶层和人群中去。"[56]

万事达卡公司的新总体社会影响力战略具有更强的商业逻辑。21世纪的第二个十年，金融科技公司数量出现了爆炸式的增长，其移动支付解决方案有可能对传统信用卡公司造成颠覆性影响。[57]除此之外，万事达卡公司也越发意识到创建具有包容性的无现金经济能够带来的经济和社会效益。针对这些现实情况，万事达卡公司不仅努力开发领先的数字支付解决方案，还在以发展中国家为首的新市场中试行并积极推广这些方案。在这些新市场中，银行往往较为稀缺，使得消费者难以获取金融服务，且严重脱离了数字经济。与其他同类公司一样，万事达卡公司认为新市场中的消费者会跳过传统金融产品和服务，直接选择数字解决方案。为了提供这些新的数字解决方案，万事达进行了创新，与政府和非政府组织合作，以便第一时间接触新的消费人群。此举使万事达卡公司建立起信任度和品牌知名度，并在向得不到充分服务的社区提供诸多收益的同时，得以在竞争对手之前抢占先机。

万事达卡公司在此前曾成立独立组织"万事达卡基金会"，在2006年成立时捐献出股权，以求力行"利成于益"原则，同时特别关注非洲地区的项目。[58]在彭安杰的领导下，公司为实现新的总体社会影响力战略，进一步创设了"万事达卡战略发展部门"，以此作为"助推器"，推动以包容性发展举措、新型商业模式以及创新伙伴关系为中心的、具备商业可持续性的社会影响力工作。该部门业务单位完整，涉及政府参与、人道主义和发展计划、捐款平台以及企业伙伴关系等领域。作为这些计划的一部分，万事达卡公司于2018年创立了“包容性发展中心”，用来监督公司的可持续发展、公益数据以及慈善活动。此后，公司向该中心划拨5亿美元资金（首笔1亿美元于2018年批复）。为此，塔拉·内森曾告诉我们，与过去不同，公司日后运营的关键不再是填写一张支票那么简单了。“我们开始听到越来越多关于创建移动应用程序或支付技术的声音——这也激起了我们的兴趣……我们愈发意识到，我们可以为这种环境和未来愿景设计合适的解决方案提供帮助。”[59]

除此之外，万事达卡公司还努力将可持续创新纳入其核心业务范围，而不是将其仅看作独立的慈善事业。举例来说，这家公司致力于“将5亿人与金融服务联系起来”，并计划在2025年前将温室气体排放量减少五分之一。[60]领导者们对这些社会影响力目标予以支持，允许公司各团队对新市场、新兴技术以及非传统的关键绩效指标（KPI）进行尝试，即便他们清楚公司不太会从这些投资中立刻看到回报。

在乌干达，万事达卡公司与当地教育部和联合国儿童基金会（UNICEF）合作，推出了一个名为“库帕”（Kupaa）的移动平台。该平台帮助10万多名家长和监护人以小额方式远程支付学费，而无需按照传统要求一次性付清。该平台不仅让孩子上学在经济上更加可行，还让学校能有效管理付款事宜，通过追踪教师的出勤情况和其他业绩指标为政府决策提供更多教育相关数据。[61]

在东非，万事达卡公司与盖茨基金会（Gates Foundation）合作，创建了“万事达卡金融包容性实验室”，专注于对支持边缘社区的新产品的设计、实验和规模化。其中的一项成果是名为“万事达卡农民网络”的平台，该平台将小农经营者与买家联系在一起。这款可通过智能手机访问的应用程序，能让农民获取到更多的市场信息，从而在谈判和销售产品时更有自主权。通过使用该平台，农民还可以得到数字化财务历史记录，这将有助于他们在未来获得融资担保并参与正规经济活动。农民可以免费使用该平台，学习知识并与小农建立关系的其他平台参与者则需支付费用。万事达卡公司通过这种区别收费模式，让平台成为一项具备商业可行性的业务。[62]

近年来，万事达卡公司还开发了不少其他创新项目，包括支持南非社会保障局向低收入消费者发放补助的技术平台，以及方便各种非政府组织向缺乏传统基础设施的偏远地区贫困人口分发援助物资和款项的平台。[63] 截至 2020 年年初，公司已将此前被排除在正规金融服务之外 [1] 的 5 亿多人纳入数字经济，成功实现了之前的目标。现在的万事达卡公司正走在超越卓越的道路上——不仅要在 2025 年前将金融包容性项目拓展至 10 亿人，还要让 5,000 万家小微商户与数字经济建立联系。[64]

万事达卡帮助百万消费者获取金融服务的努力，提高了公司核心业务绩效，使其得以扩展至高速增长的大型新兴市场，并从中获得如何最优地为新兴消费者群体服务的真知灼见。此外，公司还为此与政府和非政府组织及各行业的民营机构发展新的合作关系，提高了品牌知名度及声誉。另一个益处是：万事达卡公司探索的新市场往往具

---

[1] 被排除在正规金融服务之外指人们被困于以现金为主的经济环境之中，无法享用主流的基本金融工具及服务，如存款、借贷或购买保险等。

有反周期性，在全球其他地区的经济呈下滑趋势时，新市场的反周期性让公司具备了更强大的韧性。随着公司名气的迅速上升，万事达卡的社会宗旨也吸引着顶尖人才（据内森估计，约 60% 到 70% 的新员工选择入职万事达都是因为其社会影响力）。[65] 在 2019 年的一项“最佳工作单位”的调查中，93% 的万事达卡公司员工表示：“我对我们公司之于社会的贡献感到满意”，且有相同比例的人对“我会很自豪地告诉别人我在这里工作”这一想法表示赞同。[66] 股东们也获益颇丰。2010 年到 2019 年间，万事达卡公司的股东平均回报率的年涨幅提升了 37%，远远超出平均年增长率仅达到 14% 的同类公司以及标准普尔 500 指数（增长率为 9%）。[67] 2019 年，《财富》（*Fortune*）杂志将彭安杰评选为“年度十大商业人物”之一，并特别指出：“万事达卡公司已成为金融服务业传统参与者应如何顺应快速增长的环境之典范”。[68]

在为缺少银行服务资源的群体带来深远影响的同时，万事达卡公司还通过核心业务及团队提供服务，实施面向全球的总体社会影响力战略，“解锁”了未来市场和新的客户群体，为企业成长奠定了基础。但这一战略需要高层领导者的耐心和支持，领导者尤其要认识到可持续性举措可能要比传统业务需要更多的时间才能成熟并产生效益。正如塔拉·内森告诉我们的：“想要长期投身其中，你必须要有足够的毅力与勇气，必须锲而不舍。这对于按季度盈利的公司而言是非常困难的。你必须真正理解你所进行的投资的回报率。回报率就摆在那儿，你必须去面对它。”[69]

策略二：将社会需求纳入业务和功能，以实现社会影响力

一些公司正努力将社会影响力看作关键的内部功能。有些公司将社会影响力作为创新过程的一部分，主动寻找社会问题，并开发强大的新产品来帮助其解决这些难题。

以日本制造公司欧姆龙（Omron）为例。欧姆龙与纳图拉一样，也是秉持着社会宗旨同时兼顾利润而创立的。如创始人立石一真所言：“一家公司不应只追求利润……它也有服务社会的义务。”[70] 如今，欧姆龙的领导层将社会视为公司的主要客户，并将社会问题看作收益和创新的首要动力。“以社会需求为本，推动创新”，这一理念被奉为公司的核心价值之一，同时也被纳入“改善我们的生活，创造更美好的社会”这个长期使命。[71]

在欧姆龙，如此激情澎湃的表达方式并不只是泛泛之谈。公司的领导者告诉我们，社会影响力已经对欧姆龙自上而下的内部创新流程产生了巨大影响。在欧姆龙的所有策略会议上，领导者们都会以成长和新业务开发为背景来探讨社会影响力问题。值得一提的是，欧姆龙已经总结出 4 个可能刺激公司创新的社会影响力领域，分别是：工厂自动化、医疗保健、社会系统以及机械组件。产品和创新团队可以针对这些领域进行市场调研，寻找还未被发现的客户需求和潜在的社会

问题，随后设计产品来填补需求、应对问题。欧姆龙使用了一套以对科学、技术以及社会三者联系的认知为基础的方法论，对其发现的社会问题进行筛选，识别出能通过公司核心技术能力来解决的关键问题。除此之外，欧姆龙还会在招聘时寻找多样性人才，这类人才不仅需要认同公司的社会宗旨，也要具备帮助公司识别和解决社会问题所需的技能。

举例来说，为了帮助日本社会适应人口老龄化，欧姆龙率先推出了有史以来第一套用于铁路车站的自动售票系统。[72] 这套系统不仅方便了老年人出行，也将短缺的车站劳动力数量降至最低。另外，这套系统也缓解了长期存在的出行高峰期人流拥挤问题。最近该系统又经改良，以帮助家长追踪乘用公共交通工具的孩子的行踪。[73] 推出此类受社会问题启发的创新产品，对于欧姆龙而言已有一段历史了。公司针对自动化车站各个方面所进行的开发已经持续了数十年。其他类似的创新还有自动交通信号灯（于 20 世纪 60 年代设计，目的是提高道路安全系数并减少拥堵），以及家用血压测量仪器（于 20 世纪 70 年代设计，旨在帮助患者减少到医院看病的次数）。[74]

欧姆龙为实现社会宗旨而采取的内部举措，极大地提升了公司的声誉。2019 年，欧姆龙在“日本最佳全球品牌”榜单上从 2018 年的第 39 位上升到第 30 位，获得“健康经营优良法人 2019”的认证，这一殊荣标志着公司已成功打入健康类产品市场。2009 年到 2019 年间，欧姆龙取得的回报率高达日经 225 指数的两倍。尽管如此，欧姆龙的财务绩效仍落后于主要国际竞争对手，因此到本文撰写之时，欧姆龙公司的领导者们仍在集中精力关注如何将杰出的总体社会影响力业绩转化为更高的股东回报。

策略三：与当地政府合作，为本地社区创造更多经济机会

> 长久以来，大型公司都在努力推行强有力的企业社会责任策略，尤其是那些身处高度管制行业和新兴市场之中的大型公司。这些公司修建学校和医院，推行营养改善计划，在危难时期向当地民众伸出援手。如今，利益相关方和本地社区还提出更多的正当要求，前沿公司在加紧做出响应。它们充分利用成熟的财政和管理能力，与社区、政府、非政府组织、学术机构和其他利益相关方合作，共同促进当地社区的经济发展。

近年来，全球矿业巨头英美资源集团（Anglo American plc）就在践行这一策略。几十年来，该公司一直与南非各地方政府密切合作（公司已在南非运作超过一个世纪），以践行社会宗旨，为本地社区做出贡献。与所有跨国矿业公司一样，当地社区、环保人士、政府和投资者都在要求英美资源集团拿出更多的行动。利益相关方希望该公司不局限于提高生产力和提高金融韧性。而是要在可持续发展和气候变化等领域有所作为。英美资源集团也意识到自己需要主动采取行动，以保留其在当地经营和发展的长期许可证。

为此，英美资源集团并未采取守势，也没有选择调整企业社会责任策略，而是选择了重塑企业形象。公司以受总体社会影响力驱动的视角，通过与本地社区、政府、监管机构以及其他重要的利益相关方合作，创建一套以服务本地社区为中心的商业模式。这么做不仅是为了提供社会福利，还为了实现商业优势。2018 年，英美资源集团制定了一个新目标："重新定义矿业，改善人民生活。"为实现该目标，公司采用了一项可持续开采方案，方案包括社会创新、科技创新和可持续性要素的创新，公司称之为"未来智能开采"（FutureSmart Mining）。

这一策略主要有两部分。首先，英美资源集团通过使用新技术，降低了在开采自然资源时对环境造成的负面影响。其次，公司希望通过新的方式与社区互动，尤其是通过创造更多与其核心采矿业务无类的经济机会来构建欣欣向荣的社区。为此，英美资源集团一直在与政府、社区代表、学术机构、宗教团体、企业、非政府组织等合作，以精准找到经济增长机遇，并规划无关其传统采矿业务的未来区域性增长策略。当英美资源集团将当地投资作为其社会责任的一部分时，就已对社区增长需求有了全面的认识。举例来说，英美资源集团在为其基础设施修建道路时会将道路延长，用来创造生态旅游机会。有时，公司也会根据空间分析数据来研究土地利用机会，从而更好地了解什么样的农业活动最能为当地带来发展和繁荣。比如，某块土地不应用来饲养家畜，而应用于种植生物柴油的原料作物，然后将生物柴油卖给矿场和其他用户，为当地农民带来收益。

英美资源集团还为本地员工的技能提升投资，让员工跟上新技术发展的步伐。另外，公司还资助年轻人接受更多教育，确保他们拥有未来就业所需的技能。虽然英美资源集团能够借训练有素的员工团队获益，但公司所资助的职业培训其实是超出其供应链需求的。英美资源集团正在努力建立一个能够依靠自身力量实现强大与繁荣的本地社区。[75] 相应地，公司也在促进与当地的长期对话，围绕国家和当地层面来探讨参与和责任，以消除分歧，并在相互信任的基础上建立新的关系。就如该集团的国际与政府关系负责人弗罗于迪斯・卡梅伦–约翰松（Froydis Cameron-Johansson）告诉我们的："21 世纪企业必做的事情之一，就是成为其所在的生态系统的合作伙伴，而不是发号施令者。对于英美资源集团而言，总体社会影响力是一种融在我们 DNA 里的思维方式，只能通过合作、谦逊以及倾听来达成。"[76]

虽说现在理解"未来智能开采"的全面影响力还为时尚早，但早期的积极影响已经开始显现。在安全性、可持续性以及促进更具多样性的社会及伙伴关系的形成等能力方面，英美资源集团已经看到了进步。谈到"未来智能开采"，公司的技术总监托尼・奥尼尔（Tony O'Neill）指出，投资者们"已经有了认识。我认为这个理念目前仍处于早期阶段，但投资者已经可以看到我们在做什么，也能看到背后的雄心。最终，它会带来全新的投资项目组合，也可能吸引更多的投资者。"[77] 正如弗罗于迪斯・卡梅伦–约翰松所说，理解全面影响力决策显然会为公司及其股东带来收益。"如果你在一个不开心的社区环境里工作，"她表示，"那就意味着生产损失很快会找上门来。"从另一方面来说，为更多的社区带来环境和经济收益的合作会惠及所有人。当谈到公司的区域合作发展计划时，她这样描述其中的潜力："你赢；我赢；我们实现'超级双赢'，这也会成为我们社会的'共赢'"。[78] 鉴于公众意见存在不确定性，创造“超级共赢”的能力会增强公司的韧性，能让其免受因公众的不满可能带来的（也是矿业公司时常经历的）风险，对公司的经营许可也起到了巩固加强的作用。

给领导者的建议

企业不仅要将助力行善和实现总体社会影响力当做是自己的社会责任，还要将其视为一项必要的核心业务去完成，这其中的紧迫性正在跨国公司和领导者之中获得前所未有的关注。“我们看到，民营机构针对气候采取行动的势头正日渐强劲，”联合利华（Unilever）的前首席执行官保罗·波尔曼（Paul Polman）表示：“这场会让公司商业模式变得更加坚实有力、更适应未来的竞赛，是势在必行的。”[79] 对来自 110 个国家的 2,200 多名首席执行官进行的“2019 年青年总裁组织（YPO）全球领导力调研”发现，几乎所有人（93%）都赞同从多利益相关方的视角看待企业的宗旨。[80] 2019 年，荷兰国际集团研究中心（ING Research）对 300 名美国高管进行的一项调研发现，85% 的高管在制定策略时将社会影响力和可持续性纳入了考虑范围，这一比例远高于 2018 年的 48%。[81]

然而，对绝大多数跨国公司而言，这些积极的态度并没有转化为广泛的实际行动。2017 年的联合国全球契约调查（UN Global Compact Survey）发现，虽然各公司都“公开表明要致力于实现（其）企业责任”，但很多公司仍未制定明确目标，或未依照目标追踪绩效，也没有对其业务实际产生的影响进行评估。[82]

你的公司是否已将总体社会影响力充分融入策略和运营的方方面面了呢？如果还没有，那么这便是你必须尽快完成的首要大事。随着气候危机的加剧，国家和社区对企业为气候负责的需求不断增长，年轻一代对可持续商业的期望呼声也愈发高涨。在未来几年，利益相关方也会不断要求企业将目光投向股东价值之外。眼下，各个行业都在面对经营许可证带来的压力。科技巨头公司便是一个例子：近年来，政府要求谷歌、脸书、亚马逊（Amazon）以及其他大型科技公司接受监管的呼声越来越大。《大西洋月刊》（*Atlantic*）的一位评论员曾表示："针对科技巨头公司的抵制愈演愈烈，抵制行动的速度之快简直令人头晕。"[83]不过，某些科技公司也在采取与逐渐优化的总体社会影响力思维模式相符的有力行动，也看到了由此带来的巨大收益。在首席执行官萨蒂亚·纳德拉（Satya Nadella）的领导下，微软公司上下已完全接受"予力全球每一人、每一组织，成就不凡"的使命。[84]为此，微软公司正争取在2030年实现碳的负排放，并在2050年前将公司成立以来所排放的碳全部抵消。[85]此外，微软还与政府合作，利用公司的财务资源、科学技术以及人工智能能力来解决多样的社会问题。得益于这些行动及其他受社会宗旨驱动的举措，微软已经在最近几年里实现了一系列成绩喜人的价值创造，我们会在后文中对此加以探讨。

> 绝大多数公司构建可以同时实现总体社会影响力和利润目标之策略的动作都十分缓慢。创造总体社会影响力对公司而言意味着机遇，可具体执行起来并不容易。如果你的公司

处在股东价值最大化观念根深蒂固的文化中（从传统意义上来看，这种观念在美国就要比日本和其他亚洲地区影响更深刻），行动就更加困难了。在思考如何在社会影响力工作中聚焦时，请考虑以下这些问题：

- 包括首席执行官和执行团队在内的高级领导层，是否已经承担起在整个组织内发现、阐明、激活，以及深刻植入社会宗旨的责任？
- 你是否打造出了一则与公司总体业务策略相符、并让内外部利益相关方（包括客户、员工、股东、供应商及社会）信服的总体社会影响力宣言？
- 你该如何通过创建合作伙伴关系来提高总体社会影响力工作的成效？
- 为将总体社会影响力升级为传统商业价值中必不可少的要素，你需要如何权衡？为了扩大总体社会影响力，哪些措施是需要改变的，代价是什么？
- 你可以选择哪些指标，以在维护声誉的同时传达公司业务的影响？
- 为确保公司的每一个人都能因实现总体社会影响力而得到奖励，你会对奖励措施进行哪些调整？

- 你将如何平衡短期与长期的承诺，又该如何做出必要的取舍呢？

重要的是，你要谨慎前行，以总体社会影响力的视角去审视包括产品、供应链、市场营销和员工敬业度在内的商业策略中的所有要素，并利用总体社会影响力来推进你与政府、监管机构以及其他利益相关方的关系。以此为出发点，专注于发挥财务、技术以及人员方面的技能，从而使积极社会影响力达到最大化，为你的公司创造优势。“打磨”一则令人信服的商业案例并讲述你为总体社会影响力而努力的真实故事，来吸引投资者、客户以及公众的目光。向内外部所有利益相关方阐述你的抉择及其原因，用投资和有意义的指标来支持你的决策。最后，将内部薪资与总体社会影响力目标的实现挂钩，从而确保总体社会影响力的新思维模式能充分渗入到组织及所有业务中。[86]

19 世纪的美国作家亨利·戴维·梭罗（Henry David Thoreau）曾这样写道:“善良是唯一不会失利的投资。”[87] 这句箴言对于公司和个人而言同样适用。总体社会影响力代表着一个巨大的商机——因为许多公司还尚未掌握创造总体社会影响力的具体做法。从广义上讲，总体社会影响力还代表着一次重新构想资本主义的机会。它能够造福于股东、世界、全人类以及我们的子孙后代。从另一方面来看，总体社会影响力只是大型跨国公司得以在 21 世纪实现转型和超越增长的诸多策略之一。跨国公司的传统商业模式需要一场自上而下的彻底变革——

无论是从战略上、运营上，还是组织结构上。让我们继续分析企业想要在未来几年获得成功所必须采取的增长战略。一旦获得了经营许可并与各利益相关方确立了良好关系，公司的当务之急就是认真考虑客户，确保产品或服务能够真正满足客户的需求与期望。我们将在下一章提到，企业在 20 世纪为刺激大规模利润增长而开发的传统产品和服务，正在日益被新时代所淘汰。过去的公司通过向客户远距离交付大量实体产品而实现利润增长，现在的老牌公司则通过提供具有创意的数字服务实现了利润增长。

本章洞见

- 想要超越增长，你必须带领公司助力行善，并使总体社会影响力达到最大化，后者能让公司的股东回报得到增长。
- 你很可能已经为应对紧迫的社会和环境问题采取了重要措施，但为了最大限度地发挥社会影响力，你对公司的核心策略做出了多大程度的转变呢？
- 我们的研究总结出了 3 条策略，具备社会责任感的前沿公司正在运用其中的一条或多条，在最大程度地创造净社会影响力的同时实现可观的利润增长，创造更多的股东价值。这 3 条策略是：(1) 让你的创新产品和服务更具广泛可用性，(2) 让社会需求推动创新，(3) 与当地政府合作，创造更多经济机会。

第二章

提供数字服务，而非实体商品

就传统而言，卓越的公司都是凭借向全球消费者销售卓越的实体产品和提供优秀的服务来成就伟业的。而当今的前沿公司则更进一步，为客户的收效和体验全面负责。这些公司正在利用数字技术，深入研究产品的使用生命周期，或通过将新的解决方案移植到实体产品和服务上，亦或通过完全取代实体产品和服务以实现尚未被满足的客户需求。

前沿的跨国公司正在迅速发展其价值主张，超越离散的产品导向供给，创造令人惊喜的全新解决方案，从而在整个产品的使用生命周期中不断交付成果。这些公司并不是仅仅与客户产生商业交易的关系，而是逐渐成为完备、成熟的合作伙伴，对客户的体验负责，并常常根据新产品的表现为其定价。这些公司以数字方式向世界各地的客户交付新的解决方案。数字互联、宽带的普及以及物联网科技都推动着新产品的出现，让跨越国界提供服务在技术和经济上变得可行——无论是去覆盖既有的实体产品，还是推出纯粹的数字产品。引用一位评论员的话："科技正在将服务变为一种新产品。" 1

许多公司还在开发服务性产品，以利用数字互联创造出的新的全球客户。这群客户并非由地理位置界定，而是根据他们是否为跨境亲和团体[1]的成员来定义的。除此之外，各公司也逐步对这类产品实行个性化改造，允许全球消费者远程下载软件更新程序和解锁特定功能，同时也利用数据和高级分析为每位用户量身定制体验。数字型或基于数字的全新价值主张的最后一个推动因素，是经济民族主义。由于不断升级的贸易战和关税的存在，跨境实物运输发展业务的风险不断加大。各公司发现，使用跨境数字服务来获取更多利润变得越来越有吸引力。某个国家可能会对新车征收关税，使进口费用增加，以有利于国内制造商，但是汽车制造商却不会因为提供一套基于汽车上传数据的数字跨境客户服务而遭受损失。新车的销量或许不会增加，但为老款车型提供的数字服务却可以出现大幅度增长。总体来说，服务化使公司变得更具韧性。在新冠肺炎疫情期间，以实体产品为核心的公司因政府强制实施的社交距离限制而遭受重创，奈飞、游戏实时流媒体视频平台 Twitch、互动健身平台 Peloton 及其他数字服务业务的收益却得以维持，甚至增长。

在 20 世纪的大部分时间里，甚至直到 21 世纪，各行业的公司都

---

[1] 跨境亲和团体指围绕着共同兴趣或目标而形成的群体，从属形式可以是正式和非正式的，而群体主要目的则必须是非商业性的。

将全球利润寄托于实体产品及其特色上。要想获得成功，就必须销售比其他同类产品更好、更便宜以及更优质的产品。如果你身处汽车行业，就要通过提供更豪华的用车体验、更可靠的服务、更低廉的价格，或是这三个特色的某种组合来脱颖而出。如果你生产喷气式发动机，那么就要提供更可靠的服务、更好的性能、更低的运营成本，或是某几种特色的组合。跨国公司确实会销售维修保养等与产品相关的服务，但这些服务往往有限，而且明显是次要的。

> 如今，前沿公司在出售一系列以实体产品为基础的特殊服务，而且还经常将实体产品作为服务销售。

我们来看一看耐用品类。对于像惠而浦这样的公司而言，洗衣机已经越来越不像一台单纯的洗衣机了——它反应敏捷、考虑周到，甚至是“智能”的，能够作为中枢连接公司在销的其他洗衣服务。惠而浦洗衣机中有与云端连接的传感器，可以知道用户的洗衣液何时快用完。与用户可控制所有家用电器的应用程序同步后，洗衣机便能让应用程序自动为用户再订购洗衣液。在洗衣液用完之前，用户可能一打开家门，就会看到正在门口静候的洗衣液。应用程序以订阅的形式完成了购买和送货——洗衣液就是洗衣机提供的一种服务。

惠而浦的前战略负责人罗素·斯托克斯（Russell Stokes）告诉我

们，他们公司正在推出以家用电器来实现令人惊叹的新数字服务。他表示："我们已经开始对产品进行服务性改造，在产品上增加软件层。如果我们可以通过无线网络远程为你修理洗碗机或是下载更新软件，那会是怎样的体验？如果我们可以为你下载食谱并将其显示在你的烤箱上，那又会是什么感觉？"[2]这只是个开始，不难想象，未来的家用或办公用电器将会自动订购日常消耗品，甚至能通过彼此"沟通"来完成更复杂的任务。惠而浦总裁兼首席执行官马克·比策在一次采访中表示，通过覆盖数字服务来提升公司产品，是一项至关重要的战略。[3]为此，该公司正持续建设基础架构和关系网络，构建全球数据中心，获取基本技术，并探索与谷歌、亚马逊、宝洁（Proctor & Gamble）等公司之间的合作伙伴关系。

如果你经营的是一家跨国公司，就不能无视市场中的大量全新价值主张。如果你卖甜甜圈，那么能让你的公司实现超越的产品，或许就是为志趣相投的全球甜甜圈爱好者们打造的数字化升级的全新店铺体验，或者在每天早上往每位甜甜圈俱乐部成员的车里或办公室传递美味。如果你经营女性时尚品牌，那就可以通过应用程序和店内设备，根据每个消费者的独特风格和偏好来提供个性化购物体验。在大多数种类的服务中，这些新产品不会完全取代传统产品——公司仍需要生产和销售美味的甜甜圈和高质量的时装，惠而浦也仍然需要生产销售一流的电器。然而，结合实体产品推出令人惊喜的创新数字产品的能力，可以让一流公司拉大与其他公司间的距离。过去的公司通过提供实体商品的方式抓住客户的心和钱包，而未来的公司将以提供实体商品与数字服务并举的方式打入市场。

服务消费

许多公司已经在以提供实体商品和数字服务并举的方式开辟了市场。从 2008 年开始，全球数字服务行业的贸易总额的增长速度在十年间达到了非数字服务贸易总额的两倍。[4]在某些行业，数字初创企业已通过服务化实现了迅速扩张，并在全球范围内占据主导地位。以前，消费者们从百视达（Blockbuster Video）等录影带商店租借实体 DVD，在家中观看影视娱乐节目；而现在，全球各地的消费者都可以通过奈飞提供的数字服务，随时随地享受影音娱乐。2007 年，奈飞推出了流媒体服务，并在这款服务优化后将其推向国际市场，[5]奈飞的流媒体服务率先于 2010 年在加拿大上线，并于两年后在南非和欧洲推广。到了 2019 年，几乎 200 个国家的消费者只需轻点遥控或轻触一下设备，便可观赏到电影了。奈飞的公司营收也由此超过了 150 亿美元。[6]这种快速的全球扩张本身就足够引人瞩目，这或许是近期历史上速度最快的一次扩张。同样值得注意的是，奈飞公司的策略不再是锁定本国消费者并为其提供实体商品，而是通过可在全球各地使用的数字服务将目标瞄准了跨境消费者。视频网站 Hulu 和亚马逊金牌服务（Amazon Prime）也推出了类似服务，在后文中我们也将看到，声破天（Spotify）、潘多拉电台（Pandora）和苹果音乐（Apple Music）等音乐流媒体服务也同样走上了这条道路。

在各类消费者群体中，我们会发现作为共享经济的组成部分，价值正在从实体产品往数字化服务或解决方案上转移。现在的许多消费者已不再愿意购买实体产品，而是宁愿为服务持续付费。他们不再去杂货店，而是纵身网络世界，在食材外卖平台“蓝围裙”（Blue Apron）这类网站上订购送餐服务；他们不再购买自行车，而是通过JUMP 这样的单车共享服务按次租借车辆（2018 年，美国消费者在此类服务平台上完成了约 8,400 万次出行）。[7] 尽管人们对全球共享经济规模的预估结果有所不同，但预测者们一致认为，共享经济将在未来几年内实现巨幅增长——到 2025 年，共享经济可能会带来 3,350 亿美元的机遇。[8] 此外，另一种直接通过消费者订阅提供产品（DTC）的服务形式也在发展扩大。如今，消费者们可以通过亚马逊或数百家小型初创公司在网上定期购买各种消费品，比如剃须刀（如 Dollar Shave 和 Harry’s 等品牌）、化妆品（如 Birch Box）、隐形眼镜（如 Hubble）、狗粮（如 Chewy）、时尚用品（如 Stitch Fix）、牙科用具（如 Quip）甚至情趣用品（如 Maude）。正如一位分析师所言，DTC 服务在价格和便利性上都存在竞争力，能够让忙碌的消费者实现“一经设定，高枕无忧”的愿景。[9]

对众多类型的消费者而言，数字化正在给大型公司带来颠覆，迫使这些公司迅速采取行动。举例来说，汽车行业就在快速自我重组，从专注汽车制造的传统经营方式，转向将数字化出行作为一种服务同步提供给消费者，这种服务包括车联网产品（如道路救援、通过汽车仪表盘进行支付、定位附近停车位等），自动驾驶以及共享出行，如优步（Uber）和来福车（Lyft）等拼车服务平台。有一篇畅想未来的新闻报道说得很到位：“汽车制造商希望你能在未来某天不再购买汽车”，到那时，“购买汽车的费用和停车费将被按公里付费及与奈飞类似的订阅制服务所取代”。[10] 这一趋势是由一系列的结构性条件促成的：传统汽车制造商正因长期的全球产能过剩而遭受重创，它们不仅面临着由长城汽车、江铃汽车，以及马恒达（Mahindra）等本土汽车厂商在中国、印度这类全球最大汽车市场中发起的挑战，还同时承受着来自特斯拉（Tesla）、谷歌以及优步等新型电动汽车厂商和数字技术公司施加的竞争压力。正如最近一篇报道所指出的，这些科技巨头“（似乎）正越来越成为（汽车制造商）生存的最大威胁。”[11]

2017 年，全球汽车产业利润约为 2,260 亿美元，其中新车的销售利润贡献了约 790 亿美元，而共享出行服务只占了不足 10 亿美元。到了 2035 年，全球产业的总利润预计将增至 3,800 亿美元，其中车联网与按需共享出行将分别占到 280 亿美元和 760 亿美元，数据连接的利润率可高达 14%。而根据预计，每销售一辆实体汽车，汽车制造商就会产生亏损。[12] 虽然主要的汽车制造商将持续发展并保持盈利状态，但前提是它们需要积极提供消费者所渴望的数字服务，要么自身开发技术，要么就像我们在第三章中将会看到的，为提供这些服务的合作伙伴打造成功的生态系统。汽车制造商仍然需要制造高质量的汽车，但它们也要为实体产品添加一系列服务，以大幅扩展产品所能提供的价值。

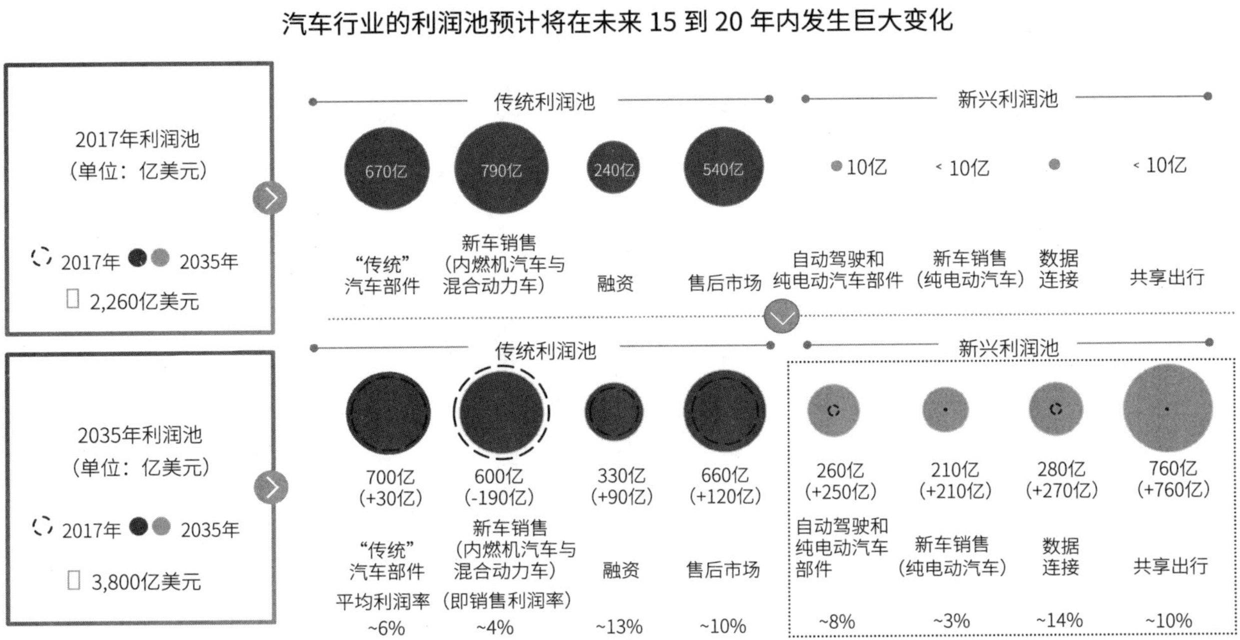

来源：“共享出行技术之赛：赢得未来利润之战”，BCG分析报告，2018年1月11日。

图 2　汽车利润池预计在未来 15 到 20 年内出现剧变

共享出行正作为一项服务崛起，对此通用汽车（General Motors）正在积极备战。在董事长兼首席执行官玛丽·巴拉（Mary Barra）的领导下，公司一直在缩减旗下品牌和维护平台的数量，并减少其业务所在国数量，总裁丹·阿曼（Dan Ammann）认识到："我们不可能无微不至地服务全球各地的所有人。"[13] 2018 年，通用汽车公布了将开始大转型的计划，计划包括关闭全球 8 家工厂，减少 25% 的管理人员，并重组公司的品牌和产品平台。[14] 同时，公司一直在大力投资开发一系列自动驾驶汽车，以将其作为综合共享服务的组成部分。2016 年，除了收购自动驾驶汽车公司 Cruise Automation 外，通用汽车还向共享出行服务平台来福车投资了 5 亿美元。[15] 2017 年，通用公司收购传感器技术公司 Strobe，该公司的技术对自动驾驶至关重要。[16] 2018 年到 2019 年间，本田（Honda）和软银（SoftBank）宣布向 Cruise Automation 投资 50 亿美元。[17] 总体而言，通用汽车力求在共享出行服务领域占据主导地位，公司在这一领域的预期利润率高达 20% 到 30%。[18] 此外，通用汽车还将精简业务，以求在其核心的汽车和卡车制造业务中挤出更多利润。一位评论员指出："人们曾一直认为硅谷会吞噬汽车产业，但现在看来，硅谷正趋向于与其互助合作"，[19] 所有这一切努力，都是为了将曾经的实体产品——汽车，转变为连接尖端服务和体验的枢纽。

服务化同样适用于工业公司

2017 年，荷兰的圣安东尼厄斯医院（St.Antonius Hospital）成为全球第一家使用睿平台（Azurion）的医疗机构，睿平台是飞利浦为微创手术而打造的顶尖诊疗平台。[20] 从外表看，睿平台系统活像是在《星际迷航》（*Star Trek*）中存在的机器——一只未来感十足的白色机械臂围绕着躺在长桌上的病人移动，将成像结果显示在高清大屏上，同一时间的医生们还在为病人做着手术。和全世界其他医疗机构一样，在圣安东尼厄斯医院，患者等待手术的时间越来越长，这反过来也使手术过程变得愈发复杂。医院最初购入睿平台是希望改善医院介入诊疗实验室的功能，同时控制成本。更为准确地说，这家医院其实是购买了与飞利浦公司的长期合作关系，其中包含了让医院优化其技术并取得卓越业绩的服务。[21]

飞利浦公司开发了一套特别的课程，在新设备交付后为团队成员做培训，帮助他们学习睿平台的操作方法。系统一旦开始运行，公司便会持续收集操作数据，以了解医疗团队如何优化了这台特殊设备的技术和使用。比如，飞利浦将这台机器的操作数据与对医院物理空间的分析相结合，以“优化介入诊疗实验室内的作业流程”。[22] 有些临床空间基本没有得到利用，因此，飞利浦和医院便对这类空间重新定位，供患者（作为候诊区）和医生（作为查阅文件和为患者报告进展的工作空间）来使用。[23]

归功于此举及其他协作，医院将患者等待手术所需的时间削减了12%，将手术本身所花费的时间缩短了17%，而超过规定时间的手术次数则减少了25%。[24] 就如介入放射专家马尔科·范斯特莱因（Marco van Strijen）所说：“我们改善了作业流程，现在可以在一天内接纳更多患者，从而在每周、每年都能够为更多的患者做手术，且病人安全和护理质量也不会因此打折。”[25] 时任圣安东尼厄斯医院首席财务官的沃特·J. 阿德马（Wout J. Adema）表示，之所以能成功引进这台新设备，要归功于与飞利浦公司的长期合作。“正是与飞利浦之间深厚而可靠的合作关系，才使得我们取得这样的成就。睿平台的进驻，为我们的介入治疗团队提供了评估现有流程和实行标准化作业流程的机会。这有助于我们短期内在操作上实现切实而重大的改善，并在团队中培养出不断进步的企业文化。”[26]

睿平台是飞利浦近年来从产品交付向以关系和服务为基础的业务持续转型的典型产品。除了销售设备，飞利浦也在越发努力为客户提供解决方案，即增加价值，而不是单纯提高设备的销量。飞利浦致力于与客户保持实时联系，不断帮助客户从其技术投资中获取最大价值。举例来说，在飞利浦的“零损坏目标”（Aiming for Zero）倡议中，公司与客户展开协作，通过监控数据自发对产品进行维修，并主动给予必要的维护，从而在设备故障发生之前防患于未然。通过数据基础设施和高级分析工具，一支工程师团队每天会监控超过 1.2 万个成像系统，在数据中搜寻那些需要采取预防性维护的系统。每年，这支团队都会发起超过 1 万次维护，最大限度地减少了飞利浦机器的停机时间。[27]

在提供这些服务的过程中，飞利浦不仅在应对上文中提到的颠覆性力量，也在应对医疗保健领域的具体变化。人口老龄化、慢性疾病的蔓延以及医疗成本的爆炸式增长，都使医疗保健系统的资金和能力不堪重负。医疗保健系统愈发需要供应商提供一种定价模式，这种模式不是为了降低个别设备的成本，而是为了帮助系统和供应商在改善质量和患者体验的同时降低成本。“15 年前，我们走进放射科是为了展示我们最新款扫描仪的性能和特色，”飞利浦首席技术官亨克·范豪滕（Henk van Houten）表示，“而现在，放射科的主任可能会问：你们如何能帮助我们部门更有效地满足患者不断增长的需求？”[28] 据媒体报道，飞利浦正在朝着一种基于价值的模式发展，这种模式基于与生产力、治疗效果、护理人员经验等相关的绩效指标产生收益。[29] 在这种模式下，提供持续的服务就变得至关重要，因为它能让飞利浦优化所生产的器械和医疗团队使用器械的方式，从而提高医疗系统的效率和质量，并为公司带来更多收入。

医疗保健行业向基于价值模式的转变仍处于早期阶段。一项调查表明，只有三分之一的美国医院能根据其提供的价值获得保险公司的偿付。[30] 尽管如此，飞利浦仍有 35% 的收入来自其提供的解决方案，而且这部分收入正在以两位数的速度增长。[31] 这些服务和解决方案的形式多种多样，包括简化护理人员使用患者数据的方式和战略咨询，以及能够收集、汇总、分析临床数据的 HealthSuite 平台。截至 2019 年，飞利浦一直在寻求推进和扩大其“面向咨询伙伴关系和服务业务模式的转型”。[32] 为此，飞利浦正努力从单纯提供产品的模式转为与客户合作，以打造“全面而互联的平台解决方案”。[33] 飞利浦首席创新和战略官耶罗恩·塔斯（Jeroen Tas）表示：“除非含有明显的有关与客户的共同创造及价值模式的产品和服务，否则我们不会投资任何东西。”[34]

虽然消费者市场的服务化更容易被大众关注，但像飞利浦这样向其他企业出售产品和服务的工业公司，也在逐渐接受服务化。

销售服务在各行各业中都具有诸多优势。值得注意的是，服务的销售不仅能让企业产品不再被视为单纯的商品，同时还能为用户节省由拥有实体产品所带来的成本，避免麻烦。一家中国风力发电机公司的首席执行官曾表示，当今的客户不再像以前那样关注涡轮机的容量、性能以及规格了。他们想要的是一个能够根据本地风廊线的具体情况，最大限度地提高其风电场利润的解决方案。如今，在多数行业中，工业客户都在寻求解决方案，而不是一台单纯的设备。即便买来设备，客户也希望供应商能够调动数据和物联网技术，帮助他们避免零部件发生故障，并最大化地延长机器的运行时间。服务化也是一种具有吸引力的策略，因为它能为工业公司提供持续的收入以及利润来源。一份报告称，近半数提供服务的公司“利润增长超过了20%”。[35] 除此之外，服务化还构建了更具韧性的收入来源。正如一家电梯公司的负责人告诉我们的，新电梯的销售或许会因经济周期的变化而减缓，但对旧电梯提供的服务却不会改变。实际上，电梯销售量的下滑可能是因为客户用新电梯取代旧电梯的时间推迟了，而这将促进相关服务收入的增加。

罗尔斯·罗伊斯航空发动机公司（Rolls-Royce）是最早采用服务化模式的工业公司之一。除了销售发动机外，罗尔斯·罗伊斯也向客户销售按小时计费的服务，也就是按照发动机运行的小时数获取收入，公司将此称为“飞行时数计费制”。[36] 尽管客户是发动机的实际拥有者，但罗尔斯·罗伊斯却对发动机的可用性和管理工作负起了全责。作为罗尔斯·罗伊斯“全面维护”服务计划的一部分，“飞行时数计费制”将公司的需求与客户的需求联系在了一起。航空领域的客户对飞机发动机的安全可靠性有需求，也希望尽可能准确地预估出发动机的运营成本。在“全面维护”服务计划中，客户不是为发动机的维护花钱，而是为其正常运行的时间付账。由于他们只为飞行小时付费，因此便能准确地预估出自己的运行费用——他们只在发动机运行时才会付钱，而不必为意料之外的维修费用操心。[37]若能最大限度地减少发动机的故障时间并提高其可靠性，罗尔斯·罗伊斯便能赚取更多的利润，也能通过与客户签订长期服务合同而获益。截至2020年，罗尔斯·罗伊斯的“全面维护”计划已将发动机因维修造成的停机时间缩短了25%，为客户节省了资金，同时提高了自身的收入。[38]

按飞行时数计费听起来容易，但实施起来却绝不简单。在“全面维护”计划实施之前，客户要等到飞机发动机出现问题，然后再联系罗尔斯·罗伊斯公司，等待公司的技术人员解决问题。如今，罗尔斯·罗伊斯在其发动机中嵌入了可以实时监控性能的数字传感器，并将数据跨境发回位于英国德比的一家集中式分析中心。无论何时，分析中心都有工程师在监控全球数千台彼此联通的在役发动机的性能，每次飞行的数据量达到万亿字节。[39]一支全球分析团队运用复杂的算法来主动维护或自发地安排修理工作，最大限度地减少发动机故障，并确定需要在其全球5家区域客服中心储存的备件库存量。数据中心的工程师通过使用数字通信平台，与全球各地机场、维修机构的当地服务中心的同事实时协作，主动对发动机进行维护，在可能发生故障之前将问题解决。包括微软和全球企业管理解决方案的供应商思爱普（SAP）在内的合作伙伴提供了大量跨境数字技术，推动了这一工作的进程。[40]

“全面维护”计划只是罗尔斯·罗伊斯服务化的开始。2017 年，罗尔斯·罗伊斯开设 R^2 数据实验室，这一全新的数据实验室遍布全球各地。[41] 在这些实验室中，跨学科的数据专家团队与罗尔斯·罗伊斯运营领域的团队协作，共同开发全新服务，在维护发动机、提高运营安全性以及遵守政府法规等方面为客户提供帮助。团队与 500 多家外部技术供应商、创新初创公司、学者以及原始设备制造商合作，构想新的服务，并将这些构想迅速演化为解决方案。[42] R^2 数据实验室是罗尔斯·罗伊斯与客户、其他品牌的发动机产品，以及公司业务合作伙伴开展对话的“智能发动机”愿景的一部分，智能发动机无需人类干预便可响应外部环境，并能根据自身和其他发动机的经验进行自主学习，以调整和优化自身性能。正如罗尔斯·罗伊斯民用航空高级营销副总裁理查德·古德海德（Richard Goodhead）所说，罗尔斯·罗伊斯现在“正在获取更多数据，并利用这些数据完成更多工作”，而所有这些，都是为了能让客户从服务中获取更多价值。[43]

其他主要行业的许多参与者正在通过基于物联网、分析学以及相关技术的业务模式获取更多收入和利润。施耐德电气（Schneider Electric）为大型公用事业公司提供广泛服务，这些公共事业公司因为资金压力，发现拥有自己的资产和基础设施的运作模式已经不再具有吸引力。截至 2020 年，施耐德电气一半的收入都来源于数据库系统和服务，这一类别包括全方位创新解决方案，它将实体产品、为按传统方式单独销售的产品所打造的增值服务、更新以及应用程序融入其中。与实体资产销售所得相比，这部分收入正在以更快的速度增长。[44] 重型工业制造公司卡特彼勒（Caterpillar）的预测性设备维护服务可从公司销售的建筑机械中实时收集操作数据，并利用算法将设备的性能与该区域其他设备的性能进行对比。这项服务可以主动为维护设备的时间提出建议，从而降低客户成本。

对这些工业服务化的前沿公司而言，前面要走的路还很长。许多制造商一直没有采用工业服务化的基础技术。

一项针对 500 名各行业制造领域中层领导者的研究发现，只有不到 50% 的人表示“他们所在公司的制造流程中至少有一半配备了工业物联网科技，仅有 11% 的人表示，至少有四分之三的流程是受工业物联网驱动的，而正在通过远程传感器进行数据收集的公司仅有 40%。”[45] 在未来的几年里，会有更多的公司不得不接受这一技术，并开发令人惊喜的新型服务。否则，公司便会面临落后的风险。

为你量身打造的产品、服务和体验

早上 7 点 45 分，你正准备离开酒店房间去参加一个客户会议。酒店楼下的大厅里有一家星巴克咖啡店，因此你穿好衣服，打开星巴克应用程序，预订了一份你必点的早餐饮品——大杯的密斯朵咖啡，也就是欧蕾咖啡。饥肠辘辘的你惊喜地发现，应用程序已经为你推荐了若干种早餐三明治，有搭配培根、高达芝士和鸡蛋的欧式面包卷，还有一份配有低脂火鸡、培根和鸡蛋的有机全麦英式松饼。高达芝士是你最爱的芝士品种，你在上周已经吃过这款三明治，而且也很喜欢。现在，应用程序为你提供了一份诱人的优惠：购买三次任何款式的早餐三明治，你就可以获得 80 颗可兑换免费饮料和食品的星星了。购买你原本就心仪的三明治，还有优惠可领！你满心欣喜，于是点了一份三明治来搭配你的密斯朵咖啡，这样的选择可真明智。15 分钟后，吃完三明治、准备坐上出租车去开会的你，已经吃饱喝足、精力充沛，准备好迎接崭新的一天。星巴克应用程序仿佛能先你一步预知你的所想所需，为你的一天增添一抹亮色。

这可不是什么巧合。虽然星巴克很早以前就开始对其店内产品实行个性化优化了，但自 2016 年以来，公司一直在加快行动，对消费者与品牌之间的个性化互动做数字化处理，进一步提升消费者体验的同时促进了销量。个性化已在星巴克的“数字飞轮”战略中占据了重要地位，它是一种全方位的消费者互动，其中还包括通过应用程序来实现活动奖励、商品预订及支付。[46] 星巴克收集消费者的购买历史记录（在征得其同意的条件下），并将购买时间、购物者已经放置在购物车中的商品、天气情况以及社交媒体活动等其他因素也考虑在内，在消费者体验的多个方面都实现了个性化设置。举例来说，星巴克采用了多种机器学习算法，通过智能手机应用程序提供实时的个性化推荐。

公司还会量化消费者的忠实度，据此发放奖励。对于品尝过随机试吃品而较少来店的顾客，星巴克会制造机会，让他们能够更频繁地购买某些产品，以更好地满足他们的需求。对于总是购买同样产品的忠实顾客，星巴克也会通过电子邮件发放奖励，并为这些顾客推荐他们可能喜欢的产品。随着时间的推移及消费者参与程度的加深，星巴克公司让消费者领取更多奖励的“挑战”也在不断演变，创造出了一种妙趣横生的游戏式体验。

数字个性化的转型让星巴克成绩斐然，对消费者也极富吸引力。在实施的第一年里，星巴克“数字飞轮”就使星巴克星享计划活跃成员的收入增加了 8%，达到了年同比最高增幅。[47] 对于一家近 40% 的收入都来自奖励制会员的公司而言，这个数据意味着销售额会产生直接的大幅增长。[48] 星巴克前董事长霍华德·舒尔茨（Howard Schultz）表示:“事实将会证明，我们新推出的一对一个性化定制营销功能……会为零售行业带来颠覆性的改变。”[49] 如其所言，事实确实如此。2019 年，星巴克应用程序是全美最受欢迎的支付应用程序之一，其会员数量超过 2,500 万。[50] 星巴克还将“数字飞轮”与其销售终端软件同步，从而打造更具个性化的店内体验。除此之外，这家公司也在利用数据分析，对消费者在星巴克的社交媒体、客户支持中心和其他数字设备上的互动方式实行个性化定制。

除服务化产品外，许多公司还正在将个性化融入其客户价值主张之中。

《大西洋月刊》的阿曼达·马尔（Amanda Mull）写道："营销的未来是定制一切。"[51] 初创公司 Prose 将个性化定制的护发产品寄送给事先填写了调查问卷的顾客，Care/of 公司销售个性化营养品，Curology 公司则提供量身定制的配方护肤品。[52] 在线时尚品零售商 Stitch Fix 具有个性化（及服务化）价值主张，是一家较为成功的初创公司，它让购买时尚服饰的过程变得前所未有的简单与便捷。Stitch Fix 公司从初始调查问卷和持续更新的消费者反馈中收集数据，为消费者个人匹配真人造型师，由造型师为每位消费者选择具体服饰，然后再将一系列服饰通过定期或一次性服务的形式寄送给消费者。[53] Stitch Fix 将"数据和机器学习与专家人工判断"结合在一起，并为管理服装推荐和优化运营雇佣了数十位数据科学家。2018 年，成立仅 8 年的 Stitch Fix 便取得了近 16 亿美元的销售额。[54]

全球化妆品巨头欧莱雅，一直积极有效地将个性化作为战略来实行。近年来，公司一直在通过利用其客户数据平台（详情请见第六章）实现销售和沟通方式的个性化。然而，欧莱雅对个性化的拥护已经远远超出了营销范畴。在 2020 年，欧莱雅展示了概念产品护肤系统 Perso，Perso 利用人工智能，让消费者在家就能获得高度个性化的护肤配方。[55] 征得消费者同意后，系统会针对消费者偏好、皮肤状况（对消费者用智能手机拍摄的照片进行人工智能辅助分析）以及可能对皮肤产生影响的环境条件进行数据收集。该系统会基于这些数据，使用其内部储料盒中的原材料，为消费者制作和调配最为适合的护肤产品。由类似原理打造的唇膏调配平台可以让消费者在智能手机上的色板上精准选择他们想要的颜色——这种具有革命性的选择方案十分受欢迎，可以替代你手头上几十支不同色号的唇膏。在未来，消费者们或许可以进一步改进产品，设计出“一支色号与服装颜色相匹配的唇膏，或是选择时下社交媒体上流行的唇色”，从而拥有自己理想的唇膏。[56]

个性化定制战略其实并不新颖——自 20 世纪 70 年代起，快餐连锁店汉堡王（Burger King）就向消费者承诺，他们可以用“我选我味”的方式来定制自己的汉堡（即允许消费者选择在面包层里加哪些配料）。[57] 定制服务改变的是技术，这在全球范围内大大减少了个性化的成本。虽然这些公司可以通过传统的全球化手段——也就是我们所说的“旧全球化”，为单个消费者提供个性化产品，但这需要通过生产数千甚至数百万种实体产品才能实现。如今，公司所生产的实体产品种类相对减少了，却有可能通过软件交付数亿种可用的产品变体。比如说，运动饮料品牌佳得乐（Gatorade）就在推出一个能够分析消费者汗水的贴片设备，消费者可以根据分析结果，选择最适合自己身体需求的饮料配方（饮料所用的瓶子外观，也可由消费者通过佳得乐网站定制）。[58] 不甘人后的汉堡王现已调动数字技术，为消费者提供个性化产品和可定制的汉堡，让他们更满意地选择自己喜爱的美食。[59]

如今，即便是单个实体产品的设计，对于不同地区的消费者而言也有着多重意义。特斯拉只提供四种车型（Model 3、Model S、Model X 及 Model Y），却为消费者带来了高度的个性化体验。在购车之后，车主可以“对座椅位置、方向盘、后视镜、悬挂系统、制动以及其他更多功能进行个性化定制”，生成一份独立的用户个人资料。[60] 用一位行业评论员的话来说，这种能力“创造了一种独特的感受，使车成为了车主的延伸。”[61] Model S 的软件更新不仅能了解车主的日常通勤情况，为其提供最新的交通信息，[62] 还能从车主的智能手机上下载日历信息，以便汽车自动生成前往下一事项的路线指示。[63] 另外，特斯拉的车主也可以给自己的汽车命名，并通过设置让名字在移动应用程序上出现。[64] 特斯拉似乎已经蓄势待发，要在未来几年利用车内摄像头来识别进入车内的用户，并立即为不同用户重新配置汽车的诸多元素——首席执行官埃隆·马斯克（Elon Musk）将其称为“动态个性化”。[65]

特斯拉的例子让我们看到，跨国公司该如何将服务化与个性化结合，从而打造让人眼前一亮的新品并从中获益。特斯拉的汽车不只是普通的汽车，而是“互联”汽车，它可以作为平台，用于数字化交付服务，并与消费者建立长期关系。此外，特斯拉还可以通过软件更新，进一步增强汽车的个性化程度，同时持续进行诸多其他改进与优化。传统的汽车制造商需要花费数十亿美元将汽车召回，有时召回时间长达两年之久，而下载更新不仅几乎不需要特斯拉支付任何费用，而且只需一个月的时间就可以在全球范围内实现召回。2019 年，特斯拉通过软件更新向消费者提供维修服务。现在，特斯拉汽车已能够进行自我诊断，为消费者预约服务，并将汽车所需部件自动运送到最近的服务中心（如果车主认为服务没必要，便可取消预约）。[66] 借助移动维修人员，特斯拉可以远程诊断和修复 90% 的维修问题，让消费者安心驾驶而无需亲自到店。[67]无论业务面临何种挑战，特斯拉公司都可以推出新功能并以更快的速度和更低廉的费用来应对产品的质量问题，从而使自身更具韧性，并在运营上更具优势。

瞄准全球消费者

> 如本章中的几个案例所示，数字技术不仅使消费者和工业公司有能力提供更加个性化的产品、服务和体验，还能跨越国界，将它们带给新的全球消费者。

最初，音乐流媒体服务平台“声破天”向全球听众提供的是可通用的人工编排播放列表；如今，该平台已经利用算法对列表做了微调，进行个性化设置，以满足不同听众的口味。[68]公司希望能重现2018年的佳绩，努力持续提高用户参与度。[69]同样，奈飞平台的每一个要素也都是根据用户喜好进行的个性化设置，这些信息是奈飞在用户访问期间收集的（例如，通过推荐某些内容来监测用户是否会点击）。截至2019年，奈飞已为超过3亿用户创建了个人资料，公司的算法会利用这些资料生成个性化的内容推荐。[70]奈飞会雇专人依据不同主题对影视节目进行分类，从而使算法极为精确地为用户推荐其可能喜欢的内容（奈飞用户观看的约80%的内容都出自算法推荐）。[71]奈飞的算法不是根据用户的国籍或其他传统的人口统计要素来对产品进行细分的，而是分析消费者的内容观看情况，并在此基础上划分出全球 2,000 个"品味社区"。[72] 除此之外，公司还会考虑地区偏好和各地政府规定，以区域为基础定制推荐内容。

> 无论公司是否对产品进行了个性化设置，全球消费者的崛起不容忽视，它促使部分企业开发新的产品或开展促销活动，并将重点放在按喜好划分而不受地域界定的跨国消费者身上。

2019 年，音乐制作人兼 DJ"棉花糖"（Marshmello）在电子游戏《堡垒之夜》（*Fortnite*）中为全球数百万观众举办了一场虚拟现场音乐会，为世界各地的电子游戏同好者表演。[73] 同样，当软件开发商 Niantic 于 2016 年推出《宝可梦 Go》（*Pokémon GO*）游戏时，实际上也是在对世界各地的游戏玩家同好者撒网。据媒体报道，Niantic 在一年内取得了近 10 亿美元的收入。[74] 美国职业篮球联赛（NBA）为全球的篮球迷提供服务，在不久的将来，联赛将利用科技让全世界的球迷都能获得个性化的观看体验。[75]

其他追求数字业务模式的大型跨国公司也在跨越地理界线，将目标锁定在和自身业务有共同兴趣的消费者身上，比如，长期在一个固定的品牌生态系统（如 iOS、安卓或腾讯的操作系统）中使用产品和服务的消费者。全球数字互联以更低的成本崛起（详情请见引言），这意味着公司在定义消费者时不仅要考虑其所在的国家，也要考虑其网络身份。网约车公司 Gojek（“摩的”版的优步）近年来快速扩张，所有用户都可以用手机里的应用程序来访问服务。在遵守各国法律法规的前提下，该公司的网约摩的在各国的服务内容相同或至少相似。对 Gojek 而言，消费者并非按公民国籍被分为印度尼西亚人、泰国人或越南人（这家公司目前在东南亚地区运营），这些用户是跨越国界的消费者，而公司的价值主张的宗旨就是为无论身在何处的消费者都提供无缝服务。

给领导者的建议

未来几年，实体商品与数字相结合、利用数据向全球客户提供个性化产品的价值主张将会在各行各业中相继出现。很多公司将不再只销售产品或服务，而会转为交付综合服务和创造用户体验。一家大型科技公司向我们透露，为其生产的计算机服务器提供的服务化解决方案在 2019 年取得的收入占总收入的 10%，而这个数字很快将上涨至 50%。在工业公司，实体商品附带的数字服务是所有业务中增长最快的。至于汽车公司，正如我们所看到的，其未来取决于互联汽车及移动商品。善于构建和发展这些能力的公司将茁壮成长，而做不到的公司要么成为供应商，要么面临倒闭。

你又会如何构建和实现这个全新的价值主张呢？根据与客户咨询得出的经验，BCG 建议你首先仔细考虑以下核心问题：

- **你已为客户解决的痛点有哪些？** 你真的对这些痛点有足够深刻的理解吗？也许你认为客户购买的是你公司的“燃料”，但你真正帮助其解决的，其实是如何从 A 地到达 B 地的问题。你的公司还能通过什么方式以服务化数字产品来帮助消费者解决他们的根本问题呢？

- **市场机遇是否有足够的吸引力？** 在为客户解决问题时，你所提供的服务化价值主张是否能创造出足够多的市场机遇？在将解决方案推向市场的过程中，可能会产生（与资本投资、再培训、激励措施调整等因素相关）的成本有哪些？哪些公司会与你展开竞争？全新的价值主张将对你现有的业务产生怎样的影响？

- **你是否为开发成功的解决方案预备了足够的人力资源？** 你是否组建了一支不仅经验丰富、还能开发创新体验方案的团队？团队成员是否具有必备的敏捷性、协作精神以及与时俱进的理念，以充分解决客户痛点？还有哪些基础架构（如制造能力和数据结构等）是你必须要准备的？

- **你是否在组织结构上做好了准备？** 如果你经营的是一家大型跨国公司，根深蒂固的官僚作风会不会阻碍你开创和实施新的价值主张？你该如何更好地定位自己的团队，让其能像初创公司一样运作？公司高管是否对于项目给予了充分的关注？如果你的公司一直以来都以产品为中心，那么，你需要为成功交付某项服务或解决方案而进行哪些内部调整？

从根本而言，创建新的数字价值主张需要领导者转变思维方式，即要有一种以顾客为中心的全新理念。无论你目前提供哪种产品或服务，都必须愿意从根本上重新构思，以最大限度地提升客户在该产品或服务的生命周期中能获得的价值。如果你长期以来都在向本地消费者出售洗衣机，那么是否还会继续旧模式？还是应当向全球消费者出售清洗衣物的解决方案，让你的消费者能够实现远程操控、改变清洗模式？或是与同款洗衣机的用户交换经验，看看哪些设定和洗衣液对清洗某类脏衣服最为有效？如果你正在向本地消费者出售一款护发产品，那么你是否就只是销售产品？还是出售护发解决方案，让全球各地的消费者都能通过订阅服务收到私人定制的产品？

要想回答这些问题，就必须更深刻、更严谨地理解消费者及其需求，并设身处地为其着想。就传统而言，研发新产品的公司会主动聆听客户的声音，但他们的研究仅限于实地调查和组织焦点小组[1]，只涉及市

[1] 焦点小组是一种高度开放的、由参与者围绕主题进行的访谈活动。活动主题由经验丰富的主持人引入，参与者对其发表相关看法。

场营销和研发团队。若想成功运用数字—实体业务模式，就要将客户、业务部门团队、科技团队、客户行为专家以及外部合作伙伴聚集在一起，共同开启“客户之旅”。BCG 会为客户规划如何在产品或服务的整个生命周期内提供价值；探索如何通过数字或其他方式来使价值增值。在与你共同踏上这段旅程时，BCG 会帮助你确定客户真正想要什么、不大关心什么、该如何提供更多他们想要的东西以及该如何最恰当地收取费用。例如，购买风力发电机时，电力公司真正想要的是一个能使利润最大化的解决方案。数字映射技术能帮助供应商实时优化风力发电机的运行，从而最大限度地提高利润。与其单纯地出售风力发电机，公司不如出售一种通过最大化电力公司获利能力以产生收入的解决方案。

成功的“客户之旅”会通过深层次的人类学视角分析整个客户体验，找出痛点，并开发出数字化服务与实体商品相结合的解决方案。这一过程分 4 个阶段展开：

1. 我们会成立项目组，深入研究各公司的客户及公司所处的行业。

2. 接下来，我们将以数字业务模型为中心展开构思，按照构思设计模型，并根据公司的客户需求进行迭代，从而实现优化。

3. 我们会实现一系列“冲刺”[1]，以定义、构建以及试行最简化可实行产品（MVP）[2]。我们需要什么样的技术解决方案？需要什么类型的数据基础架构？该如何准确地构建服务以及与客户的交互（我们称

[1] “冲刺”（sprint）在田径运动或自行车运动的含义是选手在最后阶段“用尽全力冲过终点”。在工作中，冲刺则与全速前进无关，它的关键是要建立度量周期，保持持续的步调，以可持续的步调进行迭代，对敏捷开发的成功至关重要。

[2] 最简化可实行产品是一种产品理论，意为用最快、最简明的方式建立一个可用的产品原型，该原型需表达出产品预期效果。

之为“客户互动模型”）？又必须克服哪些监管障碍？

4. 我们会创建长期的商业模式，并为如何推行此模式提供指南。

当你发现并解决了客户的痛点，又开发出创新的数字解决方案时，这并不意味着你必须继续大规模推出新品。成功的重点在于，要考虑客户是否真的会为你的新品支付足够的费用，让你能够在交付时盈利。如果做不到这一点，那就看看其他合作伙伴能否与你分担一定的价值，以确保经济可行性。如果你是惠而浦这样的电冰箱制造商，那就可以考虑在冰箱中安装无线网络和传感器，从而追踪用户对牛奶、鸡蛋、果汁和奶酪等易腐食品的使用情况。你可以提供一项服务，如在这些商品即将用完时自动通知用户，然后在亚马逊网站上订购牛奶，并从用户的信用卡上扣费。但是，用户是否愿意为这项服务支付足够的费用，能让惠而浦值得为此付出呢？亚马逊或其他供应商是否能通过给惠而浦提供优惠价来帮助其补贴这项服务呢？你所提出的数字化服务又将对现有业务产生怎样的影响？如果这个服务的想法不能实现，你或许会因为某家竞争对手也在这么做而想要继续开发，但如果仍行不通，最好尽快寻找另一个创意。

凭借新业务模式而获得成功的公司会从全球业务的角度考虑问题，而不是将视角局限于一个或几个市场，因为数据基础设施能够帮助公司快速打入国际市场。另外，这些公司还致力于持续改善创新数字—实体商品，并努力打造新品。奈飞一旦建立了全球服务，就能利用其产生的海量数据进一步优化服务中的新要素，包括平台正在推出的原创内容。另外，只有在分析过这些数据后，奈飞才意识到划分消费者行为的要素是“品味社区”，而非国界，从而开发出细分用户的新方法。同样地，爆破器材制造商澳瑞凯（Orica）也收集了大量有关其矿业公司客户的全球数据，包括矿场的地理位置以及这些爆破器材在这些矿场发挥的性能。利用这些数据，公司便能开发新的品牌产品，从而优化客户使用爆破器材的方式，以实现效力和利润的最大化。你所获得的数据能够对哪些新产品提供支持？你能从中获得对哪些客户的更深入的洞察呢？

设计一个令人惊喜的全新价值主张是一回事，而执行则完全是另一回事了。要想有效执行，就得应用本书中阐述的其他策略。根据行业和产品的性质，你可能需要开发一个生态系统，它由可以帮助你交付产品的合作伙伴组成（见第三章），拥有生产个性化设计产品的全新灵活型制造工厂（见第四章），以及一个用于收集和处理数据的全球数据体系（见第五章）。几乎可以肯定的是，你必须以客户为中心进行重组，实行内部调整，以便在数字化的世界中变得更敏捷、更具竞争力，本书后文对此将会具体叙述。这种超越实体商品和服务的方式，会为你现有的策略和运营增添一个全新的层面，让你彻底重新规划自己的跨国公司。

重新规划跨国公司的下一步，很可能是重新思考进入哪些新市场，并对已入驻市场的传统节奏提出质疑。提供与销售数字化解决方案和体验的能力，正在让前沿公司对地域拓展的看法产生重大改变。如果通用汽车想在印度和中国等主要市场出售汽车，就必须在这些市场设立工厂——这是一个相对缓慢且资本密集的过程。然而优步、谷歌以及奈飞等行业参与者就能够以廉价的成本和闪电般的速度实现扩张，而无须在每个市场设立数据分析中心来交付数字化解决方案和体验。这些公司需要的，可能只是开发一款通过应用商店下载的应用程序和某种付费渠道，然后就能在多个国家和地区同时开展业务。正如我们将在下一章看到的，数字化的业务模式可以带来全新的轻资产拓展战略，让企业在近年来竞争愈发激烈的市场中开拓出一条通往卓越的全新道路。

本章洞见

- 跨国公司正在迅速发展其价值主张，超越分散的商品导向供给，创造令人惊喜的全新解决方案和体验。
- 许多公司都在利用数字互联和物联网科技，在现有实体商品上加入全新的数字服务（服务化）。从前的公司通过提供实体商品的方式来抓住客户的心和钱包，而未来的公司将通过提供实体商品的同时提供数字服务的方式打入市场。
- 惠而浦这样的消费品公司正在接受服务化，而飞利浦、罗尔斯·罗伊斯以及卡特彼勒这样的工业公司也对服务化采取了积极的态度。奈飞、苹果以及潘多拉电台等公司则提供了纯数字形式的服务化产品。
- 许多公司都在大规模地对产品进行自定义设置（即个性化），同时开发将服务化和个性化合二为一的解决方案。
- Niantic、奈飞以及阿里巴巴等公司都逐步将目标锁定在全球消费者身上，无论他们身处何方。

第三章

优化全球战略

全球经济增长在持续创造巨大价值，而如今的公司正在采取比 20 世纪晚期更加成熟的扩张策略。这些公司利用轻资产、数字化或以电子商务为中心的业务模式进入新市场，并实现快速扩张。对于进入哪些市场，这些公司也更加挑剔，而它们在所选定的市场中的参与度在逐渐加深。

近年来，许多大型现有公司的领导者都开始更加严苛地审视起公司的全球产业足迹，而出乎意料的是，与此同时，成功的初创公司正在以前所未有的速度向全球化迈进。全球扩张仍然是实现盈利增长的一条具有吸引力的可行途径。创建一个处于不同发展阶段、承担各国不同风险水平的市场组合颇有意义，因为这能使跨国公司在抵御不可预见的冲击时更具韧性。此外，20 世纪推动全球化的某些基本理念已不再适用。要想充分把握机遇，领导者必须提升公司的全球影响力，采取一种看似矛盾的经营策略，以实现超越传统规模和重资产增长战略的盈利性全球扩张。

从一方面来说，领导者必须选择轻资产路线，不铺设昂贵的全新基础设施，或在本地大规模放置团队（此举依靠数字化和本地合作伙伴就可达成）的条件下，实现快速而广泛的全球扩张。这样的策略能让公司在动荡时期将风险降至最低。从另一方面而言，现有全球产业下的公司领导者必须更加严格，选择该在哪些市场保留重资产，同时在高优先级的盈利市场中全力以赴，成为少数的本地化高度参与者。从根本而言，各家公司必须在如何扩张这方面变得更加聪明和充满活力，或灵活变动、或全速行进，以从其全球化计划中获得最大价值。同时在不确定性增多的情况下，控制公司可能承担的国家政策相关风险。

要想理解第一条策略（即利用轻资产和更具韧性的快速全球扩张模式），我们可以看一下中国电子用品制造巨头小米的经验。小米成立于 2010 年，主要生产物美价廉的智能手机，其在中国境内的手机销量很快超越了三星（SAMSUNG），并于 2014 年占据了 14% 的手机市场份额。[1] 在接下来的几年里，公司将业务推向了全球。按照传统思维，小米应该缓慢地拓展全球足迹，以此推动增长，创造规模优势，提高盈利能力。这需要小米向每个市场投入大量资金，以建立强大的本地影响力，并根据当地消费者的喜好定制产品。

20 世纪末，无数成功公司都采取了这种做法。如果你是麦当劳（McDonald's），你的长期业绩就取决于在尽可能多的国家和地区让更多人吃上“巨无霸”（不管当地人怎么称呼这款汉堡），尤其要满足中国和印度这些高速发展市场中的消费者。如果你是丰田（Toyota）或通用汽车，亦或是卡特彼勒、通用电气（General Electric）、西门子这样的工业公司，那么情况也一样。在单个海外市场的影响力越大，你的销售成绩就越好。并且，你的销售利润率也会有所增加，这是因为随着产量的增长，规模经济降低了单位生产成本。当然，鉴于基础设施所需的大量投资，全球扩张通常需要几十年的时间才能完成。为了实现跨境增长，麦当劳就不得不购买或租赁地产并建造实体餐厅。结果，麦当劳用了 33 年的时间入驻了 47 个国家，而扩张至 100 个国家则花了 42 年时间（截至 2018 年，麦当劳已在 120 个国家拥有共 37,855 家餐厅）。[2]

然而小米并不打算空等，通过利用数字科技和合作伙伴关系（包括本地和基于技术的合作），小米也无需等待。与其他大型手机制造商不同，小米从成立之初就设立了三阶段的发展战略，依靠自身软件、硬件及互联网来实现扩张。小米不必在每个市场上投入巨资来吸引消费者或升级产品；相反，它可以通过在线商店以可调控的价格销售令人惊喜的全新服务。

为试行这一种独特的策略，小米在新加坡开设了第一家海外实体店，进口小米手机，并开始线上运营，允许消费者在线升级手机软件。[3] 分公司首开得利，在开张首日首批存货就销售一空。[4] 意识到公司打入新市场的有效策略奏效后，小米的领导层便将目光投向了一个更大的目标——印度。诺基亚和三星等同行业参与者已经在印度稳稳扎根，这类同行严守常规，斥下重资，为满足当地用户需求而定制个性化产品，建立了大型生产基础设施和实体分销网络，并大力宣传品牌。但小米不以为意，他们往印度派遣了一支小型团队，与印度最大的电子商务零售商 Flipkart 达成合作。和以前一样，小米仍将进口手机完全放在网上销售，再将质量优秀、功能广泛、物有所值的手机定位为精选机型。小米摒弃了昂贵的传统广告宣传，而是依靠 Flipkart、社交媒体粉丝群以及限时促销活动来打响品牌。[5] 小米再次赢得了强烈反响，首批机型在几秒内被抢购一空，而 Flipkart 网站也因消费者的涌入而崩溃。[6] 截至 2018 年第三季度，小米已经成为印度最大的智能手机公司，市场份额达到 27%。[7] 在印度市场取得成功之后，小米沿袭其轻资产运营策略，迅速扩张进入新的市场。在公司成立后的十年里，小米的智能手机业务已经拓展至 80 多个国家和地区 [1]。[8]

从小米成立之初，创始人雷军就在公司是否应该实行全球化的问题上坚定不移。在他看来，小米理应是一家全球性的公司——这是许多中国企业家信奉的心态。但他同时也明白，全球市场正在经历翻天覆地的变化，想要成功，就需要为如何打入新市场而创造自己的剧本。只有通过重资产在全球和地方达成一定规模才能实现全球盈利发展的理念，而现今已不适用。

> 其他前沿公司（包括老牌公司和初创公司）的领导者也得出了类似结论。比起新的商业模式，老牌公司更多地专注于管理现有的大量实体业务，领导者们也开始重新思考，涉

[1] 此为2020年数据。

足所有市场是否仍有必要。

对于利用国际品牌和规模经济入驻曾经热门的新兴市场，并在其中发展的公司来说，情况更是如此。如今，多数市场逐渐降温，这使公司的发展前景变得更加不稳定，[9]而发达国家和发展中国家的贸易政策对经济形势带来的挑战远超长期全球趋势造成的影响。因此，现在公司在考虑进入或退出哪国时，都要做出更细致的、可以依据风险进行调整的判断。回望历史，高速发展的国家可能会采取不友好的政策，实行保护主义监管制度，全力支持有数字和智能技术、且有竞争力的本土公司；低速发展的经济体则可能存在庞大的欠发达市场，可供拥有合适战略的公司抓住机遇。一家跨国消费品公司的首席执行官在2018年的一次采访中告诉我们："我们习惯于在一个看似稳定并持续扩张的世界中实现增长。然而自金融危机以来，我们不得不适应新的时代，在各个国家不平衡且不稳定的增长率之间'创造'增长。"

各家公司还必须更加深刻地融入到它们所要进入的国家中。在一个由多边贸易协定来决定通用游戏规则的世界，跨国公司可以从集权总部出发，推动全球通用的商业模式和成本优化的供应链发展——这种做法既经济又高效。21世纪，随着经济发展、地缘政治危机加剧以及民族主义者对外资从本地经济中抽取经济价值的抵制，前沿公司已经认识到，在各国应用标准经营模版以提高效率的做法已不再适用。相反，正如一家大型工业集团的副董事长告诉我们的，各家公司必须拥有一种国家优先的心态，将自己视为存在于一家全球企业中的一个本地业务组合。此外，公司必须借助科技将这些本地业务联系在一起（见第五章），同时打造全球规模的产品功能及流程（见第六章）。在2019年的采访中，一家中国科技公司的领导者表示："在以高效部署科技和产品来推动（新兴市场的）增长方面，我们一直以来都很成功。当前，这些国家所希望的，是像我们这样的跨国公司如何更好地满足当地的不同需求。"

尽管当今全球局势动荡诡谲，但追求增长仍然是跨国公司首席执行官的关注重点。然而，增长之路已与以往明显不同。在20世纪90年代和21世纪的前十年里，华尔街分析师最喜欢问的一个问题就是："你在新兴市场的增长战略是什么？"而今，这个问题早已成了陈词滥调。要想成功，领导者就要摒弃从前以最快速度扩展至尽可能多的市场这一执念，重新创造出更加机智、有活力且富有韧性的新剧本，哪怕这剧本乍看之下有些不合逻辑。在本章最后，我们会与大家分享一些我们向客户提出的问题，这些问题能够颠覆客户看待全球增长的视角，帮助他们降低风险，同时最大限度地利用现有的机会。

轻资产的多种风格

新型的轻资产运营模式不只有一种特色，而是有多重风格供你选择。首先，或许也是最明显的一点，数字平台以及以数字为主导的业务模式能让公司进入市场并确立市场份额，而无需拥有实体产品和交付产品所需的重资产基础设施。2006年，任天堂（Nintendo）推出其具有革命性的主机任天堂 Wii，最先将这款新主机弄到手的是美国的电子游戏爱好者，英国的玩家在随后一个月也把它买回了家。[10] 而在漫长的两年后，这款主机才在印度、韩国以及中国台湾的商店里销售，又过了三年，才登陆中国香港。[11] 今天，这样的推广进度显得落伍又缓慢。2016 年，总部位于旧金山的创业公司 Niantic 推出了另一款具有革命性的产品，即增强现实（AR）宠物养成对战类手机游戏《宝可梦 Go》，Niantic 原先为谷歌旗下公司，由谷歌地图前负责人约翰·汉克（John Hanke）创立。虽然 Niantic 并没有声称自己是一家跨国公司，但《宝可梦 Go》一上市，就立即在 55 个国家成为最畅销的电子游戏。到了 2017 年，下载游戏应用程序的消费者已经覆盖 129 个国家，近 10 亿美元的资金流入了 Niantic 的小金库。[12]

正如我们看到的，奈飞只用了 7 年时间就将业务拓展到近 200 个国家，而在过去的全球化背景下，传媒公司需要花费几十年的时间才能成就这样的业绩。[13] 同样地，2008 年成立的爱彼迎（Airbnb），在成立后的十年内便已积累了超过 500 万个房源，覆盖全球几乎所有国家，让万豪（Marriott）集团及其 130 万间酒店客房（这一资产组合花费了数十年才建成）相形见绌。[14] 爱彼迎的经营模式堪称轻资产运营模式中的一枝独秀，公司不拥有任何住宅，而是从房客以及在爱彼迎平台上挂出房产、接待房客的当地业主手中收取费用。一般来说，数字模式等同于全球增长中的轻资产运营模式，数字公司在达到相同数量的海外销售额时，所需的海外资产要比传统模式少多得多。

像小米一样，销售实体商品的公司也能够以更快捷、更明智、更节约成本的方式进入市场，放弃对基础设施的大规模投资，转为利用与当地现有公司建立的合作伙伴关系，亦或通过电子商务网络和物流平台直接与消费者产生联系。美国可穿戴设备制造商 Fitbit 于 2009 年推出第一款产品 Fitbit 追踪器（之后又于 2017 年 10 月推出了离子智能手表），[15] 自那以后，Fitbit 设计了一种全球性轻资产运营模式，并通过该运营模式在 86 个国家卖出了 7,600 多台设备。[16] 最初，这家公司通过只需少量投资的 DTC 分销模式进入市场。在意识到需要塑造更强的零售品牌影响力后，公司没有建设和运营自己的商店和分销网络，而是在各国广泛搭建合作关系。[17] 仅在美国就有数十家合作伙伴售卖 Fitbit 的产品，其中包括家居用品商店 Bed Bath & Beyond、开市客（Costco）超市以及萨克斯第五大道精品百货（Sak's Fifth Avenue）。[18] 2018 年 12 月，Fitbit 推出新的操作系统 Fitbit OS 3.0，继续巩固其全球性轻资产运营模式，公司不仅能在 iPhone 应用程序商店上推出与健身相关的应用程序，也能借助合作伙伴在其应用程序商店中上线。[19] 2019 年年底，谷歌宣布以 21 亿美元的价格收购 Fitbit。[20]

印度摩托车制造商巴贾杰汽车公司（Bajaj Auto）也在朝轻资产运营模式方向靠近，但它选择的方式稍有不同。巴贾杰不仅是世界上最大的摩托车供应商之一，也是三轮机车生产领域的佼佼者。得益于其高速增长的国际业务，巴贾杰也是行业内增长最快的公司之一。2005 年，巴贾杰在开始专注于摩托车和三轮车业务时，[21] 曾试图规避因管理大量子公司而造成的官僚主义问题，同时希望将精力放在产品和品牌优势上。因此，与小米公司相似，巴贾杰公司也设置了特许经营轻资产运营模式，并利用其技术知识和制造优势为渠道合作伙伴提供支持。遵循这一战略，国外市场的分销商掌控物流并推动产品本地化，巴贾杰国际办事处为分销商提供支持，而公司团队则保留对品牌、产品、定价等领域的控制权。

十年之后，巴贾杰公司利用这一模式实现了成绩喜人的全球扩张。[22] 执行董事拉凯什·夏尔马（Rakesh Sharma）称，领导层在这个节点曾考虑，公司是否应该进行大量投资以在各市场构建资产——这可是汽车公司为增加利润惯走的老路。领导层最后得出结论，没有改变巴贾杰目前经营模式的理由，因为这种模式已经让他们在几乎所有市场中取得了更高的市场份额，并让公司在与较大同类跨国公司的竞争中变得更具韧性。于是，巴贾杰在轻模式道路上越走越坚定，利用数字技术和平台更好地支持当地合作伙伴、建立了更加牢固的客户关系。

如今，巴贾杰利用数字平台为当地团队提供培训、诊断技术及最佳实践[1]，不需要大批本地客服代表，就能更好地为客户排忧解难。如果尼日利亚某小镇客户的人力车引擎出了故障，而当地的技术服务人员无法诊断出问题的根本所在，那么他们可以拍摄引擎冒烟的照片，然后在网上提交故障报告。位于印度浦那的巴贾杰全球客户支持专家团队会诊断该问题，且通常能在不到 6 小时的时间里提供在线解决方案。截至 2019 年，巴贾杰已在 79 个国家开展业务，在其中 21 个国家中名列前茅，并将继续打入新市场。[23] 占巴贾杰公司收入 40% 的国际业务收入，在 2018—2019 年间增长了 20%，达到 16.4 亿美元。[24]

第三方电子商务、物流以及送货上门服务的交付网络正大规模增长，各公司能通过多组强目的性的临时合作关系降低成本，同时更加

[1] 最佳实践是一种管理学概念，代表了某业务环境中最有效或最安全的行动路线。

便捷地接触新兴市场消费者，这与传统的一对一合资公司和长期合作伙伴关系大相径庭。阿里巴巴集团便是这样一家创立大批跨国网络平台的公司典范。2019 年，集团的“企业对企业”（B2B）在线商场 Alibaba.com 允许美国的中小型企业加入该全球 B2B 电子商务网络，让这些卖家能够即刻上线，实行客户关系管理（CRM），使用通信及数字营销工具，同时接触超过 190 个国家和地区的 1,000 万名活跃的商业买家。[25] 阿里巴巴集团的一位高管表示：“商家可以在没有可用的工具和科技的情况下，尽力像一家跨国公司那样参与竞争，采取行动。”[26] 大型现有公司的双边伙伴关系布局或许会阻碍新型关系的形成，而如今的初创公司可以自由搭建合作伙伴网络，以迅速实现跨地域扩张（具体内容我们将在第四章中阐述）。这些公司可以利用天猫国际这类跨境电子商务平台，让国际品牌和中小企业在中国市场试水，无须在中国设立公司便能接触到超过 7 亿的中国消费者。截至本书撰写之时，已有 92 个国家和地区的 25,000 多家品牌和零售商加入该平台，其中超 80% 的都是首次入驻中国市场。[27]

阿里巴巴本身就是依靠轻资产运营模式实现全球扩张的典范，它的策略以当地合作伙伴关系和投资为基础。到 2036 年，阿里巴巴的目标是为全球 20 亿消费者提供服务，帮助 1,000 万中小企业运营，实现盈利，并创造 1 亿个就业机会。与经常购入大型资产并在国外市场部署大型管理团队的竞争对手亚马逊不同，阿里巴巴的扩张是通过与本地合作伙伴共同建立生机勃勃的数字经济而实现的。阿里巴巴的物流网络“菜鸟”与全球 100 个伙伴合作，提供跨国界的物流服务，覆盖 224 个国家和地区。与此同时，阿里巴巴为印度 Paytm 和东南亚“来赞达”（Lazada）等地方平台投资，以壮大在印度和东南亚地区的影响力，而不必从零开始铺设自己的基础设施。在投资过程中，阿里巴巴与这些合作伙伴分享技术，使对方能够升级基础设施，提高财务绩效，让运营变得更加透明、高效。该战略使阿里巴巴的实体产业足迹保持在小范围内，在全球仅设 14 家主要办事处。BCG 的范史华（François Candelon）以及 BCG alumni 杨芳琪（Fangqi Yang）和武治中（Daniel Wu）将此类投资称为“赋能者”战略，腾讯等中国前沿科技公司也正在效仿此战略。[28]

除了帮助公司进入新市场外，跨国界部署的轻资产运营模式战略也使工业公司有能力从其现有的重资产全球基础设施和全球客户基础中发现更多价值。爆破器材制造商澳瑞凯的服务化产品 BlastIQ 会从客户在全球各地的采矿作业中获取数据，同时提出可以提高矿场安全性、生产力和效率的方案。该产品在单一市场上市时，澳瑞凯所注入的额外投资非常有限。该公司既可以将 BlastIQ 作为一款独立服务来提供，也可以将其附加在爆破器材的销售上，以此与本地市场的低成本竞争对手形成差异化，提高自身利润。西门子歌美飒（Siemens Gamesa）以及卡特彼勒等制造商也分别针对风力发电机和拖拉机产品，推出了类似的跨国轻资产运营模式数字方案，以在逐步增加本地投资的情况下从现有的实体产业中挖掘新的全球价值。通常，这种战略实际上减少了对当地资产（如仓库和存货）和当地维修团队的投资，不但降低了成本，还增加了利润。一般而言，基于服务的价值产品等同于轻资产运营模式的全球扩张战略，因为对这些产品所投入的每一美元都会产生更多价值。一家公司从其服务业务中获得的收入所占百分比越高，其总毛利率一般就越大。

> 大量的轻资产运营模式案例让我们看到，全球化能使公司实现快速扩张，并从更广泛的国家足迹中提取更多价值。因此对于许多公司而言，全球化仍是一个有吸引力的选择。但是在进入新市场时，你必须愿意开拓思维，考虑如何才能最有效地利用数字技术所提供的新工具和新性能。同样，如果你拥有的全球产业规模已经相当可观，那就必须以开放的心态和极具专业度的成熟态度来判断是否需要调整，以及如何调整目前的产业规模——这便是我们马上要讨论的话题。

从全球增长到精益增长[1]

各行各业的公司正在逐渐适应更加不确定的新时代，其全球产业的形式和规模也随之发生变化。我们在汽车和银行业等行业中都曾见过这种情况。以银行业为例，对于大型跨国银行而言，过去可盈利的全球增长方式是，在全球数十个国家设立数千家分行。如今，银行业已实现数字化和移动化，这种趋势在年轻消费者中尤为明显。在美国，

[1] 精益增长追求的是经济、环境、社会可持续发展的相互耦合。

金融科技贷款机构目前所放出的贷款已在各种新增个人贷款中占到近40%，而在中国，移动支付应用程序微信中的微信支付每月有近10亿活跃用户。[29] 在轻资产运营模式的颠覆下，传统的实体银行业务正演变为一种地方性业务，最多也只能称为区域性业务。银行专注于为最热门市场的现有客户提供服务，同时减少在新兴市场中的实体产业。曾在50个国家和地区经营分行的花旗银行（Citibank），截至2018年，仅在19个国家和地区保留实体业务（但其业务版图仍然覆盖近100个市场）。[30] 在截至2016年的7年时间里，汇丰银行（HSBC）则将其全球产业从88个国家和地区缩减到70个，裁员约20%。[31] 花旗集团前首席执行官潘伟迪（Vikram Pandit）就曾表示："各家银行都在逐渐意识到，向世界各国的所有客户提供一切产品和服务的做法是大错特错的。"[32]

为缩小产业规模，跨国银行对一系列现象做出响应。在2008—2009年的全球金融危机期间，多家机构开始削减业务，以维持盈利和增长。最近，个别市场的监管要求（如有关洗钱或银行保密法等）、利率的浮动以及全球化的规模，都限制了银行可继续出售的产品和服务的类型。本地市场也变得更加不确定，卡塔尔国家银行和哥伦比亚最大的银行集团之一的Grupo Aval等区域性银行，正在对某些国家的大型跨国银行带来挑战。正如英国《金融时报》（*Financial Times*）上一篇文章所指出的，为了保持竞争力，银行现在"更关注每个国家的盈利能力，而不是简单地让经营较弱的分部去充当为品牌'插旗占地'的角色。"[33] 花旗银行现已因监管问题从日本撤出，尽管该国的业务利润丰厚。[34]

传统银行逐渐削减实体门面数量的同时，部分银行通过在欠发达市场或消费群中部署基于数字技术的轻资产运营模式战略，实现了跨境扩张。有些银行正在数字化现有产品，还有一些则推出了全新的品牌服务，与金融科技和大型数字公司展开竞争。2019 年，总部设于新加坡的大华银行（UOB）针对东南亚千禧一代用户推出了名为“TMRW”的数字银行业务。[35] 为了打造这款吸引年轻消费者的产品，大华银行组织了一支专注于科技和消费者洞察力的内部团队，以提高客户的参与度。另外，这家银行还与外部机构达成合作，其中包括一家认知型金融公司。[36] 最后，TMRW 为客户创造了一个应用内聊天机器人，并推出人工智能功能，以及鼓励消费者存款的有趣游戏体验。[37] TMRW 于 2019 年在泰国首次推出，随后扩展到东南亚的其他关键市场，如印度尼西亚、新加坡、马来西亚和越南。鉴于东南亚地区人口结构更年轻，大华银行希望在五年内在此地区扎根，并构建多达 500 万人的用户基础。[38]

> 纵观各行各业，公司在决定竞争领域时，都比以往更愿意脱离“到处撒网”的传统运营模式。

近几十年来，关税和贸易壁垒不断降低，新兴市场飞速增长，使企业积累了大规模的全球产业。摆在当今公司面前的，不只具有较高竞争力的轻资产运营模式公司所瞄准的新价值池，还有新的挑战。在过去，公司常常会考虑在某个区域范围内扩张业务——它们会实行某种亚洲适用的战略，或是力图进入南美市场。但是，随着这些市场总体增长率的减缓，它们与其他市场逐渐拉大了差距，领导层已不再认为向发展中市场投资就会带来增长。2019 年《金融时报》的一篇文章提出了“投资新兴市场是否仍有意义”这一问题，指出“高昂的大宗商品价格已成为褪色的回忆。贸易举步维艰，全球供应链正在遭到破坏。许多人眼中的新兴市场远不能赶上发达国家，而且还发展得越来越慢。”[39]

区域内经济变化和不确定性的增加，也促使各家公司用更精准、更现实的视角审视自己在个别国家的发展前景。在南美洲，巴西的经济体始终是最不稳定的，且近期在增长上出现了滞后，而秘鲁、智利和哥伦比亚等其他经济体，则取得了高于平均值的增长率。[40] 在各国内部，经济增长情况也并不均衡。在过去十年里，墨西哥有 3 大产业的增长率一直在国内生产总值增长率之上，分别是肥皂和清洁剂类、电器和家居用品类以及家用视听器材类产业。[41] 泰国也有 2 个增长率超过国内生产总值的产业，即家用视听器材类与保健服务产业。[42] 在规划全球产业时，公司需要以行业来分析各地区的经济情况，根据分析结果再确定自己的产品或服务性质能否在某国市场扎根。

另一方面，不断加征的关税和其他保护主义政策也使个别国家的市场不那么适合进入——看看受贸易摩擦冲击的公司，或者观察那些需考虑英国退欧影响的欧盟各国公司和英国公司，就能对此有所了解。本地竞争对手所带来的挑战愈来愈大，这也改变了很多公司在制订增长计划时的考量。20 世纪后期，当竞争主要集中在产品供应上时，大型跨国公司因其规模比小型的本地公司更具成本优势。随着越来越多的行业转向数字化服务，如阿里巴巴这类公司允许小型初创公司使用世界一流的交易工具，大型跨国公司的早期成本优势正逐渐削弱。与此同时，本地竞争者也能够更好地应对本地政策，并将之转化为有利条件。[43]以面部识别、人工智能和机器视觉而闻名的中国公司旷视科技，在征得用户同意的前提下，将信息运用于其系统和研发活动之中。比如，在开发解决方案的过程中，旷视科技能够访问个人照片。[44]同时，旷视科技能更快地应对客户不断变化的需求，让其在本地竞争中受益，因为它们不会像西方跨国公司那样受到繁冗的创新和国际决策流程的牵制。

实体规模仍然有助于跨国公司吸收一般成本和管理成本，为创新业务提供资金。尽管如此，许多跨国公司仍然在效仿大型银行的做法，即撤出部分市场，有选择地进入或关注其他市场。2007 年，墨西哥水泥巨头西麦斯公司（Cemex）在 50 个国家开展业务，总收入为 217 亿美元。[45]最近，在收入持续增长的情况下，这家公司却开始削减资产并缩小产业覆盖范围。2016 年，公司宣布出售美国的工厂。到 2018 年，公司又宣布将削减高达 20 亿美元的资产，以专注于发展有最大增长前景的长期市场。[46]

在 20 世纪的最后十年和 21 世纪的最初十年里，全球化进程达到鼎盛，印度钢铁企业塔塔钢铁（Tata Steel）通过多次收购来实现全球扩张，先于 2004 年收购新加坡国家钢铁公司（NatSteel），又于 2005 年和 2007 年分别收购了泰国的千年钢铁（Millennium Steel）和英国钢铁金属公司康力斯（Corus）。[47]塔塔钢铁的扩张战略，是打造一家有全球化规模且实现跨地域整合的钢铁公司。收购康力斯后，塔塔钢铁从全球钢铁工业企业榜单的第 56 位上升至第 6 位。[48] 2008 年，全球经济危机使经济增长减缓，这对钢铁市场造成重创，基于全球规模的竞争优势基础也随之发生剧变。随着价格与需求的下降，能成为公司优势的已经不再是全球产业的地域范围，而是其供应链在特定市场中的竞争力。

考虑到这些因素，塔塔钢铁改变了其扩展战略，只关注拥有一定规模和竞争能力的市场。公司开始从无法赢得竞争优势的某些国家中撤出，而在遥遥领先的印度市场加大筹码。[49] 塔塔钢铁减少了在英国的业务，与中国的河钢集团达成协议，计划售出其在新加坡和泰国的业务，并与德国蒂森克虏伯集团（ThyssenKrupp）的钢铁业务板块成立合资公司，计划合并其欧洲的剩余业务。[50] 遗憾的是，由于没有得到监管部门的批准，塔塔钢铁与河钢集团及蒂森克虏伯集团的协议最终落空。[51] 截至本文撰写之时，塔塔钢铁仍在以全球角度思考，但其国家战略却已实现了高度本土化。公司侧重核心市场的盈利能力，有选择地撤出市场，并且只对其国际业务进行有针对性的投资。[52]

西麦斯和塔塔钢铁都认识到，打造全球化规模和构建庞大的国家产业无法确保公司在每个市场都能盈利，也无法保护公司免受由无法预知的经济衰退带来的冲击。BCG 为一位耐用消费品产业的大客户做不同国家的比较分析，以确定其扩张方式是否仍然合理。让这位客户大为吃惊的是，通过重塑与精减产业，在不丢失竞争能力或不增加风险的条件下，这家公司的收益率很可能会增加 3%~5%。另外，公司还能在新兴的利润池中占据更有利地位。从这个案例中我们可以看出，一家公司利润的最大驱动力并非其全球规模，而是在单个市场的规模和市场份额。对能给公司带来规模性盈利增长的单个国家市场进行精益组合，能让公司最大限度地在风险调整后实现整体增长。

全球市场的复杂性、多变性及风险性不断加剧，为了应对这种环境，各公司正在部署另一项战略，即灵活的商业模式，让公司能随着收益的起伏迅速将资源移入或移出某个国家。玛氏公司（Mars）并未花费重金在某个地区或大国市场全面推出产品，而是尝试投资需求较小的小型新兴市场作为测试，如南美的智利和欧洲的波罗的海国家。一旦确立了市场对该产品的需求，玛氏便会投入更多资本。公司通常会从现有供应商那里获得新品的全球发布渠道，使其能够更快地采取营销措施，并在竞争激烈的糖果市场中从好时（Hershey）等竞争对手那里抢夺份额。

近期，在美国市场推出麦提莎巧克力（Maltesers）时，玛氏就运用了这种更为灵活且风险较低的战略。[53] 公司利用其在欧洲的生产基地（那里的消费者已经习惯享用这种巧克力很久了）来为美国市场提供产品，通过这种途径，无须投入数千万美元在美国购置全新生产设备，就能对产品进行市场测试。玛氏公司只需在线上和影院推出麦提莎巧克力，通过限量供应，便可获得可观的利润。在证实美国受众的确对麦提莎巧克力有强烈需求后，玛氏公司才开始在北美生产这种产品（截至 2019 年，玛氏的北美生产线都是用加拿大安大略省纽马克特的生产设备制造的）。[54]

扎根本地，放眼全球

公司在更有选择性地规划其全球产业的同时，愈发有目的性地深入市场，它们比过去更注重业务和前景的本地化，并与当地人才在文化理解上达成共识，建立更深厚的关系。扎根本地还有助于公司培养更强的韧性，以应对经济动荡。

这种扎根本地以求在当地市场中获得成功的战略，需要跨国公司的管理层先采取行动。跨国公司的商业帝国历来都由总部管理，通常由一支契合公司背景和所在国家文化的高管团队来部署。但在一个由经济民族主义和多元文化与数字互联背景下的全球消费者构成的世界里，这种管理方法已不再有效。就像世界最大的轮胎公司普利司通（Bridgestone）的前首席执行官兼董事长津谷正明所言，十年前，公司绝大多数的高层领导都是日本人。随着客户需求和政府对本地市场期望的变化，普利司通公司发现，将其理念和战略塑造得更具多样化和文化敏感性，已势在必行。因此，公司开始在业务部门中加入非日本籍高管，这一举措导致领导层发生剧变。由非日籍领导者所带领的小组委员会成立，负责数字、研发、制造、物流以及供应链等业务职能。每个业务单位和职能部门的高级主管除了两周一次的首席执行官电话会议外，还必须参加每季度的领导会议，以确保战略和运营模式的一致，并及时做出调整。如今，各业务单位之间的沟通频率大幅增加，公司的全球执行委员会中有 6 个不同国籍的成员。“这是一段试错的旅程，”津谷沉思道，“但我们已经形成了一种真正的多元文化和全球化心态，这对我们的本地业务将有所助益。”[55]

从业务方面来说，许多公司都在试图优化入驻新市场时最初采用的标准化全球方案，并像本地公司一样思考和行动——我们或许可以称之为“本地服务全球”的战略。在超过 150 年的时间里，西门子在全球打造了一个紧密协作且颇具成效的品牌，在发电、工业自动化和医疗技术等领域开展业务。一直以来，西门子都秉承着德国优良的工程技术和产品创新传统，严格管控其全球工厂的技术和质量，并通过紧密协作的全球供应链将其德国工厂生产的大部分产品出口到全世界。西门子的大局掌握在慕尼黑总部的高管们手中，公司内部无人质疑这一点。

最近，这一战略却与全球市场的碎片化趋势发生了摩擦。公司的首席战略官霍斯特·凯泽（Horst Kayser）博士在 2019 年的一次采访中向我们介绍，即将出台的全球贸易限制要求公司在设计产品时遵循不同的技术标准——这一趋势很可能在未来几年内逐渐加强。[56] 当地社区还会要求公司扮演好优秀企业公民的角色，协助其发展经济、创造就业机会。凯泽表示：“通过服务本地社区，使地方经济得到建设，任何有价值的产品或服务都必定会产生地缘政治利益。”因此，对于西门子来说，无论是深入参与到每个国家的经济发展中，还是像一家本地公司那样思考和行动，二者都有着重要意义。[57]

西门子在中国的业务，就彰显了公司为取得成功而采取的“扎根本地、放眼全球”的强大战略。截至 2019 年，西门子在重要的中国市场中已拥有超过 3.3 万名员工，并根据当地需求定制了个性化产品。公司没有像在其他国家一样使用微软的 Azure 云计算系统或亚马逊云服务，而是采用了中国电商巨头阿里巴巴的云服务。[58] 与中国政府签订了允许与中国公司开展广泛商业合作的协议后，西门子与多家中国公司成立了合资公司。西门子还在中国设立了 21 所研发中心，雇用近 5,000 名员工，与 90 多所大学合作，拥有近 1.3 万项现行有效或正在申请的专利。[59] 西门子先后与中国机构合作，参与了 700 多个高新技术项目，还为国际学生的博士研究提供资助。凯泽解释说：“我们在开展业务的地区扮演着社会角色，尤其是在那些新兴市场。特别需要指出的是，基于我们业务的性质和政府对我们的期望，服务本地是一种必然。”[60]

在大型市场中，西门子就像跨国公司旗下一家在当地的本地公司一样运作，此举为公司带来了新的价值。自 2005 年以来，公司在华业务营业额增长至约 90 亿美元，年增长率达到近 10%。[61] 即便欧洲或世界其他地区的业务增长速度放缓，西门子在中国的业务也不会受到太大影响，这使公司从整体来看更具韧性。尽管政府对本国公司的利好政策可能会在一定程度上影响西门子拓宽中国市场的进程，但它的经营战略仍然为其他公司树立了榜样，让我们看到了在当今碎片化商业世界的大型市场中，公司该如何在与强大对手的较量中获得成功。

只需看一眼阿里巴巴在马来西亚的业务，就会发现其对“扎根本地、放眼全球”的战略抱有积极的态度。[62] 截至本书撰写之时，阿里巴巴正与马来西亚政府合作，计划在吉隆坡设立一家世界电子贸易平台中心（eWTP）。该中心将推动马来西亚的中小企业通过电商平台向海外销售商品，并协助其搭建营销、物流、云计算和移动支付的基础设施。与此同时，阿里巴巴旗下的蚂蚁科技集团股份有限公司将会协助马来西亚的银行，为这些中小企业提供小额贷款。为支持该地区的本地贸易，阿里巴巴物流部门“菜鸟”物流智能网络与本地合作伙伴合作，建立了一家能够提供小型智能物流服务的数字中心。阿里云已在吉隆坡设立了两家数据中心，并与智能交通公司 Sena Traffic Systems 合作，为马来西亚的一个小型智能交通管理系统搭建基础架构。除此之外，阿里巴巴集团还以其二十年的运营经验为基础，创办了阿里巴巴商学院，为来自马来西亚的数字化企业家培训，以帮助他们在本国市场创造类似的发展机遇。

“扎根本土、放眼全球”的战略，需要领导者经历重大的思维模式转变。老牌公司历来将自己的国际业务视为一座金字塔，总部位于塔尖，各国的分公司则位于底端。公司领导者从高层发布指令，各分公司遵照国际模版执行。如今的时代，全球经济环境变化莫测，新的利润者紧盯新的利润池，而强大的本地公司对客户和监管变化的响应更加迅速，方式也更加灵活。想要在这种环境中获得成功，领导者就必须像普利司通轮胎公司那样转变思维模式。他们必须将设有本地业务的国家视为金字塔塔尖，并将总部视为促进各国本地工作的金字塔基底。实现这样的转变并非易事，但就如我们将在第六章看到的，大批前沿公司都在设立全然不同的组织结构模式，让其全新的全球战略切实发挥作用。

给领导者的建议

优化全球增长战略并非一时兴起的倡议。鉴于发达国家出现了深刻的经济和社会分歧，保护主义政策似乎难以在短期内消失，而全球经济也不可能恢复到过去几十年更开放的贸易环境。实际上，新冠肺炎疫情这样的危机可能会成为加剧经济和社会差异的导火索。更重要的是，随着行业不可逆转地朝基于数字服务的价值池迈进，轻资产运营模式战略将会愈发重要，即将出现的技术则很可能进一步减少全球产业足迹。很快，AR 技术就能让基层员工从世界各地的国际专家那里实时获得维护和维修问题的指导。企业不会在当地工厂保留大批资深维修人员，而将在各地保留小型的备用团队，利用数字互联与世界各地的国际专家团队提供支持。如此一来，公司便能以更低的成本维持同样或更高的维护与维修能力，而这只是企业用来降低跨境成本增长的众多新兴技术中的一种。[63]

全球环境的变化迅速而深刻，现在，是时候反思选择和进入市场的传统途径了。首先，你可以提出一些宏观问题，这些问题或许会对你的新全球运营模式有所启发：

1. 在过去的几十年间，你所在行业的公司为何会推行全球化？这种增长背后的经济驱动力是如何演变的？在竞争格局不断变化的情况下，关于全球化的历史架构是否仍切合时宜？你应该进入、不进入或退出哪些市场？原因又是什么？

2. 在你公司现有的价值链中，赋予公司规模、竞争优势及盈利能力的因素是什么？实现规模化扩张的路径，是否因你所提供的产品或服务而不同？

3. 如何衡量价值链中不同产品的份量及同一产品的价值链各环节在本地和全球范围内的影响？

4. 现下新运营模式需要多少投资？这些投资又会带来怎样的风险？请模拟它们可能对收入和复合年均增长率、利润、前期投资与风险以及潜在估值产生的影响。

在思考这些问题时，请参考本章探讨过的前沿公司在创意和实践上的启发。在选择目标市场时，请仔细考量你的赌注，寻找合适的国家、地区、细分市场以及目标客户，与本地公司竞争，以从中赢得可盈利的市场份额。不要被国内生产总值的增长数字以及你的产品和服务在其他国家的渗透率所迷惑。就如小米和巴贾杰一样，要特别重视利用第三方、轻资源团队的轻模式战略。同时，就如玛氏所做的，你也要考虑应如何在区域内重组供应链，以在需要的时候快速让资源进出市场。另外，还需要转变总部应在公司运营中占有主导地位的看法，换句话说，就是要把各国分公司及其独特的需求放在金字塔的顶端，而不是底部。只要综合运用这些策略，便会助你为公司建立一条更具韧性的增长之路。

重新思考公司的全球增长战略并不容易。考虑到全球商业发展动态，你或许不得不采取缩小规模或彻底退出曾经有利可图的市场等令人不快的措施，还可能会与公司内不认同以新视角评估市场吸引力的部分同事逐渐疏远。此外，与他人合作实行轻资产运营模式策略，也意味着你将会失去对于品牌形象和产品交付的端对端控制，而你的轻资源团队或许会发现运营变得更难，且管控这样的团队也变得更加棘手。尽管面临如此多的困难和挑战，但重新思考全球增长战略并不意味着你需要彻底放弃现有的全球产业，也不需要回归国内市场，更不意味着要悉数放弃所有进入当前市场的策略。你需要做的是，在合理之处做出相应的变动，将新的实践和运营模式覆盖于旧模式之上，我们将在本书的第二部分提到这一点。想要超越卓越，你就要在策略的实际执行以及为客户提供新的价值主张上进行一场变革。在下一章中，我们将探讨一些公司案例，看看他们是如何将目光投至传统供应链之外，以新的价值网络作为补充，使供应链得以快速运转，并开发出令人惊叹的未来数字解决方案和体验的。

本章洞见

- 推动 20 世纪全球化的一些基本理念已不再适用。各公司要想充分把握今天的机遇，就得提升其全球影响力，采取一种看似矛盾的经营策略，以实现超越传统规模和重资产增长战略的全球盈利性扩张。

- 小米、阿里巴巴和巴贾杰等多元化公司都在转向轻资产运营模式，在不必投建昂贵的全新基础设施或调用大型团队（依靠数字化和本地合作伙伴就可达成）的条件下，实现了快速而广泛的全球扩张。
- 在管理现有大规模实体产业而不是推出新商业模式的问题上，塔塔钢铁和西麦斯水泥等老牌公司都在重新思考，在每个主要市场都开展业务是否还有意义。还有一些公司则采取措施，希望能在经济条件变化时迅速进出市场。全球大范围增长并非最佳选择，精益增长才是。
- 公司既然选择了进入某市场，就要扎根本地才行。随着经济碎片化和地缘政治碎片化的加剧，在各国采用为提高效率而设的标准业务模板已不再有意义。相反，如普利司通、西门子和阿里巴巴这样的公司，都在采取一种以业务所处国家为先的思维方式和“扎根本地、放眼全球”的战略。

PART 2
超越运营

Operating Beyond

第四章

打造生态系统

除了传统供应链外，许多跨国公司也正在将数字生态系统打造为新时代的价值网络[1]，以此为消费者创造和提供其迫切需要的解决方案、成果及体验。前沿公司正逐渐意识到，有些生态系统比其他系统运作得更好。

为了提供开创性的数字服务和数字体验，以及我们在前文刚刚谈及的全球增长战略，许多公司正在超越传统供应链，与跨行业合作伙伴打造动态交付网络，这便是生态系统。以前，大型跨国公司曾认为自己的供应链是与供应商长期的、高度结构化的双边合作关系的集合。虽然这样的合作关系对许多公司而言仍然必不可缺，但有些公司正在通过建立和管理精密复杂的新型生态系统或价值网来作为补充。有些

[1] 价值网络即企业为创造资源、扩展和交付货物而建立的合作系统。

系统的规模甚至相当可观（可横跨14个或更多国家，涉及11个或更多产业的30家以上合作伙伴），让公司有能力以单靠自身绝对无法企及的途径参与竞争。[1]

这类生态系统中的佼佼者正颠覆着各行各业，也在切实地改变着整个社会。举一个典型案例，蚂蚁科技集团股份有限公司是支付宝运营商，也是科技巨头阿里巴巴的一家分支机构。截至2019年，蚂蚁集团已拥有多项成功业务，包括消费信贷产品“花呗”，以及全球最大的货币市场基金“余额宝”。然而蚂蚁集团的核心业务仍是支付宝，即中国最大的在线支付平台。支付宝2018年所占市场份额达到了近54%。[2]蚂蚁集团之所以能够实现全球增长，正是通过其构建的强大生态系统。

自2004年起，公司就已经建立了一个庞大的合作伙伴网络。2014年，公司在脱离阿里巴巴后不断吸收新的全球合作伙伴。[3]为了在中国海外市场大展拳脚，蚂蚁集团与海外零售商、航空公司、酒店、银行等合作伙伴结盟（从而利用对方在当地的商业关系），同时还与9家海外市场的本地电子钱包服务平台达成合作（如印度的Paytm，韩国的KakaoPay，以及孟加拉国的bKash），以充分使用对方的数字支付基础设施。举例来说，从2016年到2017年，作为亚洲扩张的一步，蚂蚁集团与星巴克达成商业联盟，委托星巴克在马来西亚的门店接受支付宝消费，同时还与国泰航空达成合作，委托国泰航空机上购物业务接受支付宝付款。

在欧洲，蚂蚁集团与英国巴克莱银行（Barclays）、法国巴黎银行（BNP Paribas），以及意大利裕信银行（UniCredit）等收单机构及银行合作伙伴结成联盟，从而让英国、法国以及意大利当地商家均能接受支付宝付款。与此同时，蚂蚁集团也与多家医院建立合作关系，让医院使用其平台接受付款，其他的合作伙伴还有各种应用程序和服务平台。合计来看，蚂蚁集团共拥有 16,000 家医院合作伙伴，380 家金融合作伙伴，以及全球大约 4,000 万商家合作伙伴，所有合作关系都是其庞大网络的一部分。[4]

在建立这一网络时，蚂蚁集团通过不同形式的战略伙伴关系，贯彻其为全球各地条件欠佳的小企业和个人提供普惠金融服务的使命。为了在印度市场打开局面，蚂蚁集团为 Paytm 做战略性投资，收购了这家印度市场领先的金融科技运营公司的少数股权。蚂蚁集团也为泰国、巴基斯坦、菲律宾和其他国家的本地电子钱包服务做了相似的战略投资。[5] 蚂蚁集团在购入公司股权时，将对方视为核心合作伙伴，并为其提供资金和技术支持。借用一位行业评论员的话：该策略的理念是“在各市场挑选出适合蚂蚁集团经营方针的合作伙伴，购买少数股权，利用合作伙伴已有的行业许可和品牌效益，在后端注入蚂蚁自家的技术，坐等资金滚滚而来。”[6] 与此同时，蚂蚁集团为改善和拓宽客户体验而追求的所谓联盟关系，则被视为非核心的、不牵扯股权的商业合作伙伴关系。上文提到的与欧洲银行的合作伙伴就属于联盟关系，与星巴克和国泰航空的合作也是如此。除了股权和联盟，蚂蚁集团有时还会达成其他类型的合作关系，包括合资公司。此外，集团也设立了标准化申请流程，审批想要参与到其生态系统中的商家申请。[7]

蚂蚁集团在构建生态系统方面所付出的细致而持久的努力，已为其带来巨大红利。2019 年，蚂蚁旗下的支付宝的日活跃用户数超过了 2.3 亿，而用户数量则超过了 12 亿（包括其跨国电子钱包合作伙伴的使用者）。[8] 蚂蚁集团已在 50 个以上的市场开展业务，与当地电子钱包服务平台合作，并将当地商家与支付宝中国用户的全球消费能力联系在一起，以这种双管齐下的策略为基础实现了高速扩张。[9] 截至 2019 年，蚂蚁集团已成为全球最有价值的金融科技公司，其价值已赶超花旗银行、高盛集团（Goldman Sachs）以及贝莱德集团等金融巨擘。[10] 截至 2017 年，中国绝大多数（超过 75%）的消费者使用数字方式完成交易，实现了从现金到移动支付的飞跃式发展。[11] 一篇新闻报道这样写道："中国正在向全世界展示如何创造一个无现金社会。"[12]

蚂蚁集团生态系统的成功，对于跨国商业领导者而言并不算什么新闻。2018 年的一项针对领导者的调查发现，大多数领导都将生态系统视为颠覆行业的一种手段，而近一半的人表示他们曾建立过生态系统。[13] 然而，专家和顾问对生态系统的关注大多浮于表面，使商业领导者无从确定如何最有效地构建、甚至是否应该构建生态系统。作为颠覆力量的基础，生态系统的确很有吸引力，但执行起来却步履维艰。少数生态系统最终成功脱颖而出，但大多数却未能遂愿。

领导者不能被生态系统构建过程中的重重困难吓退。随着行业朝着服务化商品和数字化业务模式转型，灵活的合作伙伴网络也就是价值网络，已经有能力在释放数万亿美元价值的同时帮助公司变得更具韧性（在独立公司的松散合作伙伴关系中，风险是共同承担的，而不是像在价值链中通过合同联系在一起的公司一样，风险是相互传递的）。从银行到医疗保健，从消费电子产品到工业设备，几乎各行各业的所有公司都将参与到能提供高度复杂和高度整合的数字解决方案的生态系统之中。现在，学习和掌握这个全新游戏规则的时刻已经来临，我们称之为“生态系统管理的新兴艺术”。[14] 在本章中，我们将介绍这一新兴的艺术形式，通过对数十个领先的生态系统的细致研究，来探讨一些公司是如何利用生态系统取得成功，而另一些公司又为何迄今未见成果的。

生态系统的 5 大基础

尽管对生态系统的宣传已铺天盖地，但许多人仍不清楚这些合作模式到底是什么，也不知其与传统供应链有何不同。行业评论员们已经认识到，从设计结构而言，新合作布局的速度、创新力、韧性以及提供综合解决方案的能力，都要远远超越供应链。尽管如此，却很少有人系统地审视过现有生态系统的特征。

我们将生态系统定义为一组公司，它们为提供数字化、综合性的客户价值主张而达成合作。根据这一定义，我们分析了 40 多个生态系统网络，它们跨越各行各业，涵盖了老牌公司和数字新公司。我们通过分析，总结了生态系统的 5 大关键特征。首先，这些网络由参与者之间的多边关系组成。在传统供应链中，公司之间的关系往往是双边的。一家公司充当另一家公司的供应商，而另一家公司又向第三家公司供应产品，直到链条追溯到将部件组装成成品的原始设备制造商（OEM）为止。较低层级的供应商从不与终端客户打交道，而只与原始设备制造商对接。原始设备制造商会密切管理和监控这条垂直链条上供应商的表现，并制定价格、设计规范和交货标准等方面的规则。这种链条允许优化和调整整条供应链的成本、质量及交付的空间是较小的。

相比之下，数字生态系统由随时间推移而不断演变和扩大的跨行业多边伙伴关系构成，结构要灵活得多。让我们以汽车工业为例，你可以将一个数字移动生态系统想象成一张网，原始设备制造商位于中心，其他行业的供应商则聚集在周围。这样的生态系统会随着科技和市场需求的发展而不断进化，合作伙伴提供软件和操作系统、物联网和云平台功能，通过汽车平台向驾驶员提供具体服务、硬件技术、应用程序和电信连接等等——汇集所有这些条件，即可创造出一款能为客户提供贴心服务的互联网汽车。

通过“携手共进——2025 战略”，大众汽车（Volkswagen）宣称，公司“不仅要成为最佳汽车的代表，也要成为能提供令人惊叹、出类拔萃的数字产品及服务的代表”。[15] 为实现这一愿景，大众汽车推出了一个名为“We Connect”的服务平台，该平台提供持续更新且互联的诸多数字服务，包括安全服务、高级导航、预防措施及维护服务，此外它还具备远程控制汽车的能力——所有这些，都由“We Connect”平台提供。[16] 然而，大众汽车凭一己之力是无法完成的，因为公司缺乏能够迅速为消费者推出产品和服务的数字技能和敏捷思维。因此，大众汽车构建了一个由合作伙伴组成的生态系统，补充其传统的供应链。为提升软件功能（即运营系统和人工智能等），大众与多国的数家公司联盟，包括美国的微软、人工智能公司 Argo、人工智能计算公司英伟达（NVIDIA）、软件开发公司毕威拓（Pivotal），以色列的网络安全公司 Cymotive Technologies，瑞典的远程信息处理公司 WirelessCar 和中国的人工智能公司出门问问，这些公司也都从与大众汽车合作的整个网络中获得了价值。为了对传动系统实现电气化和数字化改革，瑞典的大众汽车与电池初创公司 Northvolt、美国的汽车固态电池研发公司 QuantumScape、韩国电池公司 SK Innovation 和中国电池制造商宁德时代结成联盟。为获取物联网及云计算功能，大众又与美国的微软、亚马逊以及德国的思爱普结成联盟。为扩大其全球顶级的产品平台规模（同时也为数字移动平台提供条件），美国的大众公司与福特（Ford）及中国的安徽江淮汽车等公司结成了联盟。[17]

截至 2019 年，大众汽车公司已建成一个由近 60 家合作伙伴组成的互联网络，跨越至少 11 个国家，涉及 6 大行业——所有这些努力，都是为了在现有汽车产品的基础上覆盖数字移动层，从而与戴姆勒汽车（Daimler）、宝马汽车（BMW）和通用汽车等竞争对手比肩前行。与传统供应链不同的是，大众汽车的生态系统为与消费者购买汽车这一具体环节（如消费者为长期数字服务付费）无关的公司创造了收入来源。作为生态系统的协调者，大众汽车致力于“组织与管理生态系统，定义战略，并确定潜在参与者。”[18]

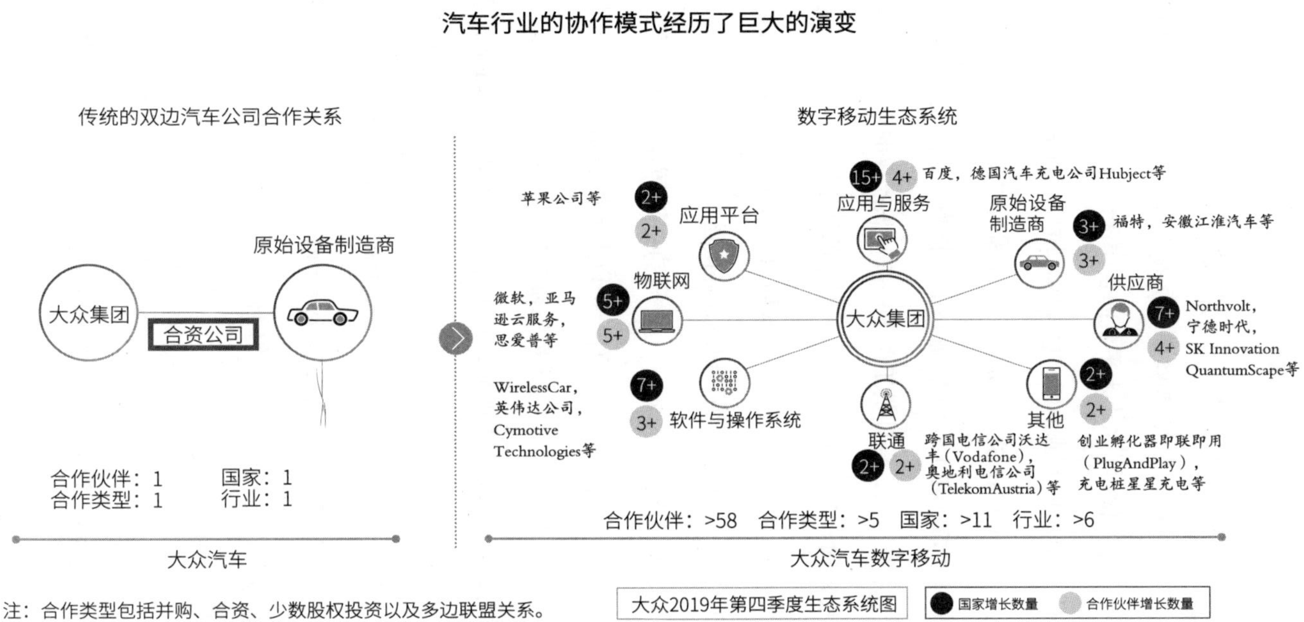

注：合作类型包括并购、合资、少数股权投资以及多边联盟关系。
来源：BCG对汽车公司生态系统的内外分析。

图 3　大众集团通过多边、多国、多行业合作伙伴关系构建数字移动生态系统

生态系统的第二个特征，是地域覆盖范围广。我们研究的几乎所有生态系统（90%）都至少拥有来自 5 个国家的参与者，发达和发展中国家都有涉及。三星的 SmartThings 智能居家平台在十几个国家或地区拥有超过 100 家合作伙伴。[19] 小米平台的合作伙伴跨越中国、美国、印度、英国等至少 70 个国家或地区。这样的地域广度意味着，生态系统中的各地区法律可能存在很大差异，而公司需跨越文化障碍，并采取措施保护其知识产权（IP）。这些措施可能包括为知识产权的获取设限，努力留住专家级员工，培训员工关于保护知识产权的重要性，建立当地知识产权机构，系统性加强对当地国家的知识产权保护（通过申请专利等途径），监测侵权行为并在必要时提起诉讼，以及向地方政府争取公司优惠待遇（这有助于为知识产权提供强有力的保护）等。

这类生态系统还倾向于跨行业合作——这也是我们总结出的第三个核心特征。在我们研究的案例中，有一半以上的生态系统将 5 个及以上行业的参与者聚集在一起，大多数生态系统（83%）都至少涉及 3 个行业。为打造吸尘器机器人产品，吸尘器制造公司戴森（Dyson）组建了一个规模较小的生态系统，尽管合作伙伴只有 6 家，但参与者仍跨越了 5 个行业。戴森与亚马逊智能助理 Alexa 合作，提供智能家居解决方案。[20] 戴森公司还找到总部位于旧金山的数字营销机构 AKQA，希望对方开发一款操控吸尘器的智能手机应用程序，并与伦敦帝国理工学院合作进行研发。[21]

数字生态系统的第四个重要特征，是其具有延展性的合作类型。传统的双边供应链关系大多是长期合资公司关系，合资各方可搭建一系列潜在的交易结构，将相关参与者聚集在一起。少数股权投资、平台合作伙伴关系或短期合同形式等合作模式，可以使生态系统的协调者灵活地采取行动，从而抓住机遇并在危机出现时进行防御。为了构建工业机器人生态系统，来自瑞士的领先技术领导者阿西亚·布朗·勃法瑞集团（ABB）召集了 44 家公司，其中大部分来自中国及成熟市场。为拿下机器人硬件设备，ABB 进行了不同规模的收购（如收购瑞典系统集成公司 SVIA 和西班牙 3D 扫描初创公司 NUB3D），以及少数股权投资（如对美国机器人机械臂公司 Grabit 投资）。为构建强大的云功能，ABB 还实行了各种并购，并对盟友公司投资（如与中国的华为公司合作，为中国客户提供工业化云解决方案）。ABB 也与微软合作，利用这家科技巨头的 Azure 云服务来构建工业物联网平台和数字解决方案 ABB Ability。除此之外，ABB 还部署了多种合作类型，为其生态系统增添培训和互联等各种功能，比如，与首选合作伙伴 IBM 共同打造人工智能解决方案。

生态系统还要确保参与各方在系统创造价值的过程中受益，这一点至关重要，也是其第五个显著特征。传统的供应链有时会秉持一种“零和博弈”的逻辑，公司会试图以牺牲供应商为代价来让自身获取最大价值。压榨供应商虽不符合最佳实践的标准，但这种情况的确时有发生。数字生态系统作为网络系统，往往会在参与者数量增加及数字生态系统的功能拓展时变得更有价值，从而增加各方所分摊的利润。苹果公司及其应用商店（App Store）就是典型例子，苹果应用商店于 2008 年推出，目前已涵盖大约 500 万款应用程序。[22] 随着应用程序的数量和种类的增加，苹果的生态系统变得更具价值，从而吸引了更多客户为该系统注入价值，而这也进一步带动了更多更好的应用程序的开发。苹果的利润分成计划使应用程序的开发变得颇具吸引力，苹果 iOS 操作系统的开发人员可以从应用程序所产生的收入中获得高达 85% 的收益。而因此，开发方的收入分别在 2017 年、2018 年和 2019 年增长了 30%、28% 和 22%。[23]

我们在医疗保健平台上也同样看到了“利益共享”的价值，而新冠肺炎疫情的暴发使这一价值变得比以往任何时候都更有意义。在“平安好医生”医疗保险平台上，中国平安保险公司允许合作医院获得所有患者的挂号费用。加入平台的医生可以获得在线诊断病人所产生的费用的 70%，而平安只获取剩余费用（对于亲自赴专门医疗机构看病的情况，仍按同样的比例分配收益）。在药品销售上，平安只收取 5% 到 10% 的小份额佣金，其余悉数分给药店和制药公司。[24] 与此类似，著名欧洲在线医疗预订平台 Doctolib 也允许平台上的医生获得全部收入，只按月收取会员费。平台不断发展，吸引了越来越多的患者（患者不必支付会员费用）。Doctolib 平台作为医生的收入来源，也变得愈发有价值。[25] 随着网上医生数量的增加，Doctolib 对患者的吸引力也越来越大，由此形成了一个良性的增长循环。

3 种生态系统

除了 5 个关键的显著特征外，生态系统还有 3 种各具特色的类型：

数字化仪网络、平台、超级平台。

数字化仪网络，是指一种旨在为现有实体产品提供数字维度而不增加管理复杂性的生态系统——上文所述戴森的生态系统，就是一个典型的例子。一般而言，数字化仪网络包含了协调者所在行业之外的合作伙伴，使协调者得以访问合作伙伴的技术或知识产权，或添加新的服务。相比之下，将大量消费者或智能设备连接在一个单一网络中的平台，则更加先进和复杂。平台上的协调者和贡献者维持着标准化关系，确保在全网络提供高水平服务，限制了不便或摩擦的出现。平台的协调者可将平台开发为收入来源，也可以利用平台产生的数据促进相关业务的发展。三星的 SmartThings 等智能家居产品，就是很好的平台生态系统的样本，同样的例子还有网络解决方案供应商思科（Cisco）的互联矿业系统 Connected Mine 和海运巨头马士基（Maersk）的数字贸易单据平台等工业生态系统，以及易贝（eBay）或爱彼迎等互联网公司。超级平台是最为复杂的生态系统，它将其他平台聚集于单个用户界面之中。协调者将各平台生成的数据搜集起来，为相关业务助力，从而实现变现。亚马逊的 Alexa 就是一个超级平台，由家庭智能音箱系统搜诺思（Sonos）、优步以及飞利浦秀（Philips Hue）无限照明系统等平台组成，这些平台本身就拥有数百万个合作伙伴，有些是 Alexa 的战略合作伙伴，有些为 Alexa 增添独特的功能。[26]

3种主要数字生态系统的类型——每种都有不同的特征

	传统产品	数字化仪	平台	超级平台
		生态系统		
目标	• 设计制造高质量产品，同时最大限度地降低成本	• 在合作伙伴的帮助下对现有产品进行数字化处理，同时将管理复杂度维持在低水平	• 无缝连接平台智能设备及彼此互联的用户，同时确保高水平的服务并控制业务间摩擦	• 将多个平台集中到一个完全集成的服务产品中，同时从集成的超级平台获取用户数据
收益机会	• 高质量产品 • 收获消费者溢价	• 全新功能 • 收获消费者溢价 • 数字化服务营收	• 使用平台所带来的收益流 • 使用数据的相关业务及（或）服务	• 广泛的用户数据集 • 通过相关业务模式实现数据变现
特征 对新合作伙伴的开放程度				
合作伙伴数量	2个及以上	20—100家	500万—1,000万家	1,000万家以上[1]
行业数量	～1个	～5个	小于5个	大于10个

*1. 包括直接平台合作伙伴和相关贡献者。在集成了较小型平台生态系统的超级平台中，合作伙伴的数量可能会大幅减少。
注：合作伙伴和行业数量仅供参考。
来源：BCG对40 多个全球生态系统的独家分析。

图 4　3 种类型的数字生态系统及其特征

生态系统可以同时为多重功能服务。Alexa 不仅是一个超级平台，也是一个为立体声扬声器添加数字功能的数字化仪网络，同时还是一个聚集了合作伙伴，共同注入并分享独特功能的平台。比如，Alexa 可以用来预订披萨，或是在紧急情况下为客户拨打电话求助。卡特彼勒的智能采矿生态系统，是该公司“智能机器时代”战略的组成部分之一，其功能是为卡特彼勒设备提供服务和分析。这是一个围绕卡特彼勒产品建立起来的封闭平台，其中包括卡特彼勒在分析、软件、机器人和智能设备等领域选择的约 30 家合作伙伴。与此同时，卡特彼勒可以用该生态系统网络来远程操作自动驾驶采矿车辆，让卡车得以在危险环境（可能包括月球表面）和无人驾驶的条件下前进。因此，智能采矿生态系统同时也兼有数字化仪的功能。[27]

在所有类型的生态系统中，公司都可以充当协调者或参与者。公司无需只选择一个角色或只在一个生态系统中运营。搜诺思拥有自己的平台生态系统，但我们能看到，公司也参与到了 Alexa 的超级平台中。同样，中国的顺丰速运公司既是自身生态系统的协调者，同时也在其他多个平台中扮演着参与者的角色。顺丰速运的一位高管告诉我们，顺丰之所以扩大自己的参与范围，是为了避免对阿里巴巴、腾讯或百度等生态系统协调者过于依赖。

成功生态系统的秘密

由于生态系统与传统供应链有着天壤之别，领导者不能以同样的方式管理二者并妄想获得成功。在过去一个世纪里，随着供应链成为公司全球运营模式的一部分，一门围绕供应链的严谨科学应运而生。相比之下，生态系统的设计和管理仍然是一门艺术，对老牌工业公司来说，这门艺术尤其难以掌握。为了以一种更系统的视角来认识这种艺术，[28]我们监测了各种生态系统的财务绩效和在用户中的受欢迎程度及其具备的与规模相关的专利数量。另外，我们针对其所在行业向相关领域专家做了专访，由此得出了 5 大要素，这便是生态系统成功的要件。

首先，战略比速度更重要。你可能会认为，行业中第一家构建生态系统的公司才是优胜者，但事实并非如此。客户们的需求在不断演化，而第一家拥有生态系统的公司，或许并不具备能够吸引最新客户和合作伙伴的价值主张。苹果车载系统 CarPlay 以及安卓车载系统 Android Auto 直到 2014 年才推出，比通用汽车（2007 年）、宝马（2008 年）和大众（2011 年）推出服务的时间晚了好几年。然而，苹果和安卓还是迅速吸引到了合作伙伴。截至 2019 年，苹果已拥有 63 个合作伙伴，是所有服务平台中拥有合作伙伴数量最多的。在构建生态系统时，速度的确能够让企业占有先发优势，但成功的策略更加重要，可以弥补起步较晚的劣势。

另外两个将成功的生态系统与他者区分开来的特点是，广阔的全球产业足迹，以及对合作伙伴的深入理解。正如我们所看到的，所有数字生态系统都会跨越多个国家及数个行业，其中的佼佼者所跨地域尤为广泛，通常合作伙伴超过 40 家，分布在至少 10 个国家中。小米不断拓展的数字生态系统涵盖了数十个合作伙伴，遍布亚洲、欧洲、美国和南美。三星的 SmartThings 生态系统中，来自十几个国家的超过 100 家合作伙伴，为消费者实现了洗碗机、冰箱、电视和其他家用电器的互联。与同类相比，跨度更广的生态系统往往更易适应市场条件，同时能够更有效地跨境拓展产品规模。这并不是说规模更小和更为本地化的生态系统没有出路（戴森的例子表明这种模式同样可以收效甚佳），也没有否认更大的生态系统的管理难度更高，因为事实确实如此。但从收益和竞争的角度来看，生态系统确实规模越大越好。

成功的生态系统具有的第四个品质，是拥有大量客户基础的强大现有业务。我们所研究的大多数成功的生态系统都具有内部优势，因为它们是由已经在行业中占领主导地位的协调者打造的。百度在 2017 年宣布创建“阿波罗”平台，这是一个包括硬件、软件和云数据服务的自动驾驶汽车开源平台。当时的百度，已是世界第二大搜索引擎。[29] 百度继续发展，被评为中国“人工智能领域的领军者之一”[30]，因其将现有人工智能虚拟助手技术植入驾驶系统。[31] 截至 2018 年 7 月，百度已搭建出一个由 130 多个合作伙伴构成的生态系统，包括汽车制造商、供应商、政府部门和科技公司。[32] 据估计，截至 2019 年，百度的自动驾驶系统已经在中国城市地区积累了逾 161 万千米的里程，[33] 且已于当年下半年在长沙运营了一支自动驾驶出租车车队。[34] 如果你是某产业中的一家运营商，凭借已有的规模和资源便能够在构建蓬勃发展的生态系统上具有独特优势。这也是为什么不要试图在数字领域单打独斗或是单纯购买突破性技术，而要与他人共同打造一种更加开放和自由的协作关系。

最后一个成功要素与公司管理数字生态系统的复杂关系网的能力有关。绝大多数生态系统中存在五花八门的合作类型、地域及行业，很可能使实际运作变得举步维艰。想取得成功，公司领导者就必须头脑清晰，要带着战略眼光去挑选和管理合作伙伴。科技公司往往在这方面做得更好，能从一开始就制定出明确的策略，并派遣专门团队接纳和管理生态系统参与者。亚马逊开发出个人助理 Alexa 后，便有专门的团队与开发人员协作，帮助他们为系统创建应用程序。Alexa 技能工具箱（Alexa Skills Kit）能让开发人员更便利地打造和发布 Alexa 功能，而 1 亿美元的 Alexa 风险基金则为有望开发新功能的初创公司提供支持和帮助。[35] 谷歌的数字化应用开发平台 Google Play 和苹果的应用商店也设置了相似的开发者协作方案。与此相反，老牌公司往往因某项业务需要开发生态系统，然后再在这个过程中摸清哪些方式行得通，哪些行不通。在生态系统合作伙伴的开发和管理中，公司的思维越缜密、条理越清晰，效果就越好。

给领导者的建议

如果你尚未决定是否应该作为协调者或合作伙伴加入一个或多个生态系统，千万别再犹豫了。随着各家公司越发依赖利用数字技术为产品增添功能，只需几个月而非几年时间，这些公司便能建立起合作伙伴关系，甚至搭建出整个生态系统。诺基亚前首席执行官斯蒂芬·埃洛普（Stephen Elop）在给员工的内部备忘录中写道:“设备之战如今已经变成一场生态系统之战……竞争对手不再是靠设备，而是靠整个生态系统占据我们的市场份额。这就意味着我们要决定该如何搭建一个生态系统，以及如何加入。”[36]这篇文章早在2011年就开始流传，而如今“生态系统之战”的局势已经愈发明朗。

若你在纠结是否该为现有或新创业务开发数字生态系统，请思考以下问题:

- 在你希望投放市场的数字产品和公司内部能力之间，是否存在着显著差距?
- 你所在行业中的协作方式是否越来越倾向于为打造完美客户体验提供集成解决方案，而不是交付单一产品?
- 你能否找到在行业内展开协作的创新模式? 例如，为生态系统中的合作伙伴做少数股权投资、达成开放式协作或多边伙伴关系?
- 是否有外部公司正通过数字化进入你的行业，而你的竞争者是否也在以数字化进入这些外部公司所在的行业?
- 知识产权和非货币性资产（如合作关系网）是否正在

成为你的产业中的关键制胜资产？

- 基于不断吸引新合作伙伴和更快调整产品服务的需求，你是否发现合作伙伴关系正愈发敏捷灵活？
- 目前，创新能力和将产品推向市场的速度是你公司业务中的关键竞争优势吗？

在决定是否开发数字生态系统时，你还应该考虑开发哪种生态系统以及如何参与。前文所述 3 类生态系统适用于不同的目标，如果你希望通过数字化增强现有产品功能，那么数字化仪网络可能是最佳选择。平台生态系统可以为你增加收入来源，或产生可供其他业务使用的数据。如果你希望搜集可通过其他业务变现的海量数据，那就应该尝试构建超级平台。当然，这 3 种选择都要求你对合作者保持不同程度的开放度。如果你觉得很难开放资源，那么超级平台的模式或许就不适合你。数字化平台的规模和复杂度都较小，因此可以最大程度的赋予协调者控制权。

不管哪种平台更符合你的战略需求，你都要考虑是选择组建一个新的生态系统，还是加入到其他现有的生态系统中。在未来几年，任何公司都必须将这个问题当做一个基本战略议题看待。这取决于接触终端客户的是你，还是别的参与者。如果是你，那你就应当试着成为生态系统的协调者，因为你会比其他参与者更了解客户及其需求。如果是他者，你就应该考虑担任参与者。请记住，协调生态系统的，并不一定是规模最大的公司。比百度规模更大的汽车制造商，也是百度自动驾驶生态系统中的参与者。你的目标应是深入了解客户的需求和行为，并在生态系统中占据相应位置，以便最大限度地提高为终端客户创造和获取价值的能力。

如果你正在考虑成为生态系统的协调者，那么另一个建议是从一开始就筹谋具体的构建方法。关于这一点，你需要思考以下几项有关执行的问题：[37]

- 你会制定哪些规则或流程来监管生态系统的参与者，又会制定哪些具体指标来衡量其业绩？
- 生态系统如何创造价值？为了吸引和保留合作伙伴，你该如何对价值进行分配？
- 如何吸引最有可能帮助你实现生态系统价值最大化的合作伙伴？
- 想要最大限度地提高生态系统的灵活性、适应性并使其更具韧性，该如何架构合作伙伴关系？
- 想要减轻合作伙伴的顾虑并确保其参与热情，该如何预先保护对方的知识产权？

- 如何培养生态系统成员之间的合作关系，促进产品实验的定期持续开展？

在回答这些问题之后，请考虑你的生态系统该如何契合现有业务的运营方式。如果将生态系统作为你传统业务的一个组成部分来运营，是很难成功的。数字初创公司可以在其业务范围内迅速做出决策，使快速执行成为可能，而传统公司的生态系统也必须同样灵活。为此，前沿跨国公司为管理生态系统制定了不同的内部规则和流程，不仅允许多样组织结构的存在，而且还将数字生态系统和传统业务的管理者安排在不同的位置。想要构建卓越的生态系统，还必须在企业文化和人才管理方面做出调整。对此，我们会在本书后文予以讨论。

数字生态系统虽然越来越有价值，但它并不是传统供应链的替代品，而是一种重要的补充。最终能让一家公司交付出突破性产品服务的，是这二者的结合。传统供应链的思维方式较为僵化和封闭，公司必须超越传统供应链，采取流畅、灵活和动态的协作方式。但供应链仍对产品和服务的交付起着重要作用，公司也必须保留有效管理这些供应链的能力。正如我们将在下一章中看到的，未来的供应链不会与近几十年来推动众多全球公司取得成功的供应链相同。前沿公司正开始重新部署其生产性资产（人员、工厂、服务中心），来更好地应对瞬息万变的市场、关税和其他保护主义措施，同时充分利用当前正在为工业生产和服务交付带来巨大改革的科技力量。

这些公司正在超越专注于效率的低成本交付模式，转而采纳更灵活的交付模式。下一章我们将一探究竟。

本章洞见

- 为了能提供第一章所描述的具有突破性的数字服务和体验，以及践行第二章中提及的全球增长策略，许多公司正在超越传统供应链，与跨行业合作伙伴打造动态的交付网络，亦称为生态系统。
- 以前，人们对生态系统的关注大多浮于表面，使得商业领导者无从确定如何最有效地构建、甚至是否应该构建生态系统。作为一种颠覆力量，生态系统的确很有吸引力，但执行起来却步履维艰。
- 我们分析了各行各业包括老牌公司和数字新公司在内的 40 多个生态系统网络，总结出了生态系统的 5 大关键特征。
- 除了 5 个关键特征外，我们通过研究发现，生态系统比行业评论员先前推测的更加复杂。具体来说，我们发现生态系统可分为各具特色的 3 种类型：数字化仪网络、平台、超级平台。
- 成功的生态系统有以下几个要件：具备强有力的策略，打造广阔的全球产业足迹，对合作伙伴有足够深入的了解，现有业务拥有大量客户基础，以及能够管理构成数字生态系统的复杂关系网。

第五章

流程灵活化

许多公司都优化了全球产品和服务交付模型，从而将生产商品和交付服务的总成本最小化。成本仍然很重要，但如今的交付模型还必须具有快速、敏捷性和韧性，以应对可能出现的各种挑战。

许多公司正在开发的新型数字服务和体验已经引起了相当多的关注，而在如何生产和交付产品方面，一场声势不大但同样令人惊叹的革命已经萌芽。20 世纪八九十年代，互联网发展使跨国公司能够远程控制生产并追踪货物。许多公司利用互联网从根本上重新设计了自己的生产制造产业。为了尽量降低成本，这些公司在中国和其他劳动力成本较低的国家建造了大型工厂（或将大型工程分包给当地公司）。他们利用当地公司提供的材料，将工厂生产的产品运往世界各地市场。耐克、沃尔玛（Walmart）、IBM 等一众公司都采用了这种做法。客户们从较低的价格中获益，而股东则可以获取更高的利润。1990 年，只有大约 7% 的全球制造业扎根于低成本（出口排名前 20 的）国家。到了 2010 年，这一数字已上升到 33% 以上。而在纺织、皮革、服饰等劳动密集型产业中，低成本国家在全球产量中占据着更大份额。[1]

> 如今，这种所谓的低成本全球交付模式或全球一体化供应链正变得愈发过时。管理生产和交付网络不再只是为了最大程度地降低成本，还要为公司带来更高的灵活性、速度与韧性。

前沿公司正在把目光投向低劳动力成本的全球大型制造工厂之外，设立技术水平更高、规模更小、数量更多、更本地化、更接近客户及更为灵活的定制型工厂，从而更加有效地快速生产和交付符合消费者不断变化的需求的个性化商品。此外，在决定采购零部件和原材料的地点以及生产场地时，很多公司的考虑也超越了成本，设法让公司更灵活地满足客户需求，并更具韧性地抵御来自关税、极端气候事件乃至疫情的冲击。最后，随着产品的愈发智能，加之客户也在寻求更佳性能，许多公司还在其供应链中植入新的软件功能，通过嵌入软件实现产品升级，而不是升级实体产品本身，从而大幅增加了产品升级的速度（只需数月或数周，而不是数年）。

我们将此称为“新灵活策略”，它不仅适用于销售产品的公司，销售服务和体验的公司也在实践这一策略。让我们回看引言中所讨论的塔塔咨询服务公司的案例。时任塔塔集团首席运营官的 N. 钱德拉塞克兰（现任塔塔集团董事长）决定，要在 21 世纪的前十年实施一套全新策略，帮助公司实现更高增长率并产生更高价值，同时保持公司（在当时正被削弱的）成本优势，从而维持高利润率。[2] 其中一项策略，便是开创一种更加灵活的全球交付新模式，不仅通过公司在印度的低成本工厂和大规模设备来为客户服务，还要通过更加接近发达市场客户、且全部通过云端连接的中高成本设备提供服务。这是为了将新的能力覆盖现有的低成本离岸交付功能，使塔塔咨询服务公司能够向美国和欧洲的客户提供与全球其他分公司一致的价值主张，同时仍保持较高的利润率。塔塔咨询服务公司并未将所有的软件编程和其他技术工作都交给印度的软件工厂来做，而是在世界各地设立距离客户更近的交付中心，结合（较高成本的）本地团队以及常驻印度和其他低成本国家或地区的团队。灵活交付能够提高整个系统的韧性，缓解由地缘政治带来的危机以及因交付功能集中在单一地点所造成的风险。至关重要的是，塔塔咨询服务公司还能更有效地提供具备更高价值、更具技术含量的定制产品与服务，如提供知识产权保护服务、与新兴技术相关的服务以及品质卓越的数字中心等。

在 21 世纪的头几年，塔塔咨询服务公司推出了“全球网络交付模型”，改变了诸多公司的全球交付信息技术服务模式。该模型涵盖的功能全面，包括创建行业知识储存库的垂直业务单位、在整个公司贯彻创业精神、专注知识产权保护、对数字技术的早期投资以及对研发的更多关注。此外，灵活交付也是关键要素之一。截至 2019 年，塔塔咨询服务公司已在超过 15 个国家构建了约 200 个交付中心，覆盖其最大市场美国和欧洲，以及匈牙利、中国、阿根廷和智利等低成本或人才资源丰富的国家，而公司最主要的生产能力与设备还继续放在印度。[3] 作为一个全球一体化的交付网络，这些交付中心的能力和技术可以分为 3 个层次：（1）大型的、高度自动化的、具有大量标准技术（如 SAP 服务）的大规模低成本设备；（2）匈牙利、巴西和乌拉圭等地的区域交付中心可为具备某些专门技术和功能，但在语言和文化上有特殊要求的区域客户提供服务；（3）在新泽西州、亚利桑那州和英国的彼得伯勒市等地的本地或交付中心，为客户提供能触达高技术但规模较小的服务。[4]

由于这些设备都通过全球技术基础设施与最先进的协作工具连接，因此，塔塔咨询服务公司可以完美、灵活地在全球交付网络中理想的地点提供服务，从而发展出巨大的竞争优势。另外，这家公司还可以定制全球各中心的交付团队和功能，并采用高质量的软件设计流程来确保产品质量始终如一。全球交付网络提供了成本、人才、速度、个性化及韧性。事实证明，在过去十年中，全球交付网络取得了巨大的成功，为塔塔咨询服务公司引人瞩目的增长率奠定了基础。到 2020 年，塔塔咨询服务公司成为全球最有价值的信息技术服务公司之一。[5] 当竞争对手的利润率在百分之十几上下浮动时，塔塔的利润率已超过了 25%。[6]

从塔塔咨询服务公司的案例中可以看出，20 世纪后期的生产和服务交付核心——低成本国家的大型离岸生产和交付中心，并没有立马过时。跨国公司仍在利用低成本国家的制造能力和交付能力，但也在主要的高成本市场和区域中心增加产能，寻求高速度、灵活性和响应能力，而不只是尽可能地降低成本。这种灵活的交付网络超越了传统供应链，在应对日益增长和愈发不稳定的关税以及由不断加强的非关税壁垒措施所带来的挑战时，能够具备更强的适应性与韧性。通过添加新的软件功能，这类跨国公司还能提供更智能的产品，以满足客户对性能更佳、升级的产品体验的需求。在本章的最后，我们将会探讨如何构建这样一个灵活的交付系统来确立公司优势，在这一领域培养和新价值主张一样激动人心、吸引眼球的创新能力。

附近的灵活工厂即将交货

为了更好地了解为何现在的公司对生产和交付流程的要求越来越高（如寻求高度灵活的生产与交付，以及最低的交付成本），让我们回顾一下运动鞋制造业的发展。如果你是一位 19 世纪的英国贵族，想为即将到来的伦敦舞会买一双新舞鞋，你可以将当地鞋匠叫到你的庄园里来，告诉他你想要什么样的款式和颜色。鞋匠会测量你双脚的尺寸，然后回到他的作坊，根据你想要的设计来裁剪、上色、缝制。几天或几周后，他会将这双鞋的初版带来让你试穿。如果你喜欢，那就皆大欢喜。如果不喜欢，他便回到作坊，按照你的要求做出必要的调整，最后将成品送到你的家门口，并拿到他的费用。

工业革命给舞鞋以及大多数其他消费品的制作方式带来了革命性的变化。大型工厂和蒸汽机取代了本地的工匠，针对更广泛的市场大规模地生产廉价商品。随着航运的改善和集装箱的出现，成本大幅下降，这些大型工厂开始向全世界出口其大规模生产的商品。再后来，随着互联网的出现和货运成本的进一步降低，各家公司开始将这些工厂迁往新兴市场国家，以便利用这些国家更加低廉的劳动力。到 2005 年，全球大型工厂生产的鞋子以及各类厂商生产的鞋品总量中，有 80% 以上都是在亚洲生产的。[7] 特别是中国，因设立了许多为全球市场服务的大型工厂而以“世界工厂”闻名。对于大多数消费者而言，商品变得更便宜，也更容易买到，但这些公司不能像技艺精湛的工匠们为贵族服务那样，按照个人喜好制造商品。

而现在，万事俱备，个性化生产的局面又重新出现。原因有 4 条：第一，消费者的预期在提高。前文所述的连数字生活中的细枝末节也习惯个性化的全球消费者，也对线下产品抱有同样的期待。BCG 的一项研究指出，“消费者表示，当购物体验高度个性化时，他们在购物篮中添加额外商品的可能性会增加 110%，而出现超出计划的花费的可能性要高出 40%。”[8] 同时，消费者也在鞋类领域不断寻求最新的设计、体验和产品。阿迪达斯（adidas）和耐克等公司正在通过其网站提供这些个性化的服务。

第二，物联网和工业 4.0 [1] 技术的兴起，有望使鞋类公司在满足消费者期望的同时继续保持盈利。即使承担较高的运输成本也要在廉价劳动力国家生产的习惯，正被这些技术所颠覆。最初驱使公司在大型劳动密集型工厂进行生产活动的陡峭成本曲线，已经开始趋于平缓。

---

[1] 工业4.0的概念由德国政府提出，通常用来描述数据驱动下的人工智能工厂。

在高成本市场中，高度自动化的工厂变得更加便捷灵活，其生产批量逐渐变小（允许定制订单），生产周期也越来越短。随着物联网技术成本的持续下降（例如，在20世纪80年代价值30万美元的3D打印机，现在的价格可能还不到200美元，且速度和性能都有了大幅提升），高成本市场中的自动化工厂只会越来越有吸引力。[9]

第三，在产品交付的解决方案中，有越来越多都是通过下载软件等数字方式完成的。得益于数字技术的兴起，作为产品组成部分的硬件和软件也变得越发重要。例如，耐克推出了一套完整的数字生态系统，帮助消费者从他们的鞋子中获得更多健康相关的数据。同样，汽车在迅速地进化为“带有轮子的计算机”。事实上，像宝马7系这类精密的汽车可以包含多达150个电子控制单元（即控制车窗、座椅和复杂引擎等系统的电子硬件），而这反过来又需要超过1亿行的软件代码来操控（相比之下，脸书使用的代码大约为6,000万行）。[10] 制造汽车等常见消费品的机器和工厂，也越来越多地受到电子产品及其软件的控制。这些消费品和工业产品的客户，都期望供应商能通过软件更新来频繁升级产品，从而提高其性能和功能（你可以把这想象成人们对智能手机的期望）。反过来，这意味着公司必须拥有更多高技能、高成本的技术人员，来帮助其实现快速设计并交付这些升级（与具有多年生命周期的实体产品不同，这些升级的频率通常是每周或每月），而旧的交付模型是无法做到这一点的。（这还意味着实体产品在全球贸易中所占的比例将更低，而数字化服务所占比例会更高。）

最后，经济民族主义的抬头和多边主义的削弱导致了平均关税和具体（国与国之间）关税的增长。这就提供了一个额外的激励要素，即鼓励公司在当地生产产品，而不是从进口关税较高的全球供应中心将产品运输到各市场。法国能源和自动化公司施耐德电气的首席创新官埃马纽埃尔·拉加里格（Emmanuel Lagarrigue）告诉我们："过去，公司可以在不同市场复制相同的商业模式，领导者认为高关税是以前遗留的老问题。而今，整个世界支离破碎，关税又回来了。"[11]

针对这些影响，各家鞋业公司已经开始重新思考自身的制造网络，并尝试推行新的工厂理念。在德国和美国的一些地区，阿迪达斯开始试行革命性工厂 SpeedFactory，这类完全自动化的工厂使用机器人技术、3D 打印以及其他工业 4.0 技术，不仅提高了生产效率，还加快了向当地消费者交付定制产品的速度。传统的制鞋厂需要雇佣成千上万的工人，并花费长达 18 个月的时间才能将鞋子送到全球各地市场，而阿迪达斯的实验性工厂只雇佣了不到 200 名工人，且有可能只需不到 4 个月的时间就能将最新的高端时尚设计送到附近门店。[12] 阿迪达斯前首席执行官赫伯特·海纳（Herbert Hainer）在启动这些试点工厂时表示："SpeedFactory 将体育用品的设计和开发与自动、分散和灵活的制造流程结合在一起。这一灵活性为我们开创了新的方向，让我们大幅缩小了与市场和消费者之间的距离。"[13]

如果阿迪达斯大规模启用 SpeedFactory，那么数百万消费者将享受到曾经专属于富裕阶层的高级量体制鞋服务。阿迪达斯充分利用新技术的所有功能，允许消费者在线设计出属于自己的独一无二的鞋款，之后由距离最近的 SpeedFactory 辅助生产。我们甚至可以想象，有一天，无人机将会从这些工厂取货，然后将商品运送到消费者的家门口。

阿迪达斯并不只从低成本国家的少数大型工厂采购，其制造网络由多个国家组成，不仅包含廉价劳动力国家的大型工厂，也有距离主要市场消费者更近的部分小型高科技工厂。

2019 年年末，阿迪达斯宣布关闭其 SpeedFactory 工厂，并将这一概念移植到越南和中国的生产厂商。[14] 鉴于现在的科技成本，阿迪达斯没能确保主要市场或附近市场的制鞋的经济可行性和可扩展性，公司从这些试行实验中吸取了诸多教训。在今后的五到十年内，阿迪达斯不会将其大部分生产转移到西方国家，这不仅是因为在西方国家会面临来自技术或经济规模化的挑战，还因为西方国家供应商的生态系统已逐渐被削弱。尽管如此，阿迪达斯仍会将 SpeedFactory 的技术植入中国、印度尼西亚、越南和印度等国的现有供应网络，以改善成本并提高灵活性。公司增长最快的市场在亚洲，因此灵活的制造流程能够使其以最快的速度服务这些市场。与汽车和制药等行业相比，制鞋行业仍需要投入大量的体力劳动。降低成本的解决方案之一，就是在这些大规模生产的大型工厂中引入更多的自动化技术设备，以提高效率和灵活度。

SpeedFactory 工厂最初的形态或许超前于时代。自动化水平的提高和自动化成本的下降，使阿迪达斯能够进一步提升制造技术，使其更便宜、更高效。在接下来的十年甚至更久的时间里，类似 SpeedFactory 的灵活生产模式下的优质、高端定制产品的成本效益会越来越高，最终使这种制鞋公司能够在众多市场实现大规模部署。从更宏观的角度而言，在未来二十年内，灵活制造将在全球交付模式中无处不在，随着 3D 打印等技术的成本降低，其普及程度也将会进一步上升。

重新定义封闭供应链

尽管多国网络有助于公司在降低成本的同时提高交付的灵活性、速度和韧性，但单凭这些网络还不够。许多公司彻底地开始重新思考，针对传统“封闭”供应链模式该采取怎样的更广泛策略。

在搭建全球供应链时，各大企业对以下 2 个重要问题一直非常明确。首先，企业会明确划出公司的核心，保留公司内部的设计、制造和交付流程的步骤。当涉及这些时，领导者希望公司保留对质量和所涉知识产权的完全控制，因为他们相信，这不仅能给公司带来竞争优势，还能让其产品与众不同。其次，企业也会明确非核心活动中的供应商角色，对其实施严格的管控，使原始设备制造商有条件以最低的成本和最高的质量开发和提供产品或服务。供应链是一个有着相当严格规范的封闭系统。

而如今，这种现实正在迅速发生变化。为了快速满足不断变化的客户需求，企业必须升级其制造和交付流程，将新功能（尤其是数字功能）迅速移至线上。由于这些能力的内部开发往往需要时间，因此，企业采取了比以往更开放的办法，使用与上一章所述类似的处理数字生态系统的方式来处理供应链。随着全球贸易不确定性的加剧以及其他各类干扰因素愈发频繁，公司也越来越需要重新审视其受高度管控的封闭供应链战略，以提高供应链的韧性，降低风险，并优化关税和总成本。

在这个问题上，有 2 条有关集成化供应链的新思路。第一，公司正逐渐接受利用供应商技术和能力的伙伴关系。第二条，公司对曾经被看作企业核心的制造流程也秉持开放的态度。BCG 高级顾问、福特前全球采购主管彼得·罗森菲尔德（Peter Rosenfeld）告诉我们，为了给终端客户提供更多价值，许多公司都将注意力逐步转向供应链。这些公司并不认为必须完全控制制造的核心流程，“而是问自己：我们该如何在利用现有供应链的同时，将更多专业知识技能加入进来？”罗森菲尔德解释说，现在的公司会选择“在设计产品的同时，将自己置身于能够交付最佳产品的外延企业[1]之中。”[15] 它们不再有必须成为市场上最大制造商的压力；相比之下，在整体交付上做到最好更重要。

罗森菲尔德将话题指向了曾将垂直整合[2]视为重中之重的汽车行业。而今，许多公司正在朝横向合作伙伴的方向转变，合作伙伴会制造曾被视为最终成品宝贵组成部分的零部件，如发动机或动力系统等。罗森菲尔德表示，许多公司都逐渐认识到，“与供应商之间的关系是可

---

[1] 外延企业并非单一企业，而是一个松散耦合而自发形成的企业网络，包括参与到整个企业生产价值链中的所有参与者。

[2] 垂直整合是一种商业领域的经营策略，指一家经营实体拥有或控制其供应商、分销商或零售地点，从而控制整条价值或供应链，以掌控流程、降低成本并提高效率。

以长久持续下去的。”[16]在某些情况下，公司会安排团队与客户站在同一位置，共同创建解决方案。在其他情况下，公司则会尝试与供应商结成合作伙伴关系，而不是以不平等的关系管理供应商。

在医疗保健领域，强生公司（Johnson&Johnson）建立起新型合作伙伴关系，利用3D打印技术开发创新的外科手术工具和设备。强生与都柏林圣三一学院的研究人员合作，成立了一座新材料科学实验室，最初主要关注矫形外科的研究。[17]另外，强生也与加拿大生物技术公司Aspect Biosystems合作开发3D打印的膝盖组织。[18]塔塔咨询服务公司的首席执行官兼总经理拉杰什·戈皮纳森（Rajesh Gopinathan）表示，凭借其世界一流的设计和数据处理能力，塔塔咨询服务公司已日益成为膝关节置换领域的非传统供应链合作伙伴。作为美国医疗植入设备供应商的客户，某家美国医院的外科医生可能会上传一份即将被置换的膝盖的3D扫描文件，并发送给塔塔咨询服务公司。后者会为人造膝盖制造商设计模具，并提供针对制造模具和膝盖3D打印机的详细软件说明，然后向其客户——打印人造膝盖的美国制造商，发送软件指令，再由制造商将人造膝盖寄送给医院的外科医生。在过去的交付模式中，人造膝盖制造商曾将制造流程中的数据部分视为核心，塔塔咨询服务公司将这一部分内容接管下来，通过搭建功能、扩大规模、向全球客户快速交付复杂的不同类型模具的详细设计，从而将供应链打造得更灵活、反应更敏捷的同时，将世界各地的一流技术汇聚在一起。针对这种非传统供应商合作关系的发展，强生供应链的一位高管发表了如下感想：“我们发现，与外部合作伙伴的集成化程度正在不断提高，因为这些合作伙伴能够帮助我们变得更敏捷、更灵活，从而满足客户需求，并实现端到端供应链的改善。”[19]

新的供应链能够提高灵活性和灵敏度，而许多公司重新构想该领域还有一个目的，那就是在面对关税和其他地缘政治风险时更具韧性。尤其值得注意的是，许多公司都在供应链中留有更多可选择的余地，排好获取产品与服务来源的优先顺序，并根据贸易纠纷的发展切换供应商。一家全球铝业公司的首席战略官告诉我们，对于其“由全球多国运营和销售所组成的复杂矩阵”而言，“拥有一个可参照假定贸易政策（如关税和非关税壁垒）来规划工厂与市场关系图的动态模型”，已经变得至关重要。基于这一分析，该主管表示，“无论局势如何，我都需要比较自身与竞争对手的成本，并在当前关税下找出最佳的工厂与销售国组合。”

为了应对关税，一家位于美国的工具制造商做了详细的分析，在考虑了包括印度尼西亚、印度和越南在内的诸多地点后，计划将新的生产基础设施建在墨西哥。在其他地区，这家制造商或许能够实现较低的绝对成本，但风险调整成本较为高昂。同样地，阿迪达斯也极力专注于在供应链中实现灵活性，在最近几年扩大了采购国的多元化（其他制鞋商也是如此），以尝试降低单个国家的风险。[20] 截至 2019 年，阿迪达斯大部分鞋类产品的生产（43%）来自其最大采购国越南，中国占 16%。[21]

三星等公司也转移了生产地。这些公司关闭了在中国的一些制造工厂，转为在其主要市场扩张或新建工厂。截至 2020 年，三星已宣布计划在印度投资 5 亿美元，建立一家全新的智能手机屏幕制造厂，另外，公司于 2018 年在另一家印度工厂中投入了 7 亿美元。[22] 除此之外，三星还在美国南卡罗来纳州开设了一家价值 3.8 亿美元的家用电器生产工厂。[23] 这种对供应链的重塑策略，不仅巩固了前文所述的多国模式，同时也最大限度地降低了由关税和其他障碍带来的商品成本的突变风险。北欧一家工业公司的首席执行官告诉我们，他的公司已经构建起一个全新的多国供应链，在各大主要市场都设有工厂和供应商，这一布局可保护公司免受因这些国家关税突变所造成的影响。

将生产从高关税地区转移到低关税地区，并在供应链中增加更多的可选择空间，这并不是企业用来增强韧性的唯一策略。除此之外，这些企业也在不断采取短期措施，以应对由关税波动造成的“新常态”。这些措施可能包括降低利润率、与供应商共同承担冲击等。由于关税和其他保护主义措施，我们的一位家装领域客户即将增加 10 亿美元成本。为此，我们为该家装公司设立了一个控制部门，用来详细分析关税对各产品品类的影响，由此制定全面的战略，以应对当前的关税影响并减少公司的长期漏洞。从短期而言，控制部门制订了一套计划，内容包括调整价格、与供应商重新谈判条款，以及研究贸易政策。而从长远来看，公司可能要改变产品设计，改用从低关税地区采购的低成本组件。

软件中心：供应链中的新硬件

各类实体产品和服务都在不断通过某种形式转变为数字

价值主张。为了实现该价值主张并提升灵活交付模型本身的性能，这些公司正在将软件中心从以前所处的供应链外围向核心位置转移。

20 世纪后期，大多数工业、消费品和零售等领域的大型公司都没有过多涉足软件开发，它们认为，软件开发只是一种处于边缘的外部功能。这些公司曾把开发人员派遣至偏远地区，将他们与信息技术团队安置在一起。而今，这批公司却正在把高度复杂和集中的数字功能迁至线上，配备数千名员工将这些数字功能融入供应链之中。这么做是因为如今的价值主张已与过去大不相同。就如我们在第二章中所探讨的，产品的数字化已经达到前所未有的程度。通过软件更新，实体产品的制造商不仅可以对服务问题做出快速反应，还可以针对新的价值池制定解决方案。在 21 世纪，涵盖各种软件能力的数字中心正在成为产品和服务交付流程中不可或缺的组成部分，其重要性就如实体工厂之于工业公司一样。

我们在研究中发现，有家跨国时装零售商开发了一个软件 / 数字中心，作为公司灵活的全球交付模式中的一部分，并利用其功能帮助公司实时优化全球门店的定价和促销活动。传统的零售公司也会通过门店和供应链搜集大量数据，但难以在每天甚至每小时都为定价和促销进行实时数据分析。结果，在清理库存或是低效推销新款设计上，这些零售商经受了数以百万计的不必要损失。而刚才提到的这家零售商的数据中心会从线上和线下渠道收集大量数据，并运用强大算法加以分析。因此，这家公司可以在合适的时间以合适的价格出售合适的商品，从而实现收入最大化。另外，公司还可以改善消费者的购物体验，比如，通过对促销活动进行个性化设置，使之更加有的放矢。

这家时装零售商在灵活交付模式的范围内建立起数字中心，为了降低内部运营成本、提升速度和灵活性。施耐德电气则更进一步，通过建立设计实验室，让公司能够与客户和外部合作伙伴共同创造新的数字产品和解决方案，从而实现了交付链的延伸。传统的产品开发需要数年时间，但这些新的设计实验室能让施耐德电气在几周或几个月内便推出新品。截至2019年，公司在美国、欧洲和亚洲的8家实验室每年设计产品超过150种，这个数字还在继续增加。[24] 与此类似，西门子公司也在世界各地建立了数十家物联网操作系统MindSphere应用中心（MAC），旨在为客户开发“新的商业模式、数字解决方案及服务”。这些应用中心配有数据科学家和软件开发人员，专门设立在“客户运营部门所在地附近”，以便团队成员及时“了解并努力解决令客户头疼的问题”。[25]

前沿公司正在采取形态各异的方式，将全球软件和数字能力融入到灵活的交付模式中。有时，公司会从零开始打造这些资产。有时，公司会将处于分散状态的现有资产进行重组，在硅谷、柏林、特拉维夫和班加罗尔等多人才的地区创建一个或数个数字中心。这些中心人才集中，许多公司都正在调动各领域之间的有效协作，打造提供全新数字集成产品和服务所需的数字属性和功能。我们将在本书后文更详细介绍，部分公司同时在调用这些数字中心来改变其团队的工作方式，以提高产品和服务开发的敏捷性和灵敏度。

新的软件功能不仅在为终端用户实现产品开发、交付和管理的变革，在未来，这些功能还将反面控制生产这些产品的设备和工厂，从根本上改变公司建立和管理工厂或交付中心的方式。所谓“数字孪生技术”，将在这一领域发挥重要作用。数字孪生是由设计工程师和软件工程师共同创建的工厂、产品或流程的虚拟模型。拥有这样一种模型，工程师就可以模拟真实的（实体）工厂、产品或生产过程，利用过去的操作数据来提升未来的性能。现在，管理工厂或产品的本地团队通常会使用数字孪生技术来监控性能。理论上，数字孪生技术最终很可能会允许跨国公司远程、实时地监控和推动其性能的改善。这些公司将会为所有设备和工厂设立虚拟软件模型，并将它们连接起来，在一地或多地对整个网络进行监视和控制。高韧性的灵活交付模式所带来的下一次变革，已经近在眼前。

实际上，变革已经来临。通用电气公司在为电力公司建造风力发电场时，首先会为其提供数字孪生技术，然后在网上按照风力发电场的实际精准位置建立模型。工程师们会根据个性化需求设计涡轮机，优化性能使其在未来建造地发挥功效。在实体涡轮机投入运行后，软件会远程监控和调整其性能。这种技术提高了 20% 的能源产量，将 100 兆瓦风力发电场的生命周期总价值提高了 1 亿美元。[26] 得益于如此大的增值空间，数字孪生技术的全球市场规模预计将出现指数级增长，于 2025 年达到 358 亿美元。[27] 一项估算表明，截至 2021 年，将有一半的大型工业公司采用数字孪生技术，为其运营能力带来显著提高。[28]

给领导者的建议

正如我们在本章所看到的，21 世纪的跨国公司将采用一种与前代企业截然不同的制造和服务交付策略。最终，这些公司将配备灵活的自动化跨国工厂网络，每家工厂都有本地供应网络，且彼此相联，并通过数字孪生技术实现远程控制。网络建设无法一蹴而就，鉴于跨国公司对其现有工厂和服务交付中心的大量投资，以及规模化相关技术的挑战，这些公司要想构建下一代全球制造和交付模式，还需要几十年的时间。一方面，这些高韧性模式必将涵盖高科技、多国本地工厂以及交付中心，以提供快速的、个性化的获取新人才的渠道。另一方面，这些模式中也会包括传统的低成本大规模生产，这些生产将与技术相融合，以优化成本和灵活性。

为了应对这一新出现的情况，领导者必须在 2 件事上双管齐下：（1）发展高灵活度和高速的网络；（2）要在合适的领域保留低成本的现有设施。领导者必须考虑，如何在优化交付产品和服务效率的同时提升灵敏度、速度和韧性。此外，领导者还应调整供应商战略，以实现更高的灵活性和开放度。随着产品和服务智能化的提升，领导者必须做好准备，以建立将软件功能与实体产品交付网络融合的数字中心。在构建更加灵活的生产和交付产品的能力的同时，领导者应考虑如何提升供应链的成本效益和速度，同时使公司在突如其来的经济和地缘政治剧变面前更具韧性。

在重新设计公司的制造和服务交付模式时，领导者应重点对以下4个策略领域进行调查：

1. 你的客户对速度及个性化的需求程度如何？如果一些客户认为这很重要，并愿意为此支付额外的费用，那么你会如何调整生产和交付网络，以更快地向这些客户交付产品和服务？

2. 你的产品和服务的智能化速度有多快？新的价值池有多大？你需要什么样的软件开发人才来创造这些价值池，又该如何吸引、雇佣和留住这些人才（后文会有更多介绍）？为了增加公司内部的软件和数字技能，你需要与外部供应商建立什么样的合作关系？你又需要什么样的集中化数字功能，能让你最大限度地利用你或许已经拥有却未充分利用的数据库？

3. 虽然客户的期望常常变化，但哪些核心活动是你竞争优势的基础？哪些非核心活动可以通过合作关系转交给他人？更笼统地说，由于价值链中的很多部分不再为面向客户的公司所有，价值链的脱媒化[1]不断加深，

[1] 脱媒化一词主要用于金融领域，泛指将中介方从供应链中移除，或在一笔或一系列交易中剔除中间商。

在这种情况下，你的供应商关系需要如何改变？

4. 随着贸易政策的日益不稳定，在权衡成本和风险的同时，你应该采用哪种策略或策略组合来提升韧性？比如说，为避免供应链遭受冲击，你应该在靠近市场的区域建造多少家工厂和交付中心？为实现在工厂之间无缝转移产能，你应计划在多大程度上不惜提高成本以降低风险？

很多企业或许会抗拒讨论这些问题。对一些领导者来说，全球供应和制造结构的改变虽已被证明有效，但似乎过于鲁莽。此外，生产和产品供应的本地化、区域化需要大规模规划，如果执行不力，还会适得其反。无论在制造还是产品功能开发领域，对数字技术的投资都是昂贵且耗时的。此外，一些企业会对生产和服务交付进行调整，从而将更多数字人才安排在产品软件组件的生产上。这样的做法可能会让现有人才感到自身重要性受到了威胁，从而产生抵触情绪。最终，为应对市场不确定性而部署的任何供应链战略，都会为企业带来权衡利害关系的情况与风险，这些风险不易被企业理解或量化。如果执行不力，这些策略也可能在你现有的生产和供应网络中播下混乱的种子。

以上要面对的挑战虽然看似令人生畏，但领导者通过谨慎行事，仍能化险为夷。你要为公司及旗下的产品和服务设立愿景，并向员工、合作伙伴和客户征求意见。一个由大家共同打造的愿景，将确保你的利益相关方会在愿景初见成效、供应链随之改变之时大量涌入。不要急于制定这个策略，多花点时间全面评估由对生产和服务交付职能所做的具体改变可能带来的利弊，并耐心权衡。切记，我们所强调的策略中，没有一种是适用于所有情况或所有公司的。为了让你的供应链做好应对动荡和波动的准备，请对风险的承受度进行评估，并对可能出现的情况建立模型，以便更好地去理解你们的领导层可能同意实施的是哪些策略。

为所有利益相关方带来利益而不只是为股东实现收益最大化，接受新的数字价值主张，通过更加精益的方式实现全球扩张，打造数字生态系统，以及拥抱灵活的制造和交付方式——我们在书中详细讨论的这 5 个关键策略，都拥有一个重要的特质：它们全都离不开数据流[1]。各大公司提供的全新服务和体验，充分调用了全球数据和数字平台。然而这些新的数字产品与服务所创造的新利润池，也给公司已有的扩张战略带来了压力，导致一部分公司放弃了广泛扩张全球产业足迹的战略。全球数据共享、网络连接的低成本化以及虚拟连接客户的出现，使生态系统变得越来越有吸引力。灵活型工厂为制造业带来颠覆，它们需要由一条“全球数据高速公路”组织到一起，并通过一个中央控制设施彼此联通。不管是这些工厂，还是我们在本书中强调的所有策略，位处核心的，其实就是数据。正如我们将在下一章所探讨的，21 世纪的企业必须超越传统的分散数据收集模式，去建立一个成熟的战略性全球数据架构。未来几年，数据将成为跨国公司发展必需

[1] 数据流指的是数据从信息系统的一个部分转移到另一个部分的路径。

的、不可取代的全新“能源”。如果你的公司还尚未着手获取和调用这种能源，那你最好赶紧开始行动。

本章洞见

- 所谓全球交付模式、或由廉价劳动力驱动的全球一体化供应链，正变得愈发过时。管理生产和交付网络不再只是为了最大程度地降低成本，还旨在为公司带来更高的速度、灵活性与韧性。
- 我们发现，在制鞋产业之外，大型工业公司也开始出现向更灵活的制造模式发展的趋势。
- 尽管多国网络有助于公司在降低成本的同时提高交付的灵活性、灵敏度和韧性，但单凭网络还不够。许多公司也彻底开始重新思考，针对传统“封闭”供应链模式该采取怎样的更广泛策略。
- 为了满足人们对数字化产品和服务日益增长的需求，跨国公司正在加紧为交付模式增添全新维度，那就是数字开发和软件开发。

第六章

让数据贯穿始终

长期以来，许多公司一直把数据视为运营过程中排放出的“废气”，只在经营过程后的监测和优化时才会加以使用。而今，前沿公司正在超越这种传统方法，将各种数据，尤其是在全球范围内收集、存储并加以分析的信息，视作不可或缺的关键一环，不仅可以用它来预测未来业绩或消费者行为，还可为全球客户提供强有力的价值主张。

长时间以来，跨国产品和跨国服务公司都一直在努力通过实体供应链保持竞争优势，并在原材料的取得上获取先机，然而，这种情况正在迅速发生变化。实体供应链和原材料仍然重要，但对于当今许多跨国公司来说，数据已成为一种同样重要的新的原材料。公司为全球数字互联客户所提供的灵敏、个性化、动态的解决方案，依赖于海量数据的持续产生、流动和分析。由此可见，跨国公司不仅需要新的软件开发能力、由高速灵活的制造工厂或交付中心组成的全球网络，以及由跨行业、跨地域的外部合作伙伴组成的生态系统，还需要一个全新的全球数字架构，来处理海量的跨地域数据流。

前沿公司正在构建强大的全球数据架构，将数字信息这一“燃料”转化为更高效的流程，更合宜的定价以及更有价值的产品、服务及体验，从而实现超越。这些数据架构实现了用户与世界各地的平台和合作伙伴的完美连接，为21世纪的企业搭建了一种新型供应链，通过战略性设计来推动增长并释放大量价值。

历来，跨国产品和跨国服务公司的数据都保持着碎片化和本地化状态，公司只用数据来渐进式地改善产品、供应链或与合作伙伴之间的协作。数据是商业活动所产生的“废气”，先被收集并用于提高产品或服务供应链性能，很长一段时间后，才会开始被研究。例如，跨国工业公司靠设计、制造、销售以及为汽车或蒸汽涡轮机等实体产品提供服务来赚钱，而不是通过数据变现。许多公司通常会保留关于其产品性能的大量数据，但这些数据分散在世界各地的服务中心，很少能实时提供给公司内部的团队使用。一位汽车设计师或许会在完成汽车模型设计后的数周或数月，才能看到一些与该模型性能有关的零散数据。

在过去，跨国服务公司主要通过设计和销售立足于本地的服务和产品赚钱。比如说，跨国银行会通过当地零售分行销售抵押贷款。银行在本地获取设计、制作、销售和使用这些抵押贷款的全部数据，然后（有可能）将其汇总到月度报告中，供员工或经理查看。这些数据并没有在全球范围内进行实时汇编和分析，以便为定价和其他决策提供信息，或向客户提供产品对比的服务。

如果说过去的公司因为能力不足，而没有更好地利用自己的数据——它们欠缺技术能力，那么近年来，社会和技术的大幅发展终于使企业具备了全球化数据改革的条件，并可以利用这些数据推动业务发展。正如我们前文探讨过的，世界各地消费者的联系愈发紧密，在网上花费的时间也越来越多，产生了大量的数据。过去十年里，云端存储和处理数据的成本大幅下降。如出售数字基础设施即服务（IaaS）[1]的亚马逊云服务等公司，让跨国公司可以租用所需的基础设施，而无需自己搭建。当然，一些公司也在投资建立自己的大型数据中心，用以存放全球数据。截至 2017 年，脸书数据中心的占地面积扩大到近 140 万平方米。[1]新建的初创公司兴起，建立了复杂的数据科学和数据分析系统，而甲骨文（Oracle）和其他既存信息技术公司也已构建起数据分析能力。最后，机器学习和人工智能等技术的进步，也为数据在运营和商业领域运用的全新方式开辟了道路。

---

[1] 基础设施即服务是一种对外提供信息技术基础设施的服务模式，位于云服务最底层。

数据革命一览

- 2020 年，全球数据流量将超过每秒 6 万千兆字节，是 2015 年的三倍多。预计至少在 2025 年前，跨境数据流量每两年就会翻一番。[2]
- 2013 年到 2020 年，联网设备的数量增长了 400%。[3]
- 到 2020 年，三分之二的世界人口都是互联网的活跃用户。[4]
- 过去十几年，固定宽带的成本标准下降了 40% 以上。[5]
- 过去十几年，传感器的平均成本下降了 50% 以上。截至 2022 年，创建数据的连接设备预计将达到 290 亿台。[6]
- 过去十几年，云基础设施的成本下降了 66%。[7]
- 自 2011 年以来，全球创建的数据量每三年翻一番，到 2025 年将达到 175 万亿千兆。[8]
- 2018 年，流入人工智能公司的资金超过了 93 亿美元，创下历史新高。[9]

全球化数据的积累与传播变得更加便捷，这类数据已经开始为公司带来由内而外的变革。从内部而言，全球数据流让雇员、合同工及合作伙伴能够轻松地开展跨地域协作。公司可以实时监控全球业务，并迅速应对所有挑战，从而使公司在面对波动时更具韧性。此外，公司还可以优化资产配置方式，以降低成本、提高生产率并减少环境负担。通过收集员工的相关数据，公司可以积极主动地与员工互动，提高人才留存率，并增进绩效。就商业模式而言，全球数据让公司有条件为每个客户创建独一无二的产业足迹，使个性化营销和产品策略成为可能。公司还可以通过社交媒体活动、产品评价、客户满意度调查等方式，利用来自世界各地数百万客户的反馈数据，打造丰富、连续的体验和解决方案。

艺铂游戏公司（Epic Games）的热门电子游戏《堡垒之夜》，便是打造这类体验的最负盛名的典型代表，这款游戏根据世界各地数百万用户的数据流而不断实现动态变化。[10]《堡垒之夜》允许多达 100 名玩家相互竞争，或者组队直到淘汰所有对手成为最后的胜出者。让这一切体验成为可能的，是计算能力、网速的进步，以及艺铂游戏公司的虚幻引擎（Unreal Engine），虚幻引擎是该公司面向软件开发者开发的用来创造新游戏的编程平台。虚幻引擎的技术为游戏跨平台运行提供了条件，降低了准入门槛（玩家可以在手机、掌机、个人计算机和苹果 Mac 设备上玩《堡垒之夜》）。有了虚幻引擎，游戏便能利用用户对游戏的反馈信息进一步升级引擎和游戏体验。截至 2018 年，《堡垒之夜》的两款模式之一“大逃杀”（*Battle Royale*）在全球拥有超过 2 亿用户，获得了约 30 亿美元的利润。

艺铂游戏公司是最早通过收集和分析全球数据而获得竞争优势的大批数字公司之一，而许多其他行业的老牌产品和服务公司也开始采取这种做法，希望抓住由数据给公司业务带来的独特机遇。数字公司从成立伊始就以数据流为中心制定策略和运营模式；相比之下，那些视数据为“废气”的老牌公司则面临着更加艰巨的挑战，这点我们将在后文介绍。除了提高员工技能外，这些公司还必须明确调用全球数据的策略目标，无论其意图是保护公司市场地位不受竞争对手的影响、瞄准新的利润池、推动更高效方法的落实还是其他目标。作为数字运营模式的一部分，公司还必须设计一个能够实现这些目标的数字架构或供应链。这两项任务虽然都具有挑战性，但缺一不可。在讨论具体应对的方法之前，让我们先深入探究一家老牌跨国公司是如何向全球数据迈出转型步伐，又如何通过将数据视为“燃料”而非“废气”来获取竞争优势的。

重新定义农业

农业是人类最古老的产业之一，也是所有产业中最复杂的一个，因为农民的成败取决于变幻莫测的天气、土壤条件以及无数经营决策。在现代，农业经营决策包括施多少肥料、种子该埋多深、浇多少水、用哪种农药等等。幸运的是，上述几方面基本都可以借助数据来决定，而现在的数据技术也确实可以帮助农民优化每块耕地利润。一位行业评论员这样写道：“如今的农场由数据驱动，还有包括传感器、GPS 卫星、无人机和机器人在内的各种设备和技术。”[11] 除此之外，数据的影响也越来越广。据部分行业评论员估计，到 2023 年，农业领域的分析市场将从五年前的 5.85 亿美元上升至 12 亿美元。[12] 其中的潜在影响力不容忽视。据预测，分析活动和人工智能每年为全球农业领域节省了成本，并带来新的收入来源，二者总计 2,500 亿美元。[13]

鉴于这一巨大潜力，农业及其他领域的供应商已经设计出解决方案，利用数据帮助农民做出更明智的决策，以优化利润空间。农民们可以通过手机中简单的应用程序，追踪天气模式和土壤状况等诸多信息，以采取行动，降低作物会遭受的风险，从而提高产量。如果你出售农具、种子或其他可以帮助农民的产品或服务，那么想要击败竞争对手，就不能再只靠提供最好的产品或服务了。你需要脱颖而出，成为农民长期在生产力相关解决方案领域的首选。这意味着你要建立以数据为导向的最优运营模式，为农民提供最佳的利润解决方案。

世界上最大的农业设备制造商约翰迪尔公司，便是最早感知到这些变化的行业参与者之一。2012 年，这家公司推出了数字平台 MyJohnDeere，以供农民监督自己的农业设备机组，并提高经营效率。[14] MyJohnDeere 经过更新、改善后更名为“约翰迪尔运营中心”，系统允许农民对每块土地上的所有活动进行监督，并通过智能手机和其他数字设备管理各项经营指标。该系统不仅利用了约翰迪尔设备中传感器产生的数据流，还引用了来自第三方的“天气、土壤条件、作物状况等所有因素的历史数据”。[15] 公司战略主管亚历杭德罗·萨亚戈（Alejandro Sayago）表示：“我们的目标是为种植者提供工具和增值解决方案，帮助他们实现精准务农。”为了做到这一点，约翰迪尔公司调用了完整的技术栈[1]（包括联网设备和数字解决方案），以期让农民能以单种作物为单位管理农田，从而将农场的盈利能力最大化，同时让公司获取更多价值。[16]

根据这一策略，约翰迪尔农业设备中内置的可生成数据的数字层的地位日渐突出。如今，这家公司的S系列联合收割机配备了ActiveVision主动视觉标定摄像机，这种摄像机通过7种自动化技术，使操作人员能够监控从联合收割机中出来的加工谷物，并实时分析谷物质量、杂质和其他因素。[17]联合收割机将数据发送到约翰迪尔运营中心，农民们可以在这个在线农场管理系统中看到自家农田的相关数据，并与顾问、供应商和其他人分享，然后通过各类决策来提高作物产量、降低成本。[18]约翰迪尔公司将能够更快完成计划的软件工具，与能够精确执行计划的先进电气驱动器和机械部件相结合，让客户能用更短的时间耕种更大面积的土地。[19]

与此同时，机器中的传感器能帮助优化机器的性能，在出现问题时向农民及其设备经销商发送警报。[20]在运用计算机视觉和其他先进技术来帮助农民做出经营决策方面，约翰迪尔公司走在了最前列。计算机视觉/人工智能系统可以识别杂草，并对每一种杂草分别施用适量的除草剂（以前，农民是根据土地种类来施用除草剂的）。[21]约翰迪尔智能解决方案集团（ISG）的高级副总裁约翰·斯通（John Stone）表示，约翰迪尔正“大力深入人工智能、计算机视觉和机器学习领域。所有这些技术都十分适合农业，这一点令人惊奇。”[22]

---

[1] 技术栈也称解决方案堆栈、技术基础设施或数据生态系统，是为实现某种目的将所需的多种技术组合的统称。

为了将这些附加值带给农民，约翰迪尔成立了一个独特的智能解决方案团队。无论从外表还是功能来看，这个新时代的数字部门都与传统业务中的创新科技初创公司无异。除了在伊利诺伊州总部设立独立部门外，约翰迪尔还在硅谷建立分支机构，成立约翰迪尔实验室，并收购了初创公司蓝河科技（Blue River Technology），以获取数字人才并紧跟最新创新成果的脚步。这样的结合，让公司获得了新的洞见和突破性的软件应用。[23] 但约翰迪尔没有就此止步，而是继续向前迈进，使用了一套数据架构，该架构能调取全球信息，同时遵守欧盟《全球数据保护条例》。该条例涉及数据处理领域，用于确保消费者隐私不受侵犯。约翰迪尔允许客户在平台上编辑数据，客户还可依照自身意愿通过约翰迪尔建立的接口添加外部数据，并借助该平台的专业顾问为农场制订计划。这些计划会生成一组具体的任务，再被传送至各农业设备，最后准确执行。通过这种方式，约翰迪尔已经成为全世界农民的一体化合作伙伴，帮助他们在种植、喷洒等领域尽可能精确、高效地制订和执行计划。[24]

约翰迪尔还利用亚马逊云服务作为其数据架构平台，在全球范围内统一用户体验，使公司生产的设备易于连接操作和跨区作业。[25] 另外，公司还创建接口，允许客户（在他们同意的前提下）与符合数据安全和治理标准的指定第三方共享数据。客户可以通过这种方式，利用土壤传感器、无人机、天气数据分析等相关技术，获取综合解决方案。[26] 2019 年，约翰迪尔与其他设备制造商达成一项协议，让不同公司生产的设备之间能够实现实时通信。[27] 这样一来，农民们便能通过约翰迪尔的操作中心或其竞争品牌运营的通讯渠道，来追踪和操作所有设备。[28]

得益于数字解决方案策略和新运营模式，约翰迪尔正逐渐成为全球农民的首选合作伙伴，这为公司未来的利润增长奠定了基础。客户对约翰迪尔的品牌忠诚度正逐渐加深，这让公司在较小市场中增加市场份额的同时，巩固了在北美等关键市场中的领导地位，大幅提高了盈利能力。公司的销售团队和经销商网络并不单纯地销售设备和数字解决方案，而是销售综合解决方案。在公司内部，数字技术骨干在领导层中的地位也有所提高。约翰迪尔 2019 年新任命的首席执行官约翰·梅（John May）此前曾担任公司的首席信息官，兼任基于软件智能解决方案部门的总裁。[29]

利用全球数据的公司远不止约翰迪尔一家。如今，卡特彼勒为了对大型工业机械进行预防性维护，开始收集数据。星巴克则为了对顾客体验进行个性化匹配而收集数据，并根据当地天气状况和购买饮品的历史信息来为顾客量身定制饮品推荐和促销优惠。而在全球化程度首屈一指的汽车行业中，许多参与者都正在构建必要的数据供应链，以推动创新数字产品和服务。

> 即使公司的现有战略和信息技术系统已经过时，但即便只掌握局部和碎片化历史数据，你仍然可以利用现有数据作为超越竞争对手的跳板。而你要做的第一步，就是为业务建立合适的数据优化运营模式。

建立数据优化运营模式

从表面上看，似乎难以将数据强加到现有运营模式上。那么，公司现在又该何去何从？

> 通过研究和为客户提供咨询服务，我们发现了 4 种各具特色的策略，可供想要将数据转化为“燃料”的公司选择。了解这些策略可以助你确定公司的发展方向，打造构建强大数字供应链的能力。

你的公司已拥有独特的资源和能力，包括客户和价值链中的已有地位等。你现在只需在以下策略中选择一种，就可以继续推行价值主张、运营策略以及合作伙伴关系，从而最大限度地扩大公司现有的全球数据优势。在能够将数据转化为“燃料”之前，你必须首先从整体出发，了解如何利用这种“燃料”为自己和客户谋利。

策略一：重新定义你的业务流程和内部运营模式

在这 4 种策略中，最常见的是利用全球数据，来优化或重新定义公司运营模式的一个或多个方面。这其中包含的机遇可谓无穷无尽，而限制这些机遇的，恰恰是领导者的创造力及其掌握的有限数据类型。公司利用现有的全球数据改变着运营的方方面面，从如何设计开发产品与服务，到如何获取原材料，从产地与生产方式到运输方式、储存、推广、定价和销售。公司价值链的每一环节都可能衍生出数百个利用全球数据来优化的机会，这同时也让公司在新问题出现时能把握机遇，更好地适应新的形势。

世界最大的化妆品公司欧莱雅建立了一个客户数据平台（CDP），通过多个本地触点[1]和合作伙伴，整理（经过消费者同意后）获取的消费者数据，将数据转入旗下品牌的全球数据平台，并以个人数据为基础建立全面的客户视图。[30]该平台还汇总了来自多个数据源的信息（经消费者同意）。这些信息包括来自亚马逊和丝芙兰（Sephora）等供应商或谷歌和脸书等合作伙伴的数据；媒体数据（匿名消费者与定向投放广告和信息的互动及对二者的反应）；第一手数据（来自欧莱雅自己的客户关系管理、电商网站和应用程序）；以及一家内容中心（高度个性化和品牌内容数字广告的储存库）。根据旗下各品牌的客群统计数据和消费习惯，公司便可以精确识别、预测和满足每位消费者的需求。举例来说，有了客户数据平台，欧莱雅可以识别旗下较受年轻人欢迎的 Nyx 品牌的客户，确认他们是否还会使用公司旗下其他产品。这样一来，欧莱雅就可以利用这一分析结果定向发布其他品牌的营销活动，从而吸引感兴趣的顾客并有效推动销售。[31]

---

[1] 触点可以指消费者与企业实现互动的所有方式，包括个人对个人、网站、应用程序等，范围涉及大部分产品服务，如信息、广告、促销等等。

除此之外，欧莱雅还会利用内部数据来推动产品的创新和细化。为了构想和创造新产品，欧莱雅与数据集成合作伙伴拓蓝公司（Talend）携手，将欧莱雅产品配方及原材料相关数据与消费者对产品性能的认知数据相结合。[32] 经处理的信息体量巨大，每天系统中都有大约 5,000 万个数据点在运行。[33] 到目前为止，欧莱雅已利用该系统协助财务部门追踪 KPI，并帮助公司研究人员开展一系列与护肤相关的主题研究。通过利用大量数据，欧莱雅的电商销售额在 2019 年增长了 49%，占到了公司全球总收入的 10% 以上。[34]

在服装零售行业，H&M 等数据分析领域的领先者利用全球数据实现了数百次运营优化，通过对不同系列服装组合和店内存货方式的改革，实现了销售最大化和成本最小化。这类公司在数据分析上投入巨资，同时通过大规模的个性化营销来提高销售额。优步和亚马逊等数字公司也在利用全球数据，为其行业的定价和促销带来改革。值得重申的是，在短短 10 年前，这些改善是不可能实现的，因为那时的公司缺乏获取全球数据的能力，也就无从想象全球数据能如何为其业务提供动力了。

在一些行业，几乎所有大公司都在利用全球数据来改善运营，这不仅是为了优化内部流程，也是为了打破公司界限，重新定义这些流程。拿制药公司来举例，从传统来看，大型制药公司会调动内部资源开发新药，经生物医学研究，建立产品开发渠道，然后推出新药品。近来，许多大型制药公司都对其研发流程进行了调整，调整措施包括与初创公司和学术实验室建立新的研究伙伴关系，利用计算机进行虚拟研发并外包给其他公司，重组更小、更灵活的众包模式[1]的研发机构。传统上，由制药公司内部的研发实验室生产的新药比例可占所有新药的62%，而今，绝大多数新药（78%）却由制药和生物技术领域的初创公司生产。[35]作为开放研发的环节之一，许多公司都正在建立和维护开放的数据池，以供外部研究人员研究合作。由于有大量数据互动，公司和外部参与者可以共同协作，将在理论上可行的解决方案和体验带入市场，而这些是公司仅凭自身力量永远无法构想和开发的。

与其说大型制药公司完全替换了传统的研发模式，不如说是以开放的模式做了补充。这种紧密的合作关系让外部初创公司受益匪浅，因为这类公司往往缺乏对成本高昂的药物做临床试验的途径，也缺乏营销和销售的专业知识技能，无法将药物送到医生和患者手中。大型制药公司也同样受益，与外界的合作可以让这些公司拓宽专业知识技能，获得更具潜力的新创意，并能更快地将这些创意推向市场，降低研发成本。当然，可购买的突破性药物的增加，也会给患者带来福音。2019年的一份研究报告表明，在最近获得政府批准的新药中，近三分之二都是由外部公司（即初创公司和小型企业）生产的。[36]同时，开放的创新模式也使制药公司在面对冲击时更具韧性。在新冠肺炎疫情防控期间，制药公司通过常用的数据平台和开放的研发模式来开发疫苗和疗法，大大提升了研发的进展速度。

为了更好地将数据转化为“燃料”，大型制药公司正把研发实验室迁移到离主要生物技术中心更近的地方，以便促进合作。这些公司正

---

[1] 众包模式指把传统上由公司内部员工承担的工作，以自由、自愿的形式，经互联网转交给公司外部的群体或机构完成。

在实行内部风险计划，鼓励员工从事小规模的药物开发项目，并创建开放式创新论坛，与外部研究人员合作。此外，这些公司也在打造卓越中心，旨在打破内部层级，用新的方法来鼓励科学家进行发明创造，并与其他开发有效数据库的公司建立研发合作伙伴关系。

为增强其产品渠道，制药巨头葛兰素史克（GlaxoSmithKline，简称 GSK）已与多个外部研发伙伴建立了合作关系。[37] 为了获取新数据，GSK 与全球最大的消费者基因研究公司 23andMe 签订合作协议，共同开发新的治疗方法。作为协议的一部分，GSK 的研究人员将对 23andMe 基因数据库中数百万匿名客户的数据加以分析、使用。[38] 此前，GSK 曾与其他大型制药公司一起加入人类基因数据组织 Open Targets 联盟。该联盟的网络平台可为研究人员提供大量公开数据，从而帮助他们找到有希望治疗疾病的新药靶点。[39] 公司还与英国生物样本库（UK Biobank）合作，英国生物样本库是一项卫生数据项目，由 50 万参与者的一系列数据构成。[40]

尽管第一种策略的效果显著，但只触及了大数据表面可能带来的潜力。要想在 21 世纪蓬勃发展，企业必须更进一步，考虑如何才能发掘全新竞争优势，并高度保护全新价值链。而接下来的 3 种策略，都可以帮助公司做到这一点。

策略二：大规模利用专业知识技能

现在大多数公司都在其运营领域拥有深厚的技术专长。如今，一些公司正在挖掘全球数据来深化这些专业知识技能，结合公司对全球客服运营的深刻认知，帮助客户批量创建解决实际业务问题的新方案。以德国电子电气工程集团西门子为例，截至20世纪末，这家公司已跻身行业巨头，产品涉及手机、助听器、电信网络和公共交通系统等多个领域。[41]然而，尽管拥有如此广泛的技术专长，西门子并非总能处于新技术的前沿。21世纪初，这家公司错过了手机成为普通消费产品的浪潮（以前，西门子主要面向公司客户设计和营销手机）。2005年，西门子公司亏损约4.5亿美元，最后将不盈利的手机部门售出。[42]

决心保持技术领先地位的西门子，于2014年公布了“愿景2020”战略，将数字化、电气化和自动化作为核心重点业务。然而，在数字化方面，西门子却面临着艰难挑战。尽管公司在设计、制造和维护领域拥有丰富、深厚的技术知识，却缺乏一种有效的方法来大规模应用这种分散的专业知识，无法与客户的业务运营联系起来，以达成商业可行的全新解决方案。后来，西门子通过创建MindSphere平台，填补了这一空白。作为一个开放的物联网应用云平台，MindSphere可将来自火车和风力发电机等设备的操作数据储存起来，并允许通过数字应用程序进行访问。通过访问这些数据，同时利用公司丰富的技术知识，西门子发现了一直未经发掘的客户跨地域运营模式，并将之转化为令人惊叹的新产品和新服务。

除了MindSphere平台本身，西门子还建立了MindSphere应用中心（本书前文有过描述）。在该中心，西门子的技术专家可与客户团队以及数字人才（数据科学家、分析师、用户体验专家等）携手合作。凭借遍及全球的广泛专业知识，西门子已成功在全球迅速实现了

MindSphere 平台的扩展，创造出新的算法、分析、见解和解决方案。在 MindSphere 应用中心，团队会思考最重要的业务挑战和机遇，与客户共同打造全新的解决方案。迄今为止，这些解决方案已经为西门子的客户带来了巨大价值，也为公司创造了新的收入来源（同时保护了旧的收入来源）。

举个例子，西门子的能源诊断服务利用海量数据提升了全球风力发电机的运行性能。西门子建造风力发电机，在当地安装，并通过每个风力发电机中的传感器收集数千个数据点，然后结合对设计和运营的专业理解进行数据分析，提供诸多建议，以帮助客户提高风力发电机的可靠性和性能，甚至延长其使用寿命。如今，西门子监控着近 8,000 台风力发电机，每天处理 200 千兆的数据。自 2008 年以来，西门子已经预防了大约 97% 的发电机潜在故障的发生，并使风力发电必要的上门服务量减少了 85%。[43]

西门子也对发电厂和公共交通系统实行了类似举措。公司每天会从每座工厂收集约 10 万个数据点（涉及温度、压力、发电转速等方面），在发电机出现问题之前诊断，以便让客户采取预防措施并提高发电机性能。西门子还从供给德国、西班牙和俄罗斯等国的高速列车中收集大量数据，利用算法来预测尚未出现的问题，并建议相关方如何最有效地维护这些设备。在未来，西门子会将其全球所有列车的数据以及有关天气、轨道状况等外部数据整合起来，以便积累认知，进一步帮助客户提高列车性能并降低成本。[44]

截至 2019 年，西门子数字产业自营公司的收入超过了 160 亿欧元，预计该数字还将实现大幅增长。[45]公司首席战略官霍斯特·凯泽告诉我们:“随着更多价值转向软件，MindSphere 应用中心在提高盈利方面也将变得越来越强大。”[46] 当然，西门子并不是唯一一家通过数据来大规模灵活运用专业知识技能的公司。荷兰油漆制造商阿克苏诺贝尔（AkzoNobel）就创建了名为 InteracVision 的咨询服务，通过该服务，公司可以利用数据和技术知识，预测航运行业的客户在船体上喷涂工业涂料后可以节省多少燃料量。同样，芬兰起重机制造商科尼（Konecranes）也会分析全球数据，以预测其生产的起重机在世界各地的作业情况，并利用其在建筑起重机作业领域的深厚知识，实现预测性维护。

策略三：为全球客户协作打造解决方案

全球数据架构和云数据平台为公司在过去无法接触的领域和地区即时部署新的解决方案提供了条件。为把握全球数据带来的机遇，许多公司正在实行第三种策略，那便是利用云平台来识别数据中的规律，找出有可能使特定客户受益的潜在创新发明，从而开发解决方案，然后迅速触达世界各地的特定客户群体，以“解锁”巨大价值。这种对云平台的利用，相当于一种以团体为基础去解决问题的新途径，通过这种方式，各个领域的专家可以以彼此的能力为基础，实行进一步构建，从而创造具有开拓性的、简洁、高效的解决方案，而这些方案仅凭独立个体难以设计出来。

法国能源公司施耐德电气，就是利用云平台来快速、大批量创建和部署全新解决方案的公司之一。在过去，这家公司曾通过一种碎片化的方式获取、存储和使用数据，根据产品服务或运营区域的差异来决定数据的使用方式。此外，这家公司还曾将数据视为“废气”，只是偶尔为优化运营而挖掘分析数据。但最近，随着数字解决方案价值的提升，施耐德电气已开始致力于开发出快速、大规模构建和部署多种解决方案的能力。

施耐德电气迈出的第一步，便是创建 EcoStruxure 平台，这是一个开放、可扩展和可交互的物联网架构，“使施耐德电气、合作伙伴和终端用户能够开发可扩展的、可融合的信息技术或运营科技解决方案，为组织或企业的各个层级提供创新力量。”[47] 这种架构使施耐德电气能够在其生态系统中广泛接触客户及其他参与者，并通过设备收集数据。客户也可以使用该平台的软件对其购买的设备进行更有效的部署（公司称之为“智能操作”），并在云端访问施耐德电气的应用程序、服务和更多资料。[48] 截至 2018 年，约有 65 万本地合作伙伴正在使用该平台，与施耐德电气合作开发全新的解决方案。2018 年，施耐德电气通过该平台对全球约 200 万套设备进行管理，同时利用平台帮助客户减少二氧化碳排放。截至本书撰写时，公司正在顺利实现 2020 年减排 1.2 亿吨的目标。[49]

在创建 EcoStruxure 平台之后，施耐德电气在 2019 年推出了另一个名为“施耐德电气交易”的平台，被誉为“世界上第一个跨行业的开放生态系统，致力于解决现实世界中的可持续发展和能效挑战。”[50] “我们一直拥有一个生态系统和合作伙伴网络，”施耐德电气首席数字官埃尔韦 · 库勒伊（Hervé Coureil）告诉我们，“事实证明，这是一笔非常宝贵的资产。随着公司走向数字化，我们希望继续保持这一趋势，因此建立了施耐德电气交易平台，让各类伙伴利用我们的平台展开合作，并为我们的客户构建解决方案。我们不想成为这个生态系统的中心，而是希望扮演协调者的角色。”[51] 库勒伊进一步指出，“没有一家公司的技术堆栈可以覆盖所有客户的能效和可持续发展的方方面面。人们迫切需要以客户驱动的研发创新生态系统，也就是说，开发技术的目的是解决具体问题，而不是为了开发而开发。”[52]

施耐德电气交易平台实际上是对 EcoStruxure 的进一步开拓，为来自不同行业和地区的更广泛的参与者提供合作条件。这是一个追求效率和可持续性的数字市场，集聚了多学科专家，利用施耐德电气提供的技术工具和资源设计解决方案。库勒伊表示:“我们会从技术与专业知识相结合的角度来看待施耐德电气交易平台，以解决客户面临的实际挑战。”客户可能会在网站上发布问题，引发平台参与者们展开对话，这些参与者会贡献自己的专业知识技能，协助客户制定解决方案。之后，只要经过初始客户同意，其他客户就可以访问这些解决方案。施耐德电气的客户能够以此接触到广泛的人才，从而加快创新速度。”[53]

得益于 EcoStruxure 的全球数据架构和云平台，只需轻点按钮，某区域客户开发出的解决方案，便能以几乎实时的速度传给其他地方的客户。各公司可利用出售数据、数据分析以及由分析产生的具体认知和措施，用户也可以通过这些认知获得的益处，来从 EcoStruxure 和施耐德电气交易等平台获利，实现变现。到目前为止，施耐德电气已在 EcoStruxure 和施耐德电气交易平台上销售具体解决方案，并将这些方案打包成服务提供给客户以从中获益。早期数据表明，施耐德电气交易平台取得了成功。在推出的短短几个月内，就有超过 3 万名参与者加入了该平台，创造了 1,000 多种新的解决方案。[54] 正如施耐德电气首席创新官埃马纽埃尔·拉加里格告诉我们的，公司认为这一交易平台可以带来独特竞争优势，公司将目标瞄准了那些为极其复杂的能源相关问题寻求解决方案的客户。[55] 库勒伊表示：“以合作伙伴为中心的我们明白，公司必须提高整个生态系统的国内生产总值，我们想要通过规模化和数字化的方式来实现这一目标。”[56]

策略四：专攻大型价值池，创建新业务

不仅行业内的现有公司可以通过全球化数据和将数据转化为“燃料”获得优势，新加入的公司也可以将数据作为一种策略来颠覆现有参与者并获取价值。以航运业为例，正如我们所看到的，20 世纪全球化的兴起一定程度上要归功于成本更低廉的运输，这使公司可以在低成本国家大规模生产产品，并送往世界各地的市场。然而，尽管全球物流业规模已达约 5 万亿美元，却远远谈不上高效。[57] 客户无法实时追踪供应链的发货情况，因此无法优化其运营环节（如根据需求保持动态数量的仓库值班人员）或库存。各公司必须与不同的合作方签订合同来处理、装载和运输货物，如果难以与这些供应商协调统筹，公司也无法始终确保这些供应商能为自己的行为承担责任。运输实体产品的繁琐程序拖累了贸易速度，每次运输都会产生至少 30 份纸质文件，其中许多文件包含的信息是重复的。

位于旧金山的 Flexport 是一家成立于 2013 年的小型货运代理初创公司，一直致力于通过最先进的数据分析平台来解决上述问题。

Flexport 推出了一项名为 OceanMatch 的产品，当某家公司客户的采购数据上传后，OceanMatch 能帮助公司整合货运信息，填满原本空出的集装箱位置，从而降低成本。客户可以持续追踪货物在世界各地的运输情况，从而清楚得知货物何时到达。数据分析使供应链变得更加透明，客户们可以了解集装箱的实际使用率、运输产生的碳足迹量以及总运输成本，从而做出更明智的决定。[58] 借助 Flexport 的服务，一家管道设备公司的运营变得更加高效灵活，降低了 10% 的运输成本；另一家欧洲智能旅行品牌的运输成本也实现了 35% 的月增长率，几乎从未出现缺货情况。[59] 截至 2020 年，Flexport 在 116 个国家拥有近 1 万名客户和供应商。2018 年，公司的营收达到了 4.41 亿美元。[60]

大型老牌公司也开始利用全球数据，或将注意力集中于现有价值池，或创建全新价值链向行业发起挑战。2017 年，英荷油气巨头壳牌公司（Shell）认识到，使用“智能传感器和新一代数据分析”来帮助客户最大限度地利用车队，其中蕴含着巨大的潜力。[61] 试想你是一家建筑公司的老板，经营着一支由几十台挖掘机、卡车和其他大型设备组成的车队。壳牌的理念是为你提供一个可通过磁力附着在设备上的小黑盒，盒子中的传感器会搜集信息，分析这些信息后，你可以减少设备闲置的时间，优化保养程序，或采取其他措施。该策略为客户带来了更高的效率和更低的成本。之后几个月，壳牌成立了一家名为 MachineMax 的公司，并在英国在商业上实现了这一价值主张。[62]

构建你的数据架构

一旦考虑好如何从战略上最有效地利用全球数据推动业务发展，下一步就是通过设计数据架构或供应链来优化数字运营模式。

数字供应链具备诸多要素，包括客户与公司的双向连接、数据和软件应用程序的云数据及其存储能力、分析能力、可处理数据并创建数字解决方案的全球远程专家团队、助力开发解决方案的第三方研发者以及配送各类与产品服务相关的实体产品的物流供应商等。

在构建数字供应链时，公司可能很难将全球各地站点生成的所有数据整合起来，以构建出业务的整体图景。随着越来越多的公司建立起数字化的运营模式，数据来源和类型的数量均出现了指数级的增长，并变得更加多样化。[63] 但从另一方面来说，技术的快速进步也为更强大的整合提供了条件。对于亚马逊、声破天和奈飞这样的数字公司而言，通过整合数据来实现真正的数据全球化是最为便捷的方式，因为这些公司从创立伊始便建立了全球数据架构。相比之下，老牌公司必须在已有的传统信息技术基础设施之上或之外建立自己的全球数据架构，因为这些公司过去很少在全球范围内实现整合，而这绝非一项简单的任务。

此外，不同公司的全球数据架构并不是通过同样的方式创建的。隐私权法和公司追求的战略目标可能要求其架构要用不同的方式对数据进行收集、存储、分析、分享、转移、可视化、查询和更新。老牌公司在创建数据架构时，还会考虑到现有信息技术资产的性质、公司将会产生和存储的数据结构以及公司内部与数据相关的现有文化惯例等多种因素。与一些已开始构建数字架构的公司讨论后，我们发现公司在构思数据技术处理时必须做出以下三个高层决策：

首先，公司必须决定如何为数据打造平台，尤其要关注是否需要合并老旧的遗留数据库系统。对拥有大规模遗留数据库系统的公司而言，整合这些系统所需的成本和时间令人望而却步。幸运的是，建立所谓的分布式数据和数字平台是一条有效的捷径，这种架构只在现有的核心体系中保留主数据和一些基本的交易数据，同时会将其他适合用来分析的数据转移到新平台，可供全球访问。

一旦公司建立了一个数据平台，就必须判断如何让数据流进入平台。是否应该建立一个开放的架构，将内部数据与来自社交媒体或其他第三方的外部数据结合起来？还是应该建立一个封闭的体系结构，只使用内部数据，从而不必设置与外部世界联通的界面？这些问题的答案取决于公司希望采取的战略和希望提供的解决方案。惠而浦选择为其全球数据平台建立一个开放式架构，致力于打造生态系统，并与其他平台合作，提供一系列增值服务。[64] 与之相反，西门子的MindSphere 却是一个目标明确的半封闭式平台，旨在收集专有数据，并将这些数据与公司的技术专长相结合，为客户提供独一无二的解决方案。这两种战略都可以产生数据优势，考虑到激烈的竞争环境，企业必须谨慎选择最合理的方案。

第三个决策与人才有关——公司应该自己雇佣技术人才，而不是通过第三方供应商。外包正成为一个越来越有吸引力的选择，数据架构的产业规模已高达750亿美元，并且正在迅速增长。[65] 有些公司倾向于依赖第三方供应商，而另一些则选择将其大部分架构置于公司内部，这不仅是出于安全考虑，也是为了更好地集成其数据源，同时允许用户使用一个密码登录多个系统。在考虑哪些资源应保留在公司内部时，领导者应该寻求能够保护数据架构的要素，这样数据架构才能为公司提供当下或未来的竞争优势。

给领导者的建议

未来几年，全世界的公司都必须正视数据的重要性：数据是全球竞争优势的重要来源，也是提高公司韧性的手段。收集和利用的客户数据越多，就越容易实现前文描述的创新数字价值主张。拥有的员工和团队数据越多，内部运营就会越发高效和灵活，也能更有效地优化业绩。一位数据专家告诉我们，亚马逊能够通过众多的数字触点密切了解客户，并为客户提供个性化服务，因此，与沃尔玛和其他只追踪消费者在实体店内的购物模式的零售商相比，亚马逊拥有巨大的优势。奈飞和优步也从一开始就以数据收集为业务核心，以便日后向消费者提供更有针对性的服务。

尽管我们在本章和其他章节列举了诸多实例，但对于许多公司来说，要将其数据整合成这样一个功能强大的数字供应链，还有很长的路要走。一项研究发现，绝大多数公司数据（超过四分之三）仍是碎片化的，“这些数据要么彼此隔离、分散，要么以多份副本的形式零散分布在组织的信息技术系统中。”[66] 一些数据专家指出，组织内部质量参差不齐的碎片化数据，阻碍了其将有价值的智能解决方案移至网上。有人形容，这种情况就像拥有一辆法拉利跑车，却缺少合适的燃料。[67] 在评论“大量数据碎片化”现象时，一位专家曾警告，“信息技术的领导者、组织者甚至消费者都不知道，在个人设备、数据中心最大的存储序列，或是亚马逊 S3 这样的高人气云储存服务里，存在着大量的企业和个人数据。”[68]

为了开发一个功能强大的全球数据架构，请认真思考本章探讨的 4 种策略，并决定优先选择和采取哪一种策略。同时，也请考虑以下问题：

1. 对于你的公司而言，通过数据创造价值的最大机遇在哪里？此外，考虑到这些机遇的成本和你目前的能力，哪些应用程序或用例[1]最可行，哪些的潜力最大？

2. 你的公司如何才能更好地抓住这些机会？你需要哪些数

[1] 在软件和系统工程中，用例一词多义。在此指系统接收外部请求并做出响应。

据？为了构建所需的基础架构，你需要投资多少？你的公司可以访问哪些数据，你需要从其他公司获取哪些数据？应该将数据存储于何处，以何种形式存储？

3. 在全球数据领域，你目前拥有哪些能力和专业知识，又在哪方面有所欠缺？你的公司在业务和功能上的数字化成熟度是怎样的？员工在理解、管理和操作全球数据集方面是否有足够的经验？

4. 你该如何构建强大的数据管理能力，才能让客户相信他们的数据是安全的？在你运营的地区存在着哪些数据本地化和安全方面的法规？在你的公司中，存在着哪些数据收集、存储和使用的现存规则？在构建全球数据架构时，你要对这些规则进行哪些调整？

在本章和之前的两个章节中，我们回顾了跨国公司为了在21世纪蓬勃发展所必须整合的运营资产。但是，如果领导者不能从内部实行自我改革，就无法有效地设计和利用这些资产。领导者必须改变组织团队的方式，培养不同类型的人才，并以新的途径吸引这些人才。另外，领导者还必须通过更宏观的角度来经营自己的业务，努力提高自身的总体社会影响力，而不只着眼于股东回报最大化。让我们探索前沿公司正在迅速施行的重大内部改革吧。首先从最重要的利益相关方——客户开始，这些前沿公司围绕客户组建了更加灵活、反应更快的团队。

本章洞见

- 前沿公司正在构建强大的全球数据架构，将数字信息这一“燃料”转化为更高效的流程，更合宜的定价以及更有价值的产品、服务及体验，从而实现超越。这些数据架构实现了用户与世界各地的平台和合作伙伴的完美连接，为 21 世纪的企业搭建了一种新型供应链，通过战略性设计来推动增长并释放大量价值。
- 即使公司的现有战略和信息技术系统已经过时，但即便只掌握局部和碎片化历史数据，你仍然可以利用现有数据作为超越竞争对手的跳板。而你要做的第一步，就是为业务建立合适的数据优化运营模式。
- 通过研究并为客户提供咨询服务，我们发现了 4 种各具特色的策略，可供想要将数据转化为“燃料”的公司选择。了解这些策略可以助你确定公司的发展方向，打造构建强大数字供应链的能力。这些策略是：(1) 重新定义你的业务流程和内部运营模式，(2) 大规模利用专业知识技能，(3) 为全球客户协作打造解决方案，(4) 专攻大型价值池，创建新业务。

- 一旦考虑好如何从策略上最有效地利用全球数据以推动业务发展，下一步就是通过设计数据架构或供应链来优化数字运营模式。这需要 3 个高层决策：（1）如何为你的数据打造平台，（2）如何组织数据流，以及（3）如何寻找技术人才。

PART 3

超越组织

Organizing Beyond

第七章

专注、快捷、扁平

跨国公司不仅受到传统信息技术的束缚，还易因组织形式使自身陷入官僚主义的泥潭，对瞬息万变的客户需求反应迟缓。想要在21世纪获得增长，公司就必须超越熟悉的矩阵式组织结构，以更加灵活、更灵动的方式重新配置。

随着领导者对创新数字策略的采纳，公司组织也需要随之进化。我们已经看到，互联网用户的要求比以往任何时候都高，他们期待最新、最具创意的产品，需要更加精细的集成解决方案和更丰富的体验。然而，绝大多数公司的宗旨并不是快速响应客户，而是着眼于提高效率，因此，如今很多大型跨国公司无法以足够快的速度满足不断变化的客户需求。

为了保持竞争力，公司必须在其传统组织之外新建统筹与协作的新层级。公司必须在团队组建和资源分配方面更具活力和流动性，甚至像阿米巴变形虫[1]一样具备强大的变形能力。所有这些，都是为了与客户保持密切联系，以及实现公司的关键使命或存在价值（我们将在下一章讨论这个话题）。

要想了解非传统组织模式的可能形式，我们可以看一看字节跳动这家中国互联网技术初创公司。字节跳动因高人气内容平台“抖音”和“今日头条”为人熟知，在积极的全球化战略的推动下，截至2019年，字节跳动完成了74.5亿美元的融资（到2019年11月，字节跳动的产品已支持75种语言，推广至150多个国家）。1 从创立之初，字节跳动就旨在提供高速、敏捷的客户响应能力，这种能力与字节跳动管理研究院的李墨稼所说的“创业心态”相结合，构成了撑起如此巨大增长的组织结构。2

字节跳动没有采取各层级间贯穿着多条问责关系的严格的金字塔式框架，而是保持了一种扁平化的结构，首席执行官之下设有两个管理层，由一百多名高管构成。公司环境民主，各级员工都在开放式的办公室工作，在交谈中避免使用“老师”和“博士”等常用称呼，在工作时也不必在意对方的官方头衔。此外，字节跳动高度协作且灵活的工作方式（详见本章后文）以及对等级概念的淡化，都在鼓励员工

[1] “阿米巴”(Amoeba)的拉丁语意为单个原生体，属原生动物变形虫科，虫体可向各个方向伸出伪足，使形体变化不定，故得名“变形虫”。著名企业家稻盛和夫曾提出“阿米巴经营管理模式”，即企业组织可以随着外部环境变化而不断“变形”，调整到最佳状态，以适应市场变化。

自主掌控项目并推动项目前进，而不必费心寻求老板的批准。字节跳动创始人兼前首席执行官张一鸣曾解释，他的公司相信员工能做出明智决策的能力。[3]

为了进一步提高客户响应能力，字节跳动的员工自行组建了多个流动的跨职能团队，专门负责具体的计划或流程，如管理公司的某个平台、将新应用推向全球等等。[4]字节跳动的扁平化结构让员工对公司拥有全面而独特的洞察力，可以根据自己的意向和公司的需要实行轮岗。合作跨越的地域范围也很广，外国团队和管理者可与中国的开发人员远程合作。目标及 KPI 工具通过公开每个人的目标来调整组织目标，为提高效率，每两个月还会更新一次。

在开发新产品时，字节跳动积极利用公司内部常见的日常对话中的“段子”。员工通过内部交流平台提出对新产品的想法，同时也通过网络交流工具组建非正式虚拟团队来开发产品。原本的团队最终会发展为更加复杂的跨职能小组，致力于将产品推向市场。只有到了成熟的后期阶段，这些团队才会正式固定下来，并分配给某个现有部门。强调这些“段子”，可以让员工从日常工作中解脱出来，大胆创新，从而使整个公司都能对新机遇保持警觉并迅速做出反应。[5]

字节跳动拥有 5 万名[1]员工，其流动性和灵活性是大多数老牌跨国公司无法比拟的。但就如我们将会在本章中看到的，一些前沿公司正在实行重组，从而大幅提高运营速度和对客户做出响应的灵敏度。这些公司正努力在 3 个领域中尝试，它们彼此互补又紧密关联，这 3 个

[1] 此为本书撰写时的数据。

领域分别是（1）以客户为中心的团队，（2）敏捷的工作方式，以及（3）水平结构使能平台（包括数据、技术和流程），这些平台能够加强跨界合作，跨公司共享知识，让公司变得更具适应能力，能够充分发挥公司的规模优势。

过去，企业曾尝试组建以客户为中心的一线团队，但只针对具体项目（比如正在推进的某项新业务）进行一次性的尝试。现在，很多公司已经采用了敏捷灵活的流程，虽然仅限于与信息技术相关的领域。企业必须将以客户为中心的敏捷团队设为组织内部的固定要素，还必须通过有效利用使能平台来为这些团队提供协助。此外，这些企业也必须赋予一线团队决策权及经济责任，这样，团队成员才会有动力去全面、快速地解决客户问题。为了给反应敏捷、以客户为中心的组织注入强大的动力，公司领导者应掌握新的技能和方法，并建立强大的数字文化，为培养新的工作方式给予大力支持。

在未来几年，现有公司必须采用以下 3 种彼此交织的策略——以客户为中心的团队、敏捷的工作方式，以及支持水平结构的平台，同时培养支持性的领导技能和公司文化，以更新组织结构。否则，可能会影响公司实行本书中其他策略的能力。

无论如何，那些流动性和灵活性更强的公司，正把自己转变为能够利用新数字价值池的“创新发电机”。借用荷兰国际集团银行（ING bank）的前德国业务首席执行官尼克·于（Nick Jue）的话，如今这些经过改造的跨国组织仍是“大象”，但终将变得“像灰狗一样敏捷灵活”，能够与最灵敏、最具创意的数字公司一争高下。[6] 在本章的最后，我们会提出建议，告诉你如何着手将公司转变成一头速度更快、响应更灵敏的“大象”，从而推动创新增长战略。

关注客户

为了探索前沿公司建立的以客户为中心的团队，让我们继续关注荷兰国际集团银行。正如我们在前面的章节中看到的，轻资产的数字银行业迅速地颠覆了大型商业银行。2010 年至 2017 年，美国数字银行的小额存款年增长率为 11.3%，远远超过了全国性银行（6.3%）和地区性银行（3.3%）。[7] 2018 年的一项大数据调研发现，超过一半的消费者表示与银行机构相比，他们更信任一家或多家科技公司，希望让它们来管理自己的资产。[8]“优步和天巡网（Skyscanner）等公司便是客户期望值的标杆，”一位银行业高管这样评论，“其他行业的人办事效率如此之快，这影响了我们银行业的运营方式。”[9] 未来几年，金融科技必将吞噬更多业务。目前，作为行业挑战者的数字公司约占行业营收的 3% 至 5%，但 BCG 估计，到 2025 年，这些公司可能会占到总营收的一半之多。[10]

数字革新者拉高了客户期望值，面对它们所带来的威胁，荷兰国际集团银行总部的领导者本可以依仗着公司强劲的财务业绩，对变革的必要性嗤之以鼻。但值得称赞的是，他们选择了大胆行动，这也与荷兰国际集团银行的雄心壮志完全契合。

2014 年，荷兰国际集团银行发布了一个新的愿景：在银行业实现“全球数字领导地位”。[11] 集团首席执行官拉尔夫·哈默斯（Ralph Hamers）此后表示：“我们想成为一家拥有银行资质的科技公司。”[12] 领导者们认识到，这种转型无法一蹴而就，需要根基扎实的组织结构变革。时任荷兰国际集团银行荷兰业务首席执行官的尼克·于指出，这种转型将从根本上改变组织内部工作的性质，包括协作、人员赋能以及公司文化的改变，一直扩展到“组织中的每一个细节”。[13] 我们将会在本书最后一章看到，21 世纪对变革的需求是无限的，就如荷兰国际集团银行一直以来的努力一样，未来的公司，也必须熟悉永续转型。

荷兰国际集团银行所致力的关键，就是脱离矩阵式组织结构，组建以客户为中心的小型团队，与本地市场保持联结。矩阵式组织结构出现于 20 世纪七八十年代，是一种由多重问责制和汇报关系所定义的金字塔型等级结构，通常跨越领域、地域和职能范畴。自从采用矩阵结构以来，领导者就面临着一系列由组织混乱和官僚主义盛行带来的意外后果。[14] 虽然如此，跨国企业仍然坚持矩阵模式，这是因为随着全球化的发展，业务变得比以往更加广泛和复杂，而这些企业将矩阵模式视为一种保持高效的控制手段。如果你的业务跨越许多国家，那么在特定国家或地区复制组织结构，便能通过一定程度的标准化来促进决策的制定。与此同时，在地域、产品功能和产品结构层面保留等级制度，也有助于公司维护其对运营的监督。遍布全球的产业信息是分散而零碎的，你必须在不同的地域或产品结构内建立管理层级，将信息汇编成报告发给高层，以便督促经理担起相关责任并做出明智的决策。

尽管矩阵结构有种种好处，但其宗旨并不是关注客户及其需求。在绝大多数矩阵结构中，营销、销售、服务和其他领域的运营商都各自抱有对于客户的片面认识。产品、地域或功能已成为主要关注的焦点，因为这些都是损益表上的“常客”。公司内部的筒仓效应[1]和官僚主义进一步阻碍了对客户的认知。[15]在荷兰国际集团银行荷兰总部，筒仓效应使领导者和团队无法真正地认识和理解客户。公司的员工被分配在不同区域、不同办公楼和不同城市的职能中。激励措施虽与专业知识领域相一致，却无法契合多学科融合的团队模式，员工们也只顾追求自己的个人业绩目标。

为了解决这些问题，荷兰国际集团银行花费三年时间，对数千名专业人员、销售和呼叫中心员工进行重组，将他们分为数百个“小分队”，也就是从头到尾负责某个客户相关项目的小型团队。这些小分队属于不同的“部落”，每个“部落”都致力于一项大任务，而小分队成员也根据各自的专长被进一步划分为“分会”。每位成员仍然要向多个领导汇报工作，包括分会领导和小分队领导，但分组的目的不是为了让员工完成每年的个人目标，而是一同完成短期团队目标。另外，他们还根据个人对小组业绩的贡献（通过360度评估考核来衡量）和自身技能的提高（由分会领导评定）对员工进行评估。[16]

---

[1] 筒仓效应也称谷仓效应，指企业或社会上的组织的内部各部门像一个个谷仓，因缺少沟通、未能建立共识而无法和谐运作的现象。

荷兰国际集团银行的转型最初发生于荷兰的小额存款旗舰业务中，该业务约占其全球零售银行业务的 40% 左右。[17] 转型后，银行还将敏捷的工作方式和以客户为中心的团队引入其他地区和业务单元。这些同地域协作的多学科分队在很大程度上消除了筒仓效应，使不同职能部门的员工和领导者能够将注意力集中在客户价值之上。即使在像信息科技这样的后端职能部门，工作内容也愈发偏向以客户为中心。随着信任的加深和等级制度的淡化，员工们能在遇到挑战时更加敏捷地做出响应。

在引入以客户为中心的团队时，荷兰国际集团银行的注意力主要集中在特定市场的分支机构层面，而联合利华已经迈出下一步，开始在全球范围内实行重组，以便更快实施决策，对消费者不断变化的需求做出更及时的响应。近几十年来，一些大型的跨国公司在本地市场建立了强大的全球品牌，主要专注于全球化的思维和行动，而联合利华等公司却采取了“将思考全球化，让行动本地化”的策略。也就是说，这些公司会努力发掘新型产品和服务，在几个市场试点以验证效果，然后将这些创新注入世界各地的市场，再进行一定程度的本土化，以适应当地的需求和品味。本土初创公司不仅务实、灵活，且能够适应快速多变的消费者需求。在发现自家品牌受到了这些初创公司的挑战后，联合利华彻底颠覆了惯用的模式，进行了重新改组，秉承本地化思维（以应对消费者不断变化的需求），并采取了全球化的行动（从而大范围应用其优势）。[18] 作为“增长互联”计划的一部分，公司已经创建了 240 个国家级业务团队（CCBT），这些跨职能的创业团队不仅拥有完全决策权，而且自负盈亏。[19]

在描述这一全新的组织概念时，子公司印度斯坦联合利华有限公司董事长兼董事总经理和联合利华南亚主席桑吉夫·梅赫塔（Sanjiv Mehta）告诉我们，这些国家级业务团队的功能与“迷你董事会”无异。[20] 这些团队负责日常运营的各个方面，因此可以对当地市场的变化做出更快的反应，并迅速推出与当地文化相关的创新。[21] 例如，印度斯坦联合利华就有 16 个这样的团队，均由年轻的跨职能管理者领导。[22] 领导者专注于为这些团队赋能，为其提供所需资源，使团队像初创企业一样在当地市场运营并成长。领导者可以通过委派日常职责，专注于长期目标、无机增长[1]机遇和干扰管理[2]。[23] 随着对当地消费者需求的理解加深，团队可以利用联合利华的全球规模，在整个组织架构中寻找最佳解决方案。了解印度文化和地区异质性的桑吉夫·梅赫塔，发起了“印度多地取胜”（WiMI）战略，将印度划分为 14 个地区集群。[24] 每个集群都可以对其产品主张、供应链和媒体部署进行个性化调整，从而做出更快的决策，创建更紧密的消费者联系，并对区域竞争品牌做出快速反应。“印度多地取胜”集群被作为区域业务团队来运营，通过与国家级业务团队合作，将印度斯坦联合利华打造得更加敏捷和灵活。得益于这种组织结构，公司加快了决策过程，也提高了推出创新发明的速度。

为了进一步提高响应速度，联合利华的领导者们还采取了另外 2 项措施。首先，他们将组织结构扁平化，将从首席执行官与一线员工之间

[1] 无机增长指通过兼并、收购和接管等方式获取新业务，取得增长，与增加客户和订单等方式的“有机增长”相对。

[2] 干扰管理是对客观世界的随机事件对公司和机器系统等产生的影响和干扰的管理。干扰管理有助于管理者即时采取应对举措。

的 13 个管理层减少到了 6 个，并计划进一步缩减。公司摒弃了区域管理这一 20 世纪跨国公司的标志。主要国家级业务团队的主管现在已不再向中级区域经理汇报，而是直接向全球首席运营官尼廷·帕兰吉佩（Nitin Paranjpe）汇报。他可以更快速、有效地根据当地团队的需要调配资源，无需应对繁文缛节。帕兰吉佩解释说："我们不是在东南亚这样一个大地区内优化资源配置，而是在全球范围内进行优化，或者按照我们的说法，我们有条件让行动全球化。"[25]

其次，联合利华对一些关键业务功能实行了去中心化，旨在让这些功能与当地团队和消费者联系得更为紧密。联合利华在许多领域采用全球平台，并在运营过程中，在全球范围内不断受益（我们稍后讨论这个话题）。与此同时，联合利华还采取了战略性措施，将电子商务和营销等过去位于全球总部的职能转移到最需要该职能的地区。这样的重新配置使这些职能实现了规模化运作，同时也将各职能的雇员从更有距离感的总部思维中解放出来。创新业务和供应链等职能被并入国家级业务团队中，以便拉近与本地业务和市场的距离。与矩阵结构不同的是，国家级业务团队掌握了部分研发预算的正式控制权，从而能够更快捷地将当地消费者渴望的产品和服务推向市场。正如帕兰吉佩所指出的，即便是像数据和管理这样的跨国职能，"也必须以有利于当地市场的心态去构建"。[26]

从整体来看，这些调整大幅提高了联合利华的反应能力。截至 2018 年，联合利华产品的上市时间比 2016 年加快了 40% 到 50%，进行中的试验和合作也比以往更多。[27] 2016 年，联合利华的营业利润率为 14.8%；而到了 2019 年，这个数字已经达到 16.8%。[28]

敏捷的工作方式

将团队从以产品为中心调整到以客户为中心，这一转变，取决于是否接受新的敏捷工作模式。

几十年前，已故BCG前首席执行官约翰·克拉克森（John Clarkeson）就指出，比起管弦乐队，21世纪的公司与小型爵士乐队更为相似。公司成员必须随机应变，为实现共同目标而努力，而不是遵循死板的脚本。[29]克拉克森向来有先见之明，这句话说得很对。为了走在瞬息万变的技术、消费者需求、政治条件以及社会期望值前面，如今跨国公司的团队必须像爵士乐队一样，有能力随时进行快速转型、试验和迭代。在面对意外挑战时，爵士音乐家是韧性的化身，而公司也可以具备这种能力。

敏捷的工作方式恰恰为这种能力创造了条件。近几十年来，敏捷理念被引入软件开发团队，以推动创新。它能动员小型跨学科团队，激励团队在短期或冲刺期对新产品和服务进行快速迭代和优化。[30]在传统的矩阵结构中，团队会在产品发布前做详细的测试，而敏捷团队则秉持着一种快速失败的心态来迅速打造出最简化的可实行产品。敏捷理念还包含了一些其他策略，比如让客户试用最初版本的产品或服务，以及让团队成员在同一地点办公。[31]这些团队就好像美国军队中隐蔽在敌后的组织严密的小规模特种作战部队一样，它们具有高度的敏捷性，并拥有多种技能和运作方式，当问题出现时，可迅速现场制定解决方案。如果公司想要为新一代全球客户打造具有突破性的解决方案，这样的高效团队是必不可少的。

如今，许多大公司都在敏捷之路上奋力前进，但真正看到显著效果的公司寥寥无几。[32]在荷兰国际集团银行荷兰总部，领导者们采用了敏捷的工作方式，鼓励团队快速迭代、全力冲刺。这些方式能在新产品或服务实现规模化之前扫除缺陷和漏洞。自 2014 年以来，荷兰总部将新理念推向市场所需的时间变得越来越短。这家银行从以前的每年推出多个产品或服务，变成现在每隔几周就有新的产品服务推出。[33]拥有 1 万多名员工的荷兰护理公司博组克（Buurtzorg），已重组为多支高度自治的一线团队，团队皆由十几名涵盖多科的护士组成，分别为不同地域提供服务。[34]公司的管理依靠的不是一批中层管理人员，而是通过教练在各种团队中传播最佳实践方法，并提供有助于决策制定的培训和工具。[35]这种管理方式的目的，是要把团队从官僚主义中解放出来，允许团队在可调节的界线内自我管理。[36]近年来，这套体系带来了可观的成效，让公司在 2011 年到 2015 年间，有 4 年都被评选为“荷兰最佳工作场所”。[37]“我们感觉更加自由，更被认可，也有权充分掌控如何为客户提供最好的医疗服务，”一位员工这样说，“现在我们不必再与令人抓狂的繁文缛节打交道，而是可以做自己热爱的事，那就是为客户提供护理和关爱。”[38]

一些前沿公司正在使用敏捷方法来保持与内外部客户的紧密联系。

金融服务公司富达国际（Fidelity）在2017年开始试用敏捷方法，为了提供“金融服务行业最佳客户体验”的长期目标。[39] 与荷兰国际集团银行一样，富达国际创建了一个更加灵活的组织结构，调动小型、灵活、自主的团队来改善客户体验。敏捷方式的推进使公司的营销和创新职能得到改善，让公司得以迭代广告营销，吸收客户意见，同时加速新产品和服务的开发，以响应外部趋势。

除此之外，领导者们也在公司内部试行了敏捷模式，以改善终端用户的体验和公司内部的效率。富达国际的内部审计团队已经开始尝试，他们将审计人员组成专门的小型团队，在两周冲刺时间中与被审计的业务团队协作。尽管推行敏捷模式需要业务团队提前并频繁地输入信息，但敏捷模式在加快审计过程和提高透明度方面作用显著，在整个审计结束前也没有出现意料之外的情况。意识到这一点之后，团队完全支持这一改革，审计组的领导也同样对此印象深刻。敏捷模式的试运行加强了业务团队和内部审计团队之间的信任，并通过打造职业发展权益为审计人员重新注入活力。2019年年初，公司全部的内部审计小组都采纳了敏捷模式，目前正在设计最适合公司全新工作方式的KPI。[40]

老牌跨国公司力求在应对挑战时更加敏捷：既要做到敏捷，又要维持公司的跨国规模优势。当所有团队成员都在同一地区工作时，就已经难以维持敏捷工作的流程。而当成员分散在世界各地并且只能依赖虚拟方式沟通时，面临的挑战将会更大。

为了解决这个问题，前沿公司正在尝试所谓的“分布式敏捷模式”，这种尝试可以同时拥有敏捷模式和全球规模的益处。从跨国汽车公司、投资银行，再到信息技术巨头，许多公司都已成功运用了分布式敏捷模式。一家欧洲的飞机制造商在职能开发领域大规模实行了分布式敏捷模式，其中三分之二的团队（软件开发人员）位于印度，另外三分之一则在欧洲从事以产品为中心的研发。刚开始时，所有成员都聚集在同一个地点，生成了一个分布式敏捷模式运营手册，此后使用数字工具展开协作，如数字 scrum 任务板[1]、远程会议和云端开发平台。社区的创建还使团队成员无论身在何处都能够共享信息。得益于此次改革，公司产品的上市速度缩短了 50%，解决产品问题的速度也提高了 20%，这些都是在没有牺牲大型离岸软件开发团队成本优势的前提下实现的。

构建横向平台

面向客户的团队和敏捷工作方式使公司能够通过消除传统边界和筒仓效应，更快地满足客户需求。在这样的组织结构中，仍然存在严格界限，只是现在定义团队并将其区隔的要素是客户，而不是产品或地域。

为确保跨界合作的顺利进行，以支持面向客户的团队并利用大型企业的规模优势，前沿公司正在构建新的横向使能

[1] scrum任务版是敏捷方法的一种工具，帮助团队更一目了然地看到冲刺时期的待办事项。

平台，这种平台能将数据、技术和流程均涵盖其中。[41]

我们再次以巴西最大的化妆品公司纳图拉为例。为了增强其美容产品的零售能力、扩大全球产业以及吸收当地人才、知识和经验，纳图拉开始实行大胆的收购战略。他们收购了澳大利亚零售商伊索公司和英国零售商美体小铺，这两家公司与纳图拉自身可持续发展方面的价值观高度契合。不久前，纳图拉又完成了对雅芳的收购，一跃成为世界第四大美容集团。纳图拉集团董事长兼首席执行官罗伯托·马克斯表示，在整合这些新收购项目的过程中，纳图拉的领导层发现了一个机会，那就是“从头创建一种管理和运营结构”的机会。[42]

纳图拉的领导层明确坚持不采取传统跨国公司（MNC）的结构，以免被收购的公司在并入时不同程度地失去原有的个性。在制定备选方案时，纳图拉有 3 个优先考虑事项。第一，领导者们希望打造一种组织架构，其基础是公司与利益相关方建立的亲密而强大的合作关系，这是由来已久的传统。第二，领导者们寻求的是一种为创业精神留出更大空间的组织结构，摆脱流程繁琐的、由中央驱动的大型公司作风。第三，传统跨国公司将总部发布的指令看作重中之重，但纳图拉的领导者们决定向这一做法发起挑战，通过资源配置努力为各业务打造重心。总体来说，他们希望公司能够尊重每个品牌独特的竞争优势，赋予其自主权，在减少官僚主义的同时使品牌之间实现紧密而顺畅的协作。

公司领导层最终确定了集团结构，并创建了“纳图拉集团”这一集团品牌，允许各家子公司自主经营。为了在确保子公司跨界协作的同时对规模经济加以利用，领导者们打造了 3 种各不相同的支持横向合作的平台，将子公司联系在一起，其中每个平台的整合方式都有所不同：

- “卓越网络”平台于团队需要某个具体优先职能时创立，致力于增强整个团队的能力。最初，这类平台存在于 3 个领域：（1）可持续性，（2）数字化，（3）零售。公司会选出一名主管来协调公司各级主管，以阐明小组的共同议程。主管参与的时间约为每月 2 到 4 天。
- “功能网络”平台创建于采购、人力资源和投资者关系等领域，这些领域不仅存在协同效应，而且可由单个职能团队来制定适用于整个集团的政策。公司的职能负责人也能担任特定职能团队的领导者（例如，伊索的首席人力资源官也是人力资源团队的负责人），这种情况被称为“双重身份”。“功能网络”的设计目的是，在无须创建庞大而僵化的中央职能的前提下实现整个团队的规模经济和标准化。这种平台处理的均是具体项目，每月需要 8 到 10 天的冲刺时间。
- “集团中心”平台是最具综合性的协作形式，将集团内部的财务和法律等职能集中起来，以便整合和执行集团流程，并监督绩效。为了进一步确保跨界的顺畅合作，纳图拉集团成立了一个由各公司高层领导组成的集团运营委员会（GOC）。委员会每季度开两天会，以敏捷的方式工作，帮助集团旗下各公司在创新等有影响力的议题上保持一致。

虽然其中一些策略尚在实行过程中，但早期成效表明，这种更加灵活、流动、基于平台的跨界结构，为各种想法的互动提供了条件，催生出卓有成效的合作。

就如纳图拉的案例所示，使能平台包含具体的功能或业务流程，也可能涵盖能够满足消费者新兴需求的底层技术和数据。尽管传统上对监管和控制的需求阻碍了公司组建横向、位处第一线和以客户为中心的团队，但新的数据和技术平台为此提供了条件。本地团队不仅可以利用大量全球数据设计新的解决方案，且平台算法也能将五花八门的碎片化数据集转换成一致的、连贯的数据流，从而辅助决策，让领导者能够从第一线实时获取绩效数据。借助这些数据和算法，领导者可以绕过诸多管理层，追踪与其相距甚远的业务。在公司围绕客户及其需求进行重组的过程中，领导层能直接参与到一线运营中，公司也随时做好了向简单化和扁平化迈进的准备。

在阿里巴巴，面向客户的团队由所谓的中间平台赋权，这些中间平台拥有与技术和流程相关的职能或具体涉及营销、内容制作、商户招聘等领域的职能，阿里巴巴的业务可以对这些职能进行定制，以满足团队需求。各企业通过标准化组件构建自己的平台，或开发和添加自己需要的组件。中台[1]负责对新开发的组件进行标准化，以供其他业

---

[1] 中台是互联网术语，指当企业的前台和后台存在矛盾时，能快速做出响应、提高工作效率并降低创新成本的灵活架构。

务使用。每个功能平台由数十名小团队成员组成。阿里巴巴的中台综合了来自不同业务的客户意见，公司生态系统的合作伙伴则可以利用这些客户意见创造新价值。这使阿里巴巴得以打破信息筒仓效应，从数据中识别规律，让领导者有能力做出更好的决策。[43]

各行业前沿公司采用的协作技术使一系列功能成为可能，包括客户反馈数据的集成、团队绩效的追踪，以及服务相关信息的共享。博组克的自主护士团队依靠非正式的护士网络来协调和分享信息，同时开发了被公司称为“博组克网络”的内联平台。[44] 正如我们在前文章节中看到的，利用先进的技术平台，工业集团西门子和飞机发动机制造商罗尔斯·罗伊斯等工业公司对客户机械性能进行了实时监控、传播和分析。有了这项技术，一线团队可以集中地与专家团队沟通、协调，以推动维修工作的进行。

前沿公司在构建由公司以外参与者组成的更广泛网络时，数据、技术和流程相关平台也扮演了重要角色。通过与志同道合的外部伙伴建立关系，以客户为中心的敏捷团队也提高了自身能力——这便是第三章探讨过的生态系统和价值网络。第二章我们介绍了罗尔斯·罗伊斯的 R^2 数据实验室，该实验室中，由跨学科专家组成的小团队与公司的其他团队协作，共同开发可能为客户带来价值的基于数据的服务。除了采用敏捷方法（例如，将工作分配为持续时间不到 90 天的短时间冲刺期），R^2 的团队还会召集大批生态系统合作伙伴，如其公司网站上所说，这些合作伙伴包括“原始设备制造商伙伴、技术供应商、前沿数据创新初创公司和学者”。[45] 截至本书撰写之时，罗尔斯·罗伊斯的生态系统已经在全球积累了 500 多家参与者，技术平台由微软和塔塔咨询服务公司合作打造。[46] 众多公司都在努力回应客户需求，而底层技术平台也将各种跨地域和跨界的生态系统参与者聚拢在一起。在此过程中，生态系统扮演的角色至关重要。

各位读者可能想知道，使能平台与跨国公司的传统卓越中心（CoE）有何不同。与拥有部分价值链的业务部门所在的卓越中心不同，使能平台与一线团队共同承担责任，通过创新服务和规模化增加价值。对团队而言，这些平台不是必需的。如果某个平台无法提供价值，公司就会拒绝提供资金。员工们经常在一线团队和平台之间轮岗，以确保对二者都能有所理解。平台的创新性，使之在创新精神和行动速度上与一线团队不相上下，像磁铁一样吸引着公司内部野心勃勃的人才。卓越中心的宗旨，在于集中员工并让员工掌握流程和功能（其目的往往是作为对单个业务的一种评估）；而公司对平台的利用，却是为了对数据模型和运营实行标准化，以提高速度，扩大自主权。这些流畅、便捷、充满活力的平台分布于全球，是积极响应客户需求且以客户为中心的企业的支柱，有助于企业发挥功能，让企业大放异彩。

从本质上说，我们可以把使能平台看作 21 世纪的全新解决方案，用以应对一个跨国公司长期面临的问题—如何从全球和本地业务中获得更多利益。长期以来，跨国公司一直倾向于将职能集中于公司总部，以便积累专业的知识技能和规模，或将职能分散至不同区域或国家。在第一种情况下，公司难以接近当地客户，丧失了响应客户需求的能力。在后一种情况下，公司则失去了规模效益和积累深厚专业知识技能的能力。使能平台允许公司将广泛分散的前端客户团队与全球规模的专业知识技能联系在一起。实际上，使能平台有助于让本地客户团队和全球平台按需承担决策任务，从而实现本地响应和全球规模的最佳组合。决策权并未受到严格界定，体制内的自由裁量权和一定程度的灰色区域，让领导者能够满足不断变化的业务需求，显示出了其相对于传统跨国公司运营方式的巨大优势。如果组织结构具备支持合作的公司文化，还有理解和支持这种文化的领导者，能让员工在工作中超越汇报关系，不被汇报关系所束缚，那么就能有效地维持这种灰色区域。

在未来，许多跨国公司将从本质上成为以使能平台为核心的组织。这些集团将由很多大体自主或完全自主的小型敏捷团队组成，这些团队拥有快速创新的能力，能够迅速响应市场需求。大型使能平台将会赋予这些团队条件，提供共享服务中心，对功能进行模块化和标准化，为共享资源提供工具和支持。这些平台涵盖前端和后端运营流程，按需将资源分配给前端团队，而前端团队则拥有决策权，将对模块化功能要素进行个性化调整，以满足平台需求。BCG 认为，这些平台将具备“仿生性”，将人与技术合为一体。[47] 重要的是，这些平台还能支持周边生态系统中的外部合作伙伴，提升其可创造的价值。

企业文化与领导力的角色

为了变得更加灵活，许多公司都超越了矩阵结构，并组建以客户为中心的团队，采用敏捷的工作方式及更加灵活的支持平台，同时也将以下 2 个关键支持领域作为关注的重点：（1）企业文化变革，（2）领导力的发展。

以客户为中心的小型敏捷团队在组织内部如雨后春笋般出现，带来了巨大的影响力。这不仅是因为这些团队和整个组织的成员都具备了创新、开放、大胆和高度关注客户的心态，同时采取了行动，还因为领导者们也在用所需的技能和行动，为客户打造快速有效的解决方案。

在急于满足不断变化的客户需求时，跨国公司的领导者认为有必要更新公司的组织结构，却很少考虑到员工和企业文化。这是一个巨大的错误。致力于培养以客户为中心的外部导向型公司，需要一种与以往大不相同的企业文化来激励、调配和引导员工。简而言之，少了数字企业文化，数字化转型就无从谈起。[48] BCG 的研究发现，注重发展文化的公司在数字化转型上的表现更加突出。在 BCG 追踪的那些致力于数字化转型的公司中，绝大多数（近 80%）关注文化的公司都“保持着强劲或惊人的业绩”，而在忽视文化的公司中，却没有一家能成功。[49]

关于现有公司想要在数字世界中取胜，必须具备何种文化特性的文章已有很多。毋庸赘言，每家公司都会因其组织目标、行业特点、公司战略等因素的不同而宣扬不同的企业文化，但仍应考虑将以下 5 个关键点注入现有文化中：

- 将重点放在与客户产生共鸣上，理解客户，而不是将公司内部流程放在首位。

- 下放工作，不要微观管理、命令和控制。
- 迅速行动，不要停留在计划层面使项目陷于停滞。
- 做决定时要大胆果决、敢于冒险，不要谨小慎微。
- 选择协作，摒弃封闭、孤立的思维模式。

对那些在快速发展的数字初创公司工作过的人来说，上述内容可能都耳熟能详了；但从传统上来讲，大型的老牌跨国公司的工作环境却并不是这样的，而这种情况亟需改变。上述5个关键点虽然能够帮助以客户为中心的团队认识到不断变化的客户需求，并迅速果断地应对。但如果团队不采用以变化为导向的、以客户为中心的创业型思维并采取行动，那么，组织结构中任何意愿良好的改变都将被证明是无效的。

在朝新的工作方式转变之初，荷兰国际集团银行荷兰总部就将企业文化变革放在了首要的位置。例如，为了使企业文化更适合以客户为中心的敏捷工作方式，这家银行为所有运营部门的员工开展了为期3周的入职培训，要求他们至少用1周时间在客户团队呼叫中心接听电话。公司实行开放式办公室制度，营造类似科技公司园区的环境，并引入更加灵活的平等招聘流程。公司鼓励对话和非正式交流，交流随之变得更加频繁和开放。高层领导为文化变革设定了基调，花费大量时间与团队一起引领组织变革，而他们自己也将办公场所搬到了一个开放空间的大桌旁。敏捷的模式，本该如此。正如BCG所说："敏捷始于高层，也止于高层。"[50]

凭借这一理念，前沿公司的领导者正在努力培养所需的技能和方法，为以客户为中心的灵活组织结构指明方向。BCG曾指出，在成功的全球公司里，领导者不再是"根深蒂固的组织结构、流程和规则的控制者"，而"更像爵士乐队的指挥家那样，为灵活和动态的系统建立指标参数，释放员工的主动性，鼓励他们为实现公司目标而共同协作。"[51]本书中许多杰出公司的领导者们所重视的，是如何对员工赋能和指导，而不是命令和管控。这些领导者不会牢握决策权不放，而是赋予团队更多的操作自主权，同时确保团队与公司的目标保持一致。在定义成功时，领导者们不会以团队或组织的规模为标准，而是根据其提供的价值来判断。他们并未放慢步伐，也无惧风险，而是把速度与持续改善看作重中之重。

给领导者的建议

对一家公司的文化及其领导团队进行更新，是一项艰巨的任务，但大多数老牌跨国公司尚未采取行动。正如我们所看到的，如果公司想要通过本书中的其他策略取得成功，那就必须付诸行动。领导者必须让一线团队成为组织结构内的永久成员，必须将敏捷工作的理念传播至整个公司，还必须构建使能平台以促进跨越内外边界的协作。另外，领导者还必须建立响应文化和领导力的软实力。在变革中"试试水"当然聊胜于无，但像荷兰国际集团银行这样将这些变化全部实施的公司，就将自己摆在了市场领头羊的位置。BCG 高级顾问和金佰利（Kimberly-Clark）公司前主管鲍勃·布莱克（Bob Black）指出，公司必须以一种全新的方式看待组织模式，要“从前到后，从一线出发”对集团进行框架的重新架设，而不是遵循从上到下、高层权力至上的传统模式。[52]

以批判性的眼光来审视你的公司，思考在快速响应客户需求时会突然出现的痛点。在此基础上，大致设想一下如何改进，以及定义新的组织结构必须服务的关键原则。许多公司都会选择推动增长、提高服务水平和降低成本的组织结构形式。接下来，想想你会采取哪些具体的组织结构改革，以便对上文描述的一些试验加以尝试。请认真思考以下问题：

- 在组建以客户为中心的本地团队时，你如何在灵活性和一线团队自主权，与监督和风险管理之间取得平衡？各本地团队必须在哪些原则上保持一致，本地团队可以从其他团队借鉴哪些行动并为己所用，又该在哪些领域坚持完全独立运营？
- 哪些团队该调配至同一地区，哪些适用远程互动？
- 想要对跨国集团的专业知识技能的传输与共享加以管理，你可以设置哪些使能平台？如何最有效地确保集团将正确的专业知识应用在需要的地方？

- 在一个灵活流动的集团中，如何对资源（包括资本、人才、技术等）实行最有效地配置和重新分配？
- 如果你一直在强调企业文化，那你有没有融入具体的价值观和做事方法，使公司能够更灵敏地响应客户需求？如果没有，具体有哪些空白？你又该如何填补？
- 针对本章描述的组织变革的规模，你是否有足够的变革管理能力来执行？具体来说，你是否已储备好管理者，教会他们如何最好地引领以客户为中心的团队、敏捷的工作方式和使能平台？

如果向更灵活、反应更敏捷的组织结构的转型令你不知所措，那么请记住，你并不需要一次完成所有工作。我们将会看到，无论是组织结构还是其他领域的 21 世纪转型，都不是一次性的命题，而是一个持续不断的演进过程。BCG 的一家科技公司客户的负责人表示，当公司进行重组时，他们认为新架构的保质期只有 18 个月，之后就会过时淘汰。所以，你可以将转型工作视为一个演进的过程，最初是对老旧框架的补充，但随着时间的推移，便有可能以旧换新。

你还应该考虑一个相关的问题——如何让业务中更新、更敏捷的业务部分与锁定在传统矩阵模式中的其他部分共存、互动，如何才能更好地应对这种矛盾。正如 BCG 所主张的，“领导者需要将初创公司使用的敏捷工作方式与更加严格的传统工作方式结合起来。”[53]荷兰国际集团银行的领导者意识到银行的某些部门将继续沿用传统方式运作，因此创造了一种让敏捷团队与非敏捷部门协作的机制。这些团队发起了一系列会议，创建了多种非正式论坛，以帮助银行非敏捷部门运用敏捷团队打造的创新业务，从而确保公司整体业务的一致性。与敏捷团队协作的传统团队核心成员拥有在职能相关领域独立决策的权利，也为确保团队取得成效负责。[54]

领导者在考虑组织变革时很容易犯一个错误，那便是态度过于冷静、理性。组织不能只围绕着合理的结构和流程运转，员工之间如何才能最有效地协作配合，以达到预期的结果，这些也同样需要重视。关注文化的意义至关重要，但要全面执行本书中21世纪的增长和运营策略，各家公司还需要更直接地关注员工，雇佣并留住在数字经济中能够脱颖而出的新一代员工。许多老牌公司现在都已意识到，吸引、激励数字时代员工并提高其技能是相当具有挑战性的，因为老牌公司面临着来自新数字公司的激烈的人才竞争。在这场竞争中，老牌公司要想有胜算，实现目标，就需要超越传统的人才管理守则，采用一套新策略——这是跨国公司实现超越的另一条途径。

本章洞见

- 为了保持竞争力，公司必须在其传统组织之外新建统筹与协作的新层级。公司必须在团队组建和资源分配方面更具活力和流动性，甚至像阿米巴变形虫一样具备强大的变形能力。所有这些，都是为了与客户保持密切联系，以及实现公司的关键使命或存在价值。

- 在未来几年，现有公司必须采用以下 3 种彼此交织的策略——（1）以客户为中心的团队，（2）敏捷的工作方式，（3）支持水平结构的平台。否则，可能会影响公司实行本书中其他策略的能力。
- 为了变得更加灵活，许多公司都超越了矩阵结构，并组建以客户为中心的团队，采用敏捷的工作方式及创建更加灵活的支持平台，同时也将重点关注以下 2 个支持性领域：（1）企业文化变革，（2）领导力的发展。

第八章

人才制胜

长期以来，跨国公司都低估了人才的重要性，认为人才充其量只是一种次要的商业资产。而今，人才的本质发生了变化，各公司关于合适人选的竞争也异常激烈，因此，公司必须更密切地关注新一代员工的所想所需，超越传统的人才管理，从根本上改变寻觅、激励和培养21世纪劳动力的方式。

成功的数字初创公司正在重塑全球经济，它们不仅拥有创新技术和极具开创性的远见，同时拥有技能纯熟、高度敬业的员工，能够助其实现前文所述的变革。老牌跨国公司也需要这些人才。它们需要人才了解新一代的全球消费者，且有足够的创造力来设计令人惊叹的新价值主张以吸引客户，还需要人才运用技术能力构建强大的数字解决方案。人才需拥有数字思维能力（即使不直接参与代码编写），可以实现跨部门有效协作，并热心为敏捷工作流程贡献力量。从本质上来说，老牌公司需要的是那些渴望随时间推移不断重塑自我，能根据市场和具体技能的需求而发展自我的员工。而更具挑战的是，身处新冠肺炎疫情将长期存在的时代，公司还需要有能力在远程协作环境中取得卓越发展的人才。

不幸的是，老牌公司正逐渐意识到，在现有人才管理战略下组建和聘用符合这些标准的员工团队并不容易。即使对那些已经拥有强大而卓有成效的人才管理能力的公司和行业来说，情况也是如此。联合利华是一家拥有近 150 年历史的全球消费品公司，总部位于伦敦和鹿特丹，而威普罗（Wipro）是一家拥有 50 多年历史的印度信息技术服务公司。联合利华以其一流的人力资源实践而闻名，公司创建了世界级的培训项目，[1] 并在不同地区和职能部门的员工中实行轮岗制，以培养一支强大的管理团队。公司的印度业务部门印度斯坦联合利华有限公司，已成为其他公司的“首席执行官工厂”，约有 500 名企业领导曾在这里工作过。[2] 威普罗在 20 世纪 90 年代和 21 世纪头十年率先打造了一个大规模人才引擎，每年招聘数万名应届毕业生，并为其提供入职培训。作为公司的策略之一，公司内部建立了一所配备定制课程的大学，在 2019 财年提供了 1,800 万小时的培训，形成了公司内部的就业市场。[3] 威普罗在印度信息技术行业的竞争公司也采取了类似的策略，与联合利华和威普罗一样，在一定程度上，这些公司的成长也得益于其吸引、部署和保留顶尖人才的能力。我们将在本章中看到，近年来，联合利华和威普罗都在大力改进和更新其人才管理方式，其他传统公司也在采取同样的行动。

推动这一变化的，是 2 股关键力量。首先，由于企业对能够开创和实行数字解决方案能力且能在敏捷环境中工作的员工有巨大需求，导致全球出现了严重的相关人才短缺。正如媒体在2019年常常报道的那样，很多公司无法填补大量关键职位空缺，从而造成了数百万美元的产值损失。[4]截至2030年，全世界公司将出现8,500万个技术类岗位空缺——这将会对经济发展造成巨大压力。[5]更糟糕的是，教育体系并未赋予学生就业所需的足够技能和知识，迫使公司要在新员工入职后为他们提供额外的培训，从而影响了工作效率。这种全球范围内的技能不匹配，影响了经济合作与发展组织国家（OECD）约40%的员工。[6] BCG董事总经理兼资深合伙人雷纳·斯特拉克（Rainer Strack）是一位首屈一指的全球人才趋势专家，他由现状得出的结论是："在不久的将来，世界将面临一场全球性劳动力危机，包括总体劳动力短缺和技能不匹配。每家公司都需要人才战略，并立即付诸行动。"[7]

传统人才战略受到挑战的第二个原因是：全球劳动力的需求正在发生巨大变化，这迫使公司重新思考如何让员工在工作中保持敬业、愉悦，同时充满动力。传统人才管理方式主要尝试通过外部激励（如工资和晋升）实现生产力的最大化，然而年轻一代的员工不再寻求高度结构化的职业，即使这类岗位的职责和薪酬会随着晋升而不断增加。他们渴望在工作中不断体验学习，希望有机会做有意义的工作，为社会做出贡献，并在工作之外找到满足感。研究表明，Z世代员工宁愿少拿10%的工资，以换取更短的工作时间。在这个年龄段的人中，将职业晋升放在首要位置的人只有不到三分之一。[8] 2018年，BCG对来自近200个国家的36.6万人进行了调研，结果显示，受访者认为"工作与生活良好地平衡"和"学习与培训机会"比"经济回报"重要许多。

这些研究结果在具备“数字专家”资格的部分受访者中尤为明显。[9] 一项针对美国职场人士的研究发现，几乎所有受访者（十分之九）都愿意牺牲部分收入，来换取更有意义的工作。[10]

面对这两种转变，各家公司为赢得人才优势，不仅采用了新策略，还对人才管理模式实行了全面变革。例如，联合利华的首席人力资源官莱纳·奈尔（Leena Nair）告诉我们，公司已经采取了 6 项整体措施。具体内容如下：

- 通过将“让自己更好，让业务更好，让世界更好”的目标嵌入招聘工作中，增加公司对最合适人才的吸引力（另外，公司也传达了“承载使命的公司持久长存，承载使命的品牌发展壮大，承载使命的人才前景无量”的讯息）。
- 拓宽获取人才的方式，采取所谓的“4B”方法：不仅要开发（即“构建”，building）人才，花钱聘用人才（即“购买”，buying），还要短期雇佣（即“借用”，borrowing）人才，并帮助人才过渡到新的工作中去（即“连接”，bridge）。
- 建立培养人才所需的体系、企业文化和领导力。
- 将员工重组为敏捷团队。
- 促进员工团队的持续学习。

- 努力提升所有员工的数字技能。[11]

要想在未来几年实现蓬勃发展，跨国公司必须以联合利华为榜样，彻底改变基本思维方式，并对战略和战术进行从上至下的重新构想。就传统而言，从前人才管理往往将员工视为创造商业价值的手段。许多公司都会努力发掘人才，按优势对人才进行部署，并对人才实行管理。

> 在未来几年里，公司必须采取措施，与人才一起蓬勃发展，将人才及其需求放在首位，而不是把他们视为可以利用的资源。

微软首席人力官凯瑟琳·霍根（Kathleen Hogan）曾写道："将人才放在首位后，其他一切便会自动就位。"[12] 按照霍根的说法，领导者和企业不应该紧盯着如何确保人才所需资源的稳定供给，而是需要打造"一种让人才在工作中发挥最大潜能的环境——在那里，人们能够自豪地做最真实的自己，也确信自己的需求能够得到满足。"[13] 为了理解你该如何实现这一目标，让我们一起来回顾前沿公司是如何将新战术用在以下3个关键领域的：（1）吸引人才，（2）激励人才，（3）提升人才技能。

吸引人才

长久以来，各家公司在发掘人才方面，一直努力雇佣拥有顶级教育背景和行业相关经验的人才，并将他们调到公司所在地工作。而如今，这种做法已不再适用。首先，现在寻找人才要比过去更加困难。一位首席技术官表示："当（拥有特定技能的人才）数量如此之少时，你就不得不四处搜寻。"[14]但好在许多具有非传统背景的人恰恰拥有公司改革时所需的知识。这是因为，改革往往产生于与所在行业相去甚远的领域，这也源于在21世纪拥有更加多样化的新技能培养方式。许多雄心勃勃的专业人士不再只满足于获得正规学历或相关证书，而是通过在线课程和开放式数字平台上的合作项目在工作中学习。认识到这种现实后，越来越多的领导者开始以更大的视角来审视人才招募问题。一项调查发现，在招聘人才时，雇主越来越愿意脱离传统的教育门槛要求。超过40%的人力资源经理预计，在评估应聘者时，短期编码培训课经验将很快成为与大学文凭一样有效的资历。[15]

要想建立稳定的顶尖人才供应渠道，意味着要超越传统策略（招聘会、校园人才计划和横向招聘），在招聘对象、招聘地点以及如何吸引人才等方面发挥比以往更强的创造力，拥有更开放的思维。

为了吸引新一代员工，前沿公司借鉴了联合利华的 4B 战略，我们可以对这些公司正在部署的战略加以审视和探讨。让我们简要回顾一下联合利华和其他前沿公司是如何在人才领域进行“构建、购买、借用和连接”的。

构建

长期以来，许多公司都注重通过雇佣和开发新员工来建立人才渠道。尽管这仍是吸引人才的重要途径，但如今，许多公司也正以令人惊喜的方式寻找和聘用员工。我们采访过一家印度科技公司，这家公司正面临着为一份新签的订单迅速扩大员工规模的挑战。为了获得所需的专业人才，领导者们摒弃了发掘人才的传统方式，而是发起了一场全球范围内的选拔赛，在比赛中，他们会给出公司正在面对的业务难题，并要求参赛的程序员提出潜在的解决方案。获胜者不仅有机会加入该公司，还可以获得丰厚的薪酬。这一领导者们并未抱什么希望的策略，却带来了意料之外的显著收效。领导者们还发现，选拔赛参与者与其说是被薪酬所吸引，不如说是在寻找能解决难题的机会。

在另一家跨国科技公司，营销部门的高管们正在讨论如何才能接触到新的人才，以帮助他们重新思考公司战略，使公司在竞争中脱颖而出。一位领导者指出，数字营销领域最强的战略专家并非来自最有声望的商学院，虽然公司通常会在这类学府招聘人才。相反，这些人才都是游戏玩家。得益于在高度复杂和动态的游戏环境中竞争和取胜的能力，顶级玩家对战略思维的精通程度是大多数人未曾发现的。从文化背景来说，这种人才与公司现有的典型人才截然不同（比如，有些顶级游戏玩家是大学辍学生，每天中午才开始工作），公司领导者最初也并不确定如何用好这种人才。但最终，公司仿照游戏文化创建了一个游戏实验室，请员工在这里解决实际问题。一位领导者告诉我们，这些所谓的“不合群者”能针对各种营销问题即兴想出极富创意的绝妙解决方案。

为建立自己的人才库，许多公司正采取一系列创新措施来寻觅新员工。当用户在谷歌搜索引擎中输入指定软件术语时，便会弹出一个编码挑战，若成功完成挑战，便可能收到谷歌提供的一个面试机会。此外，许多公司也会在在线社区和平台上寻找非传统人才，如招聘网站 The Muse（千禧一代常用的招聘网）、线上融资平台 AngelList（创业人才常用）和代码托管平台 GitHub（程序员常用）。另外，公司也与大学合作，在学生群体中宣传自己的品牌。除此之外，许多公司还战略性地建立了全球技术中心，以建立数字人才库。虽然数字人才并不像传统人才一样都聚集在同一地区，但事实证明，数字人才也不仅仅集中在硅谷、以色列和爱沙尼亚等地。BCG 对全球 80 个数字热点进行了追踪，将触角延伸到了莫斯科、上海和墨尔本等不属于老牌数字人才聚集地的城市。在挑选即将进驻的地区时，前沿公司会考虑很多因素，包括其现有产业、在该地区开办新业务的难易程度以及当地的经济状况等。[16]

想用创新方式寻找潜在员工的公司，同时也会优化筛选流程，因为事实证明，现有流程在评估应聘人的适应性和关注客户等高要求品质方面往往无效。一些前沿公司将在线自学平台纳入评估中，或通过让潜在员工完成测试项目来进行评估。例如，微软的 LEAP 实习项目会邀请来自非传统背景的人才在公司进行为期一个学期的实习，将课堂学习与实践项目相结合。17 优步、多领域问答网（StackExchange）和 GitHub 等网站上的客户评论和在线评分也成了可以补充甚至完全取代传统筛选方式的要素。为了吸引更喜欢解决实际问题而不是只会填写冗长标准能力测试的一代人，越来越多的公司也在对筛选和辨识人才的方法进行游戏化改造，比如之前提到的在线竞赛和黑客松[1]。其他非传统的筛选方法还有专家面试、申请资料的自动筛选和员工分析等。18

购买

长期以来，很多公司一直通过兼并和收购来引进新人才，近年来这一趋势仍在持续。在努力打造全新数字移动服务的过程中，通用汽车在吸引和留住顶尖人才方面一直举步维艰。正如一位工程师所说："通用汽车现在的问题是……想从事引擎工作的人才都不会选择这家公司。"相反地，"优秀的候选人来到通用后，会看看他们的办公室和团队结构，然后直接离开，投奔特斯拉、梅赛德斯-奔驰（Mercedes-

[1] 黑客松为"黑客"和"马拉松"的合成词，又称编程马拉松，指图形设计师、界面设计师、项目经理等与软件发展相关人员与计算机程序员聚集在一起，在短时间内通过紧密合作的方式完成软件项目的活动。

Benz）或谷歌。”[19] 2016 年收购拼车服务提供商 Sidecar 时，通用汽车将公司最宝贵的资产——“人才”并入旗下，从而解决了这个问题。这种人才策略正逐渐流行，甚至有了“人才收购”这个专有名词，有媒体甚至评价其为“人才招聘的新常态”。[20]

印度的信息技术服务公司威普罗是另一家奉行激进人才收购战略的公司。自从 2005 年开始实行被称为“珍珠链”的增长战略以来，威普罗已经收购了 20 多家公司。[21] 尽管这些收购是为更广的战略目标服务，但近年来，“收购”特定领域的人才，已被证明是促成交易的一个重要诱因。2019 年，威普罗收购了数字工程公司 International TechneGroup，此举旨在“为行业核心服务增值”。[22] 2016 年，威普罗又拿下了信息技术科技公司 Appirio，为公司在云技术方面获取了新能力。除了为威普罗增加数千名员工之外，对 Appirio 的收购还带来了新的人才管理方法，尤其是对员工和客户之间“良性循环”概念的强化。[23] 此前一年，威普罗收购了丹麦战略设计公司 Designit 及其 300 多名员工，通过数字战略和架构等领域补足了公司原本欠缺的设计和用户体验能力。[24]

除了收购之外，前沿公司也在通过对初创公司进行早期投资来吸纳人才。2014 年，联合利华宣布推出 Foundry 项目，旨在构建和主导与初创公司的合作。[25] 截至 2020 年，联合利华已通过该平台向初创公司投资了 2,000 万美元。[26] 除了帮助联合利华接触到创新的商业理念，Foundry 还使公司能够在不正式收购初创公司的条件下挖掘外部数字人才。其他大型公司如壳牌、耐克、宝洁、IBM 等也建立了“企业孵化器”。[27] 截至 2016 年，全球规模最大的 30 家公司中，有 44% 都应用了“孵化器”或

“加速器”。[28]

借用

为了获取人才，传统上公司一般都会雇佣全职的正式员工。而如今，越来越多的公司依赖承包商，只需短期或针对某个项目去借用人才。借用的好处之一是让公司更富韧性。这样一来，公司便可以迅速解决迫在眉睫的挑战，而不必承担招聘和培训员工所需的成本。聘用短期人才的重要驱动力，是全球众包平台的崛起和零工经济[1]的推广。截至2018年，发达国家依赖零工经济的员工比例相对较小，然而BCG对全球1.1万名员工所做的调研显示，在中国、印度尼西亚、印度和巴西等国家，依赖零工经济的员工比例相当高（在中国，有近一半的受访者都表示他们的主要或次要收入都是通过零工获得的，而在印度，这个比例约为40%）。[29] 2018年的一项针对高管的调查显示，有大约五分之二的人预计，他们的公司在未来几年将会更加依赖“零工”人员。[30]

在媒体领域，一流的电影制片厂和其他内容制作商一般会从编剧、导演和其他专业人士等常用的智库中挑选人才，而缺乏实践经验证明的年轻人才却很难进入。为了增加接触人才的机会，内容制作商已开始为具体项目发起众包解决方案，在数字平台上招募自由职业者群体。其中一个叫做Tongal的内容制作平台拥有来自168个国家的16万名

[1] 零工经济是劳务市场的一种形式，参与者多为独立的自由职业者，在短期内做出承诺，完成特定项目。

自由职业者。他们的客户有 20 世纪福克斯（20th Century Fox）、国家地理（National Geographic）、迪士尼（Disney）和玩具制造商美泰公司（Mattel）等。[31] 这一平台的流程非常简单：创作者与企业客户在平台上建立联系，客户提交未来项目的简介，创作者则提交原创方案。客户将费用支付给创作者，创作者执行双方协商一致的项目。[32] 这些公司不会以通过 Tongal 招募到的人才代替全职员工，而是短期“借用”，以满足具体的需求。

连接

为了留住所需人才，前沿公司正在采取新的措施为他们搭建桥梁，持续协助员工抓住新的内部机遇。2019 年，联合利华推出了 FLEX Experiences 线上平台，这是一个内部人才市场，可以利用人工智能帮助现有员工找到适合其独特技能及目标的工作。正如联合利华一位人力资源高管所言，公司正在“推行新的工作方式，以迅速从内外部获得最佳技能和最佳商业理念。” FLEX Experiences 不仅帮助公司满足了自身需求，还增加了员工的成长和学习机会。这位高管表示：“我们相信，员工的意义要远超其职位。如果员工得到卓越发展，我们的公司也会相应发展。”[33]

正如上述例子表明的，吸引人才的意义不仅仅是找到要雇佣的人才，更在于创造吸引人才的机会，让人才渴望与你的企业合作。前沿公司摒弃了传统的人才发掘模式，拿出了更富吸引力的人才价值主张，以吸引新一代人才。举个例子，很多年轻人一想到在乏味的办公室工作便会产生厌恶之情，这已不是什么秘密。许多跨国公司都正在打造更加开放的非企业环境，以吸引和激励年轻的数字原住民[1]员工。不久前，跨国软件公司Kronos启用了位于波士顿地区的一座炫目的总部大楼，配有咖啡吧和标准篮球场。[34]领英（LinkedIn）为其办公地点配置了音乐演播室，可供员工们一同演奏乐曲，[35]而雀巢公司（Nestlé）的英国办公室还允许员工带狗上班。[36]

有的公司甚至更进一步，打造与现有办公地点分开的工作环境，以吸引数字人才的加入。汽车制造商雷诺（Renault）认为，其工业公司的身份可能为吸引人才带来阻碍，让公司无法快速建立数字中心。因此，雷诺便与一家知名外部供应商达成合作，用"构建、运营、转移"模式打造了一个与公司主体分离的管理中心。在短短6个月的时间里，该中心吸引了无数野心勃勃的年轻人才，让雷诺迅速获得了令人欣羡的数字化能力。之后，这些新员工将逐渐过渡到雷诺的全球团队中。约翰迪尔和西门子等公司也同样选择建立卓越的数字中心，无论是实体场所还是组织结构，这些中心都与传统业务分离。约翰迪尔还在总部建立了一个智能解决方案团队，以公司的旧金山数字实验室和在旧金山湾区收购的一家精准农业初创公司作为补充。智能解决方案团队的工作环境远没有公司其他部门正式，它在绩效管理和薪酬结构等方面存在些许差异，吸引数字人才的方式也不尽相同。[37]一位员工说得好，"约翰迪尔智能解决方案团队的工作环境已与'软件公司'无异"。[38]

同样重要的是，在拥有高需求技能的员工眼中，能让其觉得工作

[1] 数字原住民指一出生就生活在充斥着各种数字产品的网络世界的一代人。

或雇主不可多得的因素有很多，而实体工作环境只是其中之一。除此之外，许多公司也在工作环境之外的其他关键因素方面下足功夫，从而吸引和激励这些员工，并给予他们在职业生涯中成长的空间。让我们来一起看一下。

激励人才，为人才赋权

> 长期以来，在激励员工方面，许多公司关注的都是加薪和发放奖金等外部因素。这些激励措施对于新人来说固然重要，但与此同时，前沿公司还要努力确保员工的工作内容富有意义。

认为自己的工作有意义的员工，往往也会在公司待更长时间。一项研究发现，与埋头苦干，做着没那么有意义的工作的员工相比，觉得工作有意义的员工在接受调研后 6 个月时间里的离职率几乎要低 70%，在岗位上坚持的时间也要比前者长 7 个月。[39] 基于这一现状，跨国公司正在调整企业文化，突出工作使命，将使命灌注于战略决策的制定中，并筛选新员工，确保员工能深刻理解公司，确保其个人信念和目标与公司使命相契合。这些公司还制定了人才政策，员工一加入公司，公司便会不断强调其使命担当。除此之外，公司也要确保这些员工能意识到自己的工作具有深刻意义，意识到其工作与公司是否能立足于市场息息相关。

在激励人才和为人才赋权（以及吸引人才）方面，联合利华人事工作中的关键，就是其对公司使命的关注。公司的首席人力资源官莱纳·奈尔证实，“使命是我们做一切事情的核心，”其中也包括了公司对员工的管理方式。[40] 在招聘时，联合利华遵循“让自己更好，让业务更好，让世界更好”的口号，不雇佣那些对“创造更美好的世界”这一理念毫无激情的人。公司全球网站的招聘页面强调了使命及其在公司中扮演的角色：“无论你是富有激情的团队激励者、刺激人才的‘催化剂’，还是数字化革新者，我们鼓励多元化的员工每一天都能将自己的使命付诸实践。”[41] 一旦入职联合利华，员工们便会参加“人生使命研讨会”，帮助他们发掘个人使命。[42] 公司还将使命融入到每个品牌识别中，这一策略不仅有助于吸引顾客，还能吸引员工并激发他们的敬业精神。例如，公司旗下的多芬（Dove）品牌致力于让“全球女性都能获得美丽体验”，这意味着对传统概念提出挑战。“确保每个女性都能在美的世界中得到关注，为每位女性代言”，这一目标为员工们带来了奋斗的动力。[43]

正如奈尔所言：“我们知道，承载使命的公司才能驻足长存，承载使命的品牌可发展壮大，承载使命的人才前景无量。”[44] 公司对使命的推崇无疑对人才管道产生了深远甚至关键性的影响，促使公司的招聘成本降低了 90%，也将招聘新员工的平均所需时间缩短了 16 天。[45] 奈尔表示：“人们选择联合利华的首要原因，是因为他们能感受到公司正在努力让世界变得更加美好。”截至 2019 年，联合利华在 30 多个招聘市场中被评为“最具吸引力雇主”。[46] 2019年，作为衡量在精通技术的年轻专业人士中的受欢迎程度，联合利华在“领英最受关注组织”中排名前10，拥有超过600万名粉丝。[47]

另一家用使命来团结员工的公司，是巴西的全球化妆品公司纳图拉。作为行业认证的共益企业（即对除盈利外还致力于造福社会与环境的企业认证），纳图拉采用了专注于确保可持续性和提高生物多样性的商业模式，以可持续发展的方式通过当地生产商采购原料，并为产品生产获取碳中和认证资质。[48] 纳图拉的可持续发展经理凯万·马塞多告诉我们，员工奖金的很大一部分反映了他们在环境和社会指标方面的表现。事实证明，纳图拉围绕使命部署日常工作的方式对人才有着巨大的吸引力。在领导者层面，马塞多指出，“高管们之所以加入纳图拉，是因为他们对可持续的商业模式与公司有着相同的理解，也希望为（这样的）公司工作。”[49] 公司的使命也有助于激励和吸引销售代表，甚至还有人为了更好地推动公司实现目标而牺牲了个人利益。马塞多指出：“我们看到，很多顾问出售产品的主要目的不仅是为了达到更高的销售量，更是因为他们喜欢这个品牌及其代表的理念。为了推动这项事业，有些人甚至不惜放弃争取更高的利润。”[50]

除了使命之外，公司还通过促进协作、鼓励多样性、敏捷性和持续学习等文化价值来激励员工。这些价值观既是对21世纪商业模式的支持，又契合年轻员工的情感。以鼓励多样性为例，随着公司朝着横向敏捷团队发展，接受多样性将变得越来越重要，因为当地团队的员工必须要与世界各地的同事紧密合作。年轻员工也会寻找那些注重多样性的、互相尊重、互相包容的工作环境。一般来说，在这样的环境中工作的员工也更加敬业。[51] 前沿公司正在积极采取行动，使自己的工作环境更受欢迎，并向现有和未来的员工推广友好而包容的企业文化。例如，英特尔（Intel）就在女性和少数族裔的聘用上制定了积极的目标；[52] 而思爱普则会对传统黑人大学（HBCUs）的学生进行培训和招聘，安排具有神经多样性 [1] 的候选人进入公司，并承诺每年增加 1% 的女性管理岗位。[53]

前沿公司在激励员工和为其赋权上的另一个至关重要的方式，便是改善职业发展机会，为人才提供更多自主权，帮助员工在工作中脱颖而出。精通数字技术的年轻员工往往重视学习和职业发展。在一项对近 2.7 万名数字专家进行的调查中，受访者将“学习和培训机会”与“职业发展可能性”列为工作中最重要的因素，可以排在二者之前的只有“工作与生活的平衡”。[54] 另外，数字专家们还会在学习上花费大量时间。[55] BCG 的高级顾问、金佰利前高管鲍勃·布莱克就指出，千禧一代和 Z 世代员工往往希望获得丰富的在职学习经历，而不是正式的“职业生涯”。他们重视持续不断的学习和在工作中有所作为的机会。他指出：“很多公司没有考虑到的是，随着时间的推移，这一代人会慢慢安定下来、组建家庭，他们也会寻求稳定性。因此，公司应该帮助他们，在对稳定性的需求与对丰富体验的渴望之间取得平衡。”[56] 在这一块做得最好的公司会如同为客户规划旅程般对待员工的人生之旅，系统分析如何吸引和获得员工，如何培训员工以使其得到发展和提升。

---

[1] 神经多样性指人类大脑在社交、学习、注意力、情绪和其他心理功能方面的非病理差异。

考虑到许多年轻员工喜欢自主学习，公司正在采取越来越多样化的学习和发展方法，包括按需学习、虚拟培训、反馈、辅助、指导和体验式学习。前沿公司正在为年轻人才提供更多能参与有趣项目的机会，同时鼓励创业、实验和“快速迭代”的文化。沃尔玛就打造了一个内部孵化器，专门组织大型创新活动。[57]谷歌的 gThanks 平台也允许员工对彼此的好想法予以认可，并提供小额的经济奖励。[58]

正如我们在第六章中探讨的那样，前沿公司正在采纳敏捷工作方式并应用数字技术，从而改善工作体验，使工作变得日益有趣、丰富，越发吸引员工。在新冠肺炎疫情危机之前，一些公司已在使用数字协作工具，如短信传送、内容云共享和小组讨论。疫情爆发后，随着大量劳动力转移到家中工作，这些工具的使用率出现了迅速增长。在未来几年里，公司衡量绩效和奖金的标准将是对成果而非参与度和工作时间的评估，从而进一步为员工赋权。包括远程办公与现场办公以及利用科技实现无缝协作的混合模式，将会成为一种优势。为了最大限度地应用这类模式，公司需要设置新的方法和目标，并通过新的认可和奖励机制予以强化。公司必须构想出新的方法来构建人事关系，并培养注重使用数字工具而不是习惯面对面沟通的员工。

但是，协作工具仅仅是个开始。分析软件供应商 Humanyze 正在向员工发放社会测量徽章[1]，利用由此产生的数据和洞见来改善协作关系、时间管理以及其他影响生产力的因素。另一家叫做威睿

---

[1] 社会测量徽章也叫“社会测量器”，是一种可穿戴电子设备，能利用源自声音的社交信号自动测量面对面交流的数量、对话时间以及与他人的物理接近程度等内容，可以根据无意识的社会信号预测人类行为。当用于企业团队中时，能够增强成员间的互动。

（VMware）的云基础架构和移动商务解决方案厂商正在使用预测分析来找出有可能离开公司的员工，提醒管理者先发制人，采取行动。通用电气正在对标准年度绩效评估进行补足，允许员工通过智能手机应用程序实时自我监督；而金佰利等公司则正在使用分析工具来增加员工的多样性。这些工具对于吸引员工至关重要，但前沿公司明白，如果不真正接受这些工具并将之视为提高工作质量、成就感、刺激性和充实度的重要方式，公司就会偏离正轨。在这些公司，无论通过技术还是非技术途径，领导者都能因人才而获得卓越发展。他们提升了人才的地位，将其从一个辅助因素转化为商业战略的核心。

提升人才储备的技能

对大多数公司来说，仅仅吸引和激励有才华的年轻员工尚不足以满足人才需求。公司还必须采取措施，为现有员工传授新的技能和方法，也就是所谓的技能提升。

世界经济论坛指出："截至2022年，将有不少于54%的员工需要进行大规模的技能再培训和升级。"[59]工作所要求的技能和方法将发生巨大变化，分析思维、创造力、技术设计能力、情商和问题的解决能力等将成为新的重点。[60]不幸的是，许多公司还未准备好迎接提升员工技能的挑战——绝大多数最需要的员工都尚未接受这种培训。[61]

如果你的公司还没有开始设定重大技能提升计划，那么切记，虽然当下你的公司已经具备实现现有业务成果的技术和方法，但 5 到 10 年后，你的业务很可能会与现在千差万别。在未来，你将需要大量适应数字化和敏捷工作方式的员工，如此一来，提升员工技能或许要比取代大部分员工更划算。现有员工对公司的使命、愿景、价值观和使命的熟知也能带来优势。BCG 研究结果显示，绝大多数员工都表示他们愿意学习与工作相关的新技术。[62] BCG 表示："我们的研究描绘了一幅全球劳动力的图景，年轻人意识到了即将到来的变化，并已做好了迎接挑战的准备。"[63]

当今，大多数员工将会发现，他们现有的工作将会因技术的发展而失去意义，[64] 这种认知，加上前文所述的种种考量，会促使前沿公司甚至整个行业开始积极采取措施来提升人才技能。分析人士预测，在印度的信息技术行业中，技术向虚拟现实、区块链和云技术等领域的转移、政府监管以及全球化，都使工作变得更加错综复杂，也更加自动化，导致约 40% 的劳动力将需要接受全新的技能培训。[65] 2019 年，该行业的数字技术专业人员数量约为 80 万，尽管如此，印度软件和服务业企业行业协会（NASSCOM）预计，截至 2023 年，业内公司需要的人才数量将达到 270 万。[66] 鉴于印度的工程专业毕业生中仅有部分人群拥有合适的技能，因此行业技能短缺只是迟早的事情。为了解决这个问题，公司将别无选择，只能对大量员工进行技能提升。[67]

印度软件和服务业企业行业协会已经启动了一项名为 FutureSkills 的大规模技能提升计划，预计到 2025 年将在一些关键技术领域对 400 万名员工实现技能提升。[68] FutureSkills 还衍生出诸多内容，包括创建了一门与数十种具体工作岗位技能相关的课程，以开放的平台形式供一流的信息技术公司访问。这门课程的目标是："针对十种新兴产业，让探索发现、持续学习和深入掌握成为可能。"[69] 2018 年，在一场由世界各地信息技术行业领袖和代表参加的活动上，印度总理纳伦德拉·莫迪（Narendra Modi）正式宣告了印度软件和服务业企业行业协会的成立。[70]

在众多同行公司中，威普罗尤其积极致力于技能领域，该公司在印度软件和服务业企业行业协会的 FutureSkills 计划中引人瞩目。[71] 由于数字革命，人才需求日益增长。尽管拥有最先进的培训课程，威普罗仍无法找到足够的数字人才来满足这一需求。对年轻员工来说，传统课堂的教学效果并不理想，因为他们希望获得更灵活且见效更快的培训体验。这家公司启动了一项宏伟的计划，为各业务部门的员工提供全新技能培训。然而，业务团队寻找的却是具备相关项目经验的员工。虽然参加新技能培训的员工有成千上万，但一种不平衡现象却随之出现——接受某些技能培训的员工很多，接受另一些的却太少。威普罗的业务团队希望拥有一个稳定的员工供应源，能够输送具有丰富项目经验且在相关领域有过新技能培训经验的员工。

威普罗需要一种更有活力的新策略来及时发现和匹配数字人才，使人才能够参与短期项目，同时打下长期的人才基础。公司重新构想了新技能培训计划，目标是创建一支在多领域拥有深度技能和方法实践经验的员工团队。新计划采用四步教学法，通过多种渠道提供培训课程，通过实践作业促进学习，通过评估和编码挑战对员工进行认定，并通过提供实时项目经验夯实学习成果。

在设计新课程时，威普罗首先找出每个岗位的预期技能需求，创建了一个未来技能清单。然后，公司确定了哪些技能和方法应该优先实行技能提升计划，重点为价值高、使用量大的技能和方法设立培训。威普罗利用人工算法，将员工与技能需求匹配。公司同时还认识到，技能提升也必须对员工具有吸引力，因此，公司通过游戏性质的能力框架和沉浸式数字程序，帮助员工建立重要能力。通过众包平台，新项目提供实时的实践经验，激励员工，培养成长型思维，并让员工置身于更大的学习生态系统中。为打造设计缜密而卓有成效的课程设计所付出的努力，最终也得到了回报。截至 2020 年 3 月，威普罗的培训计划发挥了功不可没的作用，内部候选人满足了公司 75% 的人才需求。[72]

威普罗并非唯一一家推出如此有野心的技能提升课程的公司。自 2014 年设立首席数字官职位以来，欧莱雅发起了一项数字技能提升计划，旨在跨越职能领域，构建基层数字专业知识。截至 2018 年，约 2,000 名专家对整个公司的数字项目提供了支持，超过 2.1 万名员工接受了数字技能提升培训。[73] 美国电话电报公司（AT&T）已在一项计划中斥资 10 亿美元，目标是到 2020 年对 10 万名员工进行高需求技能再培训。[74] 该计划建立了一个在线平台，让员工得以浏览不同工种的信息、薪酬水平、所需技能；提供了一项可评估员工当前技能的工具，以诊断需要提升哪些技能才能达成预期目标。AT&T 与教育机构合作，提供短期在线课程和认证项目。[75] 一年后，该计划使 AT&T 得以用现有员工填补超过 40% 的空缺职位。[76] 一名前项目经理通过该计划成为了高级敏捷专家；[77] 还有一名员工从网络运营转变为数据科学家。[78] 谷歌、埃森哲和高知特（Cognizant）等公司也开发了前沿的技能提升项目。截至2020年，美国制造业公司预计将会投入超过260亿美元，以提升现有员工和新员工的技能。[79]

通过这些实例，我们看到了一些领先公司在开发提升技能的项目时所遵循的最佳战略实践。但除此之外，前沿公司也开始思考新兴人才技能和方法培训的情感层面。随着企业对数字文化和敏捷工作方式的接纳，员工的学习速度也随之加快。但员工经常会发现，自己还没掌握现有技能和方法时，就已经开始学习新的内容了。这种认识可能会让员工感到慌乱甚至沮丧，因此，前沿公司创造了一种学习型的公司文化，为员工提供稳定的学习空间（如给他们足够的时间学习），以员工能感到最自信的方式传授知识，并帮助其管理情绪。这些公司也意识到，不是所有现有员工都有能力蜕变为“新型人才”。

给领导者的建议

在前几章中，我们集中探讨了21世纪全球业务的技术领域：数字化的价值主张、数字生态系统、配备工业4.0技术的工厂、数据架构以及技术平台。但正如世界经济论坛年会的一篇文章所说：“在数字化未来，成功的关键是人才，而不是技术。”[80]同样，BCG也认为，未来的重技术型“仿生”公司，将会通过“进一步释放人类创造力”而变得更加强大，因为“机器只是促成因素”。[81]这种看法是正确的。跨国公司必须拥有具备相关技能和方法的人才，否则就无从执行本书中的许多其他策略。正如在本章中所看到的，如果不超越传统的人才管理模式，以新的方式吸引、激励人才并提升人才的技能，这些跨国公司也无从对这些人才加以利用。

除了确保公司能够稳定吸纳具备高需求技能和方法的人才之外，本章所述策略还能为公司提供一系列额外的效益。正如盖洛普（Gallup）咨询公司的调查结果所示，投资员工发展的公司不但比其他公司盈利更高，还能留住更多员工。[82] 创立使命不但可以影响生产率，还能降低劳动力成本，因为一般而言，在工作中找到意义的员工不仅工作时间更多，而且在职时间也更长。[83] 实际上，随着业务发展的步伐不断加快，宣扬和植入使命和价值观也能让新员工找准自己的定位。认真实行本章描述的策略，往往也可以提高员工的敬业度，同时带来诸多益处。因人才而实现卓越发展的公司通常会发现，他们的员工会更加致力于公司的成功，而不是仅看重自己的利益。

不只你会觉得超越传统人才管理的想法令人生畏。世界大型企业联合会（Conference Board）的一项调查发现，在2020年，吸引和留住人才才是跨国公司的首席执行官所关注的“热点问题”之首。[84] 你可以通过考虑以下关键问题，着手规划人才战略：

- 基于你的公司在未来3到5年内预计发生的变化，你将需要哪类技能，需要的人才数量是多少？你现有的人才管理策略是否足够支撑这样的需求？

- 什么样的非传统人才适合你的公司？你有没有为吸引这些人才制订计划？你可能会尝试何种新策略？对你的业务而言，何种比例的短期人才、长期人才和远程人才组合才是最合适的？

- 你是否足够认真地思考过公司使命？如果公司已拥有使命，那你有没有超越使命的表象，去挖掘一个让员工深有感触的公司存在的理由？你又该如何深化对它的承诺？

- 你该如何优化如协作、敏捷性、持续学习和多样性等价值观和方法，从而提升公司文化？

- 如果根据所在行业的顶尖人才的供给情况来评估一下你的人才需求，你能证明投资一项针对现有员工的大规模技能升级计划在经济上的可行性吗？

- 鉴于变革势在必行且规模较大，你是否已向中层领导者和管理者传达了他们在吸引、激励人才和提升人才技能方面将会扮演的新角色，帮助他们提前做好准备？

在思考这些问题时，请切记，我们研究的前沿公司并不仅仅是简单采用了一系列创新策略。公司的领导者转变了有关人才的基本观念，致力于实践以人为本，并为这一目标采取了全面行动。这些公司并没有自大地认为现有的人才管理模式会被完全取代，也没有试图一蹴而就。多年来，它们不断在既有策略上附加新策略，将人才管理转型打造成全公司范围内持续推行的一系列转型之一。彼得·德鲁克（Peter Drucker）曾预言："21 世纪唯一重要的能力，就是学习新技能的能力。其他一切，都会随着时间的推移而过时。"[85] 从前文的章节退后一步看，要想应用本书中提出的前 8 种战略，成功的 21 世纪企业还需再多部署一项总策略。我们将在下一章中看到，永续转型也是前沿公司正在竞相开发和部署的策略。

本章洞见

- 在未来几年里，公司必须采取措施，与人才一起蓬勃发展，将人才及其需求放在首位，而不是把他们视为可以利用的资源。
- 要想建立稳定的顶尖人才供应渠道，意味着要超越传统策略（招聘会、校园人才计划和横向招聘），在招聘对象、招聘地点以及如何吸引人才等方面发挥比以往更强的创造力，拥有更开放的思维。前沿公司正在实施"构建、购买、借用和连接"人才这 4 项策略。
- 长期以来，在激励员工方面，许多公司关注的都是加薪和发放奖金等外部因素。这些激励措施对于新人来说固然重要，但与此同时，前沿公司还要努力确保员工的工作内容富有意义。

- 对大多数公司来说，仅仅吸引和激励有才华的年轻员工尚不足以满足人才需求。公司还必须采取措施，为现有员工传授新的技能和方法，也就是所谓的技能提升或技能再培训。

第九章

接受永续转型

从传统来看，领导者们常将组织转型视为一种偶发式的一次性命题。他们将人员调动起来，集中组织变革，而变革完成之后，每个人又都回到了常态。这种做法，已经不能适应现状。要想在变化无常、飞速发展的商业竞争中胜出，跨国公司必须善于持续完成多种转型，将永续转型作为一种运营规则。

在这个瞬息万变、不断创新的开放式变革时代，只完成一两次超越是远远不够的。本书前文所描述的 3 种颠覆性力量会在同一时期为各公司带来影响，公司在面对市场、客户期望和竞争对手时采取的行动千变万化，而这种波动只会因新冠肺炎疫情、海啸和其他冲击愈演愈烈。为了赢得并长期维持竞争优势，各位要采纳我们到目前为止所讨论的 8 种策略中的大部分或全部内容，勤奋、高效而有力地予以执行。每一项策略都需要自上而下的果决干预和资源调动，各位要密切关注，同时整合这些策略，让它们相互依存，相互影响。此外，各位还需保持稳定的转型节奏，为策略划分优先级，在不同的转型间快速转换，并将整个过程看作持续且不断发展的整体。换句话说，转型必须成为一个永续的命题，成为公司经营的一个重要部分。正如塔塔董事长 N. 钱德拉塞克兰告诉我们的：“创新和改革必须深深植根于公司的基因中。”[1]

永续转型或许听起来繁重，甚至像是不可能或不可取的。传统的转型工作是公司生命中的一次性独立事件，在 12 到 18 个月的时间里，领导者为实现具体目标制订计划，以井然有序的方式组织执行，直到目标达成。接着，领导者便将转型团队及基础架构解散，又变回老样子。尽管这一转型方式相对简单易行，但许多公司却频频碰壁。一些数据显示，高达 70% 的公司转型都以失败告终。[2] 那么，公司该如何持续不断而多管齐下地兼顾转型工作，并取得成功呢？

一些行业领先的公司正重新规划其转型方法，并取得了非凡成果。2014 年，当萨蒂亚・纳德拉成为微软首席执行官时，公司状况良好、收入可观、营业利润率略低于 35%、现金和短期投资高达 760 亿美元。[3] 然而，公司的股价却停滞不前，市值在 3,140 亿美元左右徘徊，未来前景也不甚明朗。[4] 尽管微软的传统业务表现良好，但在过去十年中，公司几乎与所有主流技术趋势失之交臂，包括手机、搜索引擎和社交网络。从眼下来看，随着云端科技领域的竞争对手已远远赶超微软，微软很可能又要在这个大趋势上错失良机。这种反应迟缓的背后，是一个典型的创新者窘境[1]。尽管微软的领导者一样认识到了即将到来的新趋势，但孤立、傲慢和内部竞争激烈的公司文化，加之领导者对Windows操作系统这一微软传统“摇钱树”的执着，阻碍了微软积极迈进新市场的步伐。公司上下员工和领导者人心惶惶，竭力捍卫自己的地盘，抵制新的想法和倡议。[5]“公司病了，”纳德拉在2017年出版的《刷新》（*Hit Refresh*）一书中写道，“员工们身心疲惫，士气低落。胸有宏伟计划和伟大创想却处处碰壁，加之因循守旧的状态，让他们感到厌倦。”[6]

微软需要改变，在纳德拉这位职业的微软工程师的领导下，公司果然做到了。在他上任后的几年里，微软经历了一次彻底的转型，创立了全新的公司使命以及新的愿景和战略。微软没有执着于研发个人电脑，而是专注于开发云端和移动相关产品，同时秉持纳德拉在2015年提出的使命，即“予力全球每一人、每个组织，成就不凡”，以及“移动优先，云优先”的愿景。[7]不仅如此，微软还更新了企业战略，以支持第二章中所述的各种数字价值主张。投资从Windows转向了Azure（微软的云服务）及微软的人工智能和商业应用。最终，Windows被合并到了Office体系之中，微软也不再将捍卫Windows作为自己的主要职责。2017年，公司的战略和愿景发生了一些变化，新的重点从移动转向了人工智能（被称为“智能云，智能终端”）。正如微软在其年度报告中所述：“我们的战略，是为人工智能的智能云和智

[1] 创新者窘境理论由美国经济学家克莱顿·M.克里斯坦森（Clayton M. Christensen）提出，指企业必须在满足客户的当前需求与采用新创新和技术来满足公司未来需求之间做出决定。

能终端打造全球顶级平台和生产力服务。”[8]

微软向云计算和人工智能的转型，并非与过去的彻底决裂。相反，这次转型包含了在多年内并行且持续进行的一系列重大转变。微软创建了一个动态的转型工作组合，随着时间的推移，有些工作得以完成，有些持续进行，有些刚刚启动，而组合内容也随之变化。这些工作既宏大，又多元。为了给员工赋能，微软将竞争对抗型文化转型为专注于合作、个人成长以及致力于社会福祉的文化（见第八章）。就如纳德拉所说，曾满是“无所不知”型人才的微软，现在正致力于吸纳“无所不学”型人才。[9]与此同时，微软还进行了组织结构调整，以便更积极地响应客户需求并与客户协作（见第七章）。公司充分利用数据，通过增加一系列指标来巩固对客户的关注（见第六章）。从外部而言，微软放弃了与对手的激烈竞争，而是在一个彼此协作的生态系统中与之携手并进（见第四章），成为世界上开源代码贡献者数量最多的平台，同时与包括苹果、谷歌（安卓）和软件供应商 Salesforce 在内的主要竞争对手建立了合作关系。[10]就如纳德拉所言：“通过广泛合作来解决客户的真正痛点，是我们的责任，更是平台供应商的责任。”[11]

总的来说，纳德拉倡议的转型，与其他一系列转型一起，撼动了微软的每一个部分，缔造出媒体所称的“纳德拉复兴”。[12]在大力发展云平台和服务业务的同时，微软还削减了数十亿美元的成本，并完成了对 GitHub 和领英等公司的重大收购。从本质上来说，微软变得更富活力、更具企业家精神，打破了令人窒息的产品和领导管理筒仓效应，在工程职能中实行敏捷工作流程，并大幅增强了公司进入新市场的能力。微软因此取得了杰出的财务业绩。自 2014 年以来，微软的股东总回报赶超标准普尔 500 指数 60%，市值从 3,000 亿美元增长到 1.6 万亿美元以上（截至 2020 年 7 月），[13] 这些成绩使纳德拉成为微软历史上首位让市值超过 1 万亿美元的首席执行官。

正如微软的故事所述，当今的商业环境与以往相比已发生巨大变化，成功的转型并非一蹴而就，而是要如铁人三项般永不停歇。完成一个阶段之后，你马上又要投身于下一个阶段，接受几乎处于不断变化之中的高强度体验。截至 2020 年，微软的转型已进行 6 年，这一旅程还在继续。想要在这样一场耐力比赛中获胜，你就要在组织内部构建一种全新的转型能力。我们从微软的故事以及对一百多家公司转型计划的研究中得到了启发，总结出了一种方法，能够让各位在持续的转型中更容易获得成功。

正在实现超越的公司会应用一种持续的转型模式，我们称之为转型的“头脑、心灵和双手”。[14] 这种模式要求公司解决 3 个不同的任务:（1）设想公司所期望的未来，以及如何实现这一愿景（“头脑”）;（2）激励为正在进行的转型工作付出的人才，并为其赋权（“心灵”）;（3）建立敏捷执行和创新的能力（“双手”）。为了在永续转型中胜出，前沿公司都在认真执行这 3 个任务（过去这样做的公司寥寥无几）。而我们的研究还显示，这些公司并未止步于此，而是对这 3 大任务做出有力调整，从整体上对不确定时代的转型进行重新构想。

值得一提的是，前沿公司正在大幅提高对“心灵”转型的关注，以帮助员工规避由转型带来的疲劳。这些公司正在拓宽“头脑”转型的方式，以明确转型的长期路径；另外，公司也在锻炼新的“肌肉”，从而加快“双手”的执行速度。通过关注这 3 个策略并进行调整，你就可以彻底改善公司的转型工作，赋予公司权利与勇气，使其超越卓越。

将“心灵”转型置于中心

转型的成功与否，取决于领导者是否有能力激励员工并为其赋权，从而将转型落到实处。不幸的是，大多数公司都忽视了这一点。我们的研究表明，公司对“心灵”要素的关注程度是对“双手”的一半，只有“头脑”的三分之一。[15] 在转型上，大多数公司倾向于将员工视为达到目的的手段——更有甚者，有的公司还认为员工会带来损害。一项针对 200 名高管的研究发现，大多数高管正在或有意愿主导转型工作，但有一半高管表示，他们并未充分体会员工对这种变革的感受。[16] 这不仅是一大遗憾，也可能是企业难以成功转型的最主要原因之一。在我们的研究中，“在长期业绩良好的公司中，在‘心灵’领域取得高分的公司的业绩是其他公司的两倍。”[17]

如果公司希望通过持续的转型获得成功，就不能不重视员工，必须让员工成为关注的重点。

只有员工对变革充满热情，才会坚持为持续的转型付出努力，坚持实行多项计划，同时愿意不断更新工作组合的内容。这样的员工定会全身心投入到变革中去，而不是仅仅把变革看成一项平淡无奇的公司任务。不仅如此，这些员工还必须成为能激活变革的鲜活跳动的“心脏”。为了确保员工感受到经久不衰的变革激情，领导者必须采取一系列措施，激励员工，为员工赋权。这时，拉动 4 个各具特色的杠杆就显得尤为重要。

杠杆一：宗旨

如果员工能在更深的层次上理解自身为公司转型而努力的动力，就会对转型抱有更多热情。为了建立一种永续的转型能力，前沿公司会特地将转型与公司使命明确联系起来。尽管目标对于变革一直很重要，但当转型一直持续时，使命便成为了绝对重点。使命提供了“迫切需要的统一，清晰的思维、方向与能量”，从而“以一种符合逻辑的、人人可用的方式将各种转型工作结合”。[18] 在 2017 年出版的著作中，萨蒂亚·纳德拉讲述了使命在微软持续的转型工作中扮演的关键角色。成为首席执行官后，纳德拉立即呼吁微软重新寻回自己的“灵魂”，他所说的，就是微软存在的价值或根本原因。[19] 纳德拉花了几个月的时间，向员工询问微软的使命。“对于我的第一个问题，即为什么微软会存在，大家的回答响亮而明确。我们的存在，是为了创造能够赋予他人力量的产品。这就是我们希望能在工作中注入的意义。”[20]

在 2014 年 7 月致全体员工的邮件中，纳德拉呼吁公司“重新发现我们的灵魂——我们独特的核心”，并对这个宗旨所附带的使命下了定义：“我们将重塑生产力，予力地球上的每个人和每个组织做得更多、成就更多。”[21] 员工们的反应非常热烈。来自公司各个部门的信件大量涌入，信中表示这样的语言打动了他们的心，他们也明白了该如何将它运用到自己的日常工作中去，无论他们是程序员、设计师、营销人员还是客户支持技术人员。”[22]

为了将一切努力投入到长期的转型工作中，为了在困难时期也能一如既往地坚持下去，也为了追求开放式的变革，人们需要认识变革的根本意义。不仅仅是理解，而是必须在每天的工作中从内心深处感受到这意义所在（这也是我们在第一章中讨论过的必要条件）。转型必须有意义，而想要塑造这种意义，领导者就必须发掘和传达更深层的使命。

杠杆二：文化

当今，许多公司满足于以“三天打鱼，两天晒网”的态度去完成使命——这，只是表面使命。这些公司没能让员工和客户切实触及并强烈感受到公司存在的理由。[23] 前沿公司明白，你不能只靠言语简单表达使命，然后便指望员工铭记在心。员工必须要在日常工作中践行使命，反过来，这也意味着企业文化必须随之更新，以唤起和支持宗旨。除此之外，企业文化必须赋予人们进行转型工作的自由和权利。无论员工对公司的发展方向抱有怎样的热情，如果公司文化阻止他们采取行动支持公司的战略和目标，那么人们对变革的热情就会蒸发殆尽。在我们的研究中，与那些不强调文化的公司相比，在数字转型过程中强调文化的公司赢得优势或卓越业绩的可能性要多出 4 倍。简而言之，没有数字文化，数字转型就无从谈起。[24]

在引导微软转型的过程中，纳德拉理解了企业文化的重要性以及文化与使命的密切关系。受卡罗尔·德韦克（Carol Dweck）的著作《终身成长：重新定义成功的思维模式》（*Mindset: The New Psychology of Success*）的影响，纳德拉将微软文化的重点从竞争和冲突转向了个人成长，他将此称为植根于成长型思维方式的“动态学习”。他表示：“如果一家公司将文化的重点放在倾听、学习和利用个人的激情和才华上，并以此来实现公司使命，那么对于这家公司来说，一切皆有可能。”[25] 对纳德拉和微软来说，动态学习的文化有许多表现形式，包括对客户及其需求的强烈好奇心、内部的多样性和包容性，以及跨组织的协作，纳德拉称之为“一个微软”。“每当遇到机遇，我就会谈起这些理念，”他回忆说，“我还会寻找机会，优化微软的实践与方法，使抽象的成长型思维变得栩栩如生、触手可及。”[26]

近年来，在一年一度的“One Week”活动中，微软举办了大型黑客松活动，真正将公司文化和使命付诸实践。另外，为了与成长型思维相呼应，公司的绩效管理和组织结构也发生了改变，[27] 微软通过提倡积极友善的工作环境的人事发展策略为公司成员赋能，吸引顶尖和多样化的人才，并提供利于协作的工具与技术。纳德拉本人会孜孜不倦地向公司灌输成长型思维，与员工交流他发现的有趣书籍，在中层领导者偏离公司文化时予以提醒，并与员工积极对话。[28]他敦促中层领导者们适应这种文化，并鼓励团队培养积极的成长型思维。[29]随着时间的推移，纳德拉所设想的企业文化已经站稳了脚跟，并为公司的持续转型能力提供了“燃料”。正如微软的首席营销官所说：“我们的文化从‘无所不知’转变成‘无所不学’。我们现在所做的一切，都植根于成长型思维模式。”[30]

杠杆三：同理心

通常，传统的转型对员工来说是一个挑战，而永续转型更是如此，这是因为现今的公司要求员工在执行力、业绩和速度上要持续不断地实现超越。即便员工没有失业，也会因为看到同事离职，或自己不得不改变工作方式，以及可能要在公司内部转岗而承受压力。前沿公司要对员工有同理心，预见变革带来的挑战，并帮助员工适应。例如，萨蒂亚·纳德拉就经常谈到同理心。在《刷新》一书中，他写道：“我会将同理心植入我所追求的一切事业之中，这是我的一大习惯——从我们推出的产品，到进入的新市场，再到与我们打交道的员工、客户和合作伙伴。”[31]本着这种精神，前沿公司为员工提供了政策上的帮助，辅助他们向公司外的新工作和新事业过渡。除此之外，这些公司也为员工提供指导、各种职业培训以及财务规划方面的帮助。这些措施为员工减轻了生活上的负担，也让员工看到公司关心他们的福祉，而不只是把他们视为一种消耗性资源。

芬兰科技公司诺基亚就是一个典型案例。诺基亚因为错过了智能手机革命而在收入、亏损和市值上承担了重大的财务后果，因此，诺基亚进行了一系列以重塑公司为目标的大规模转型。经过数年的改革，诺基亚将核心手机业务出售给微软，并将网络基础设施作为新的核心业务。2013 年，诺基亚收购了自己与西门子成立的合资公司的剩余一半资产，并于 2016 年完成了对电信软硬件提供商阿尔卡特–朗讯（Alcatel-Lucent）的收购。另外，公司还出售了绘图软件业务，同时巩固创新和再造业务。这些变革帮助诺基亚稳定下来，使之进入 2015 年到 2019 年重整与融合的新阶段。然而，对于许多员工来说，这些变化却给他们带来了巨大挑战。在公司削减业务时，一些员工不得不在知道自己即将离开的情况下仍继续一段时间的工作，而留下来的人则不得不目睹同事的纷纷离去。在公司整合新业务的过程中，员工们对自己未来毫无把握，只得硬着头皮去面对。

尽管这种转变给员工造成了很大压力，但诺基亚采取了一定措施为员工提供支持，这一点，是许多正在转型的公司没有做到的。诺基亚的领导者努力提高政策透明度，尽可能多地公布有关裁员计划的信息，以便员工做好准备。为了帮助员工向新的职业过渡，诺基亚通过一个名为 Bridge 的宏大计划为其提供支持。[32] 该计划的目标是：让更多员工明确诺基亚职业生涯结束后的下一步行动。通过这一计划，员工可以在诺基亚内部找到新的工作，并获得辅导、简历咨询、社交网络、技能培训资金等帮助。寻求创业的员工，则可以申请启动资金以及加入孵化器。灵活性是该计划的一个特点：随着员工的未来计划不断变化，他们可以按需参与 Bridge 计划中的不同环节。[33] 除此之外，这些员工也可以获得资金来推动个人目标的实现，如提供志愿服务。[34]对于诺基亚来说，该计划不仅使员工受益，而且是一项明智的商业决策。通过善待员工，公司可以维持在职员工的士气高涨，确保他们付出最大的努力。为了确保该计划满足员工需求，诺基亚还专门委派了一些同样准备离开公司的重要本地管理者来监督工作的进行。[35]

总的来说，诺基亚在这一转型阶段共解雇了18,000名员工，但由于Bridge计划的帮助，几乎三分之二的员工在离开公司之前就已经确定了他们的下一步职业发展。[36]过渡资金帮助员工开拓了1,000种新业务。[37]在员工离开公司约18个月后，诺基亚对他们做了回访，并发现其中的大多数——全球员工的67%（芬兰总部员工的85%），对他们所受的待遇持积极态度。[38]另外，诺基亚也取得了不错的成绩。多亏Bridge计划，诺基亚的员工敬业度、生产力和质量都未出现任何下降。在某些情况下，工作质量甚至有所提高。另外，诺基亚在Bridge计划上的支出只在2011—2013年的总重组成本中占到了很小的百分比（4%）。[39]与2012年相比，诺基亚的销售额增长了近10个百分点，截至2015年，公司的利润率增长了近12个百分点，同时期的年化股东总回报也取得了超过50%的增长。[40]

2015年至2016年，微软在收购诺基亚手机业务时，对进入新公司的诺基亚前员工实行了裁员。在此期间，微软也采取了相似的同理心策略。通过一项名为Polku的计划，微软向有意创办新公司的前诺基亚芬兰总部员工提供了启动资金和其他资源，以此作为裁员计划的补偿。[41]通过这项计划以及来自芬兰政府的其他安置工作，几乎所有（近90%）被裁员的雇员都找到了新的工作。[42]正如Polku计划总监所说，“看到这么多以前的同事通过 Polku 找到了新工作，真的让人倍感欣慰。该方案得到了参与者和公司外部合作者的高度赞扬。”[43]

杠杆四：领导力

正如我们所见，纳德拉个人对于微软维持长期开放式转型能力至关重要。纳德拉担任了公司宗旨与存在价值的探究者，公司的宗旨和价值促进了公司文化的诞生，也根植于公司文化之中。为了确保公司各部门领导支持转型，微软实行了一种变革型领导模式，其中包括 3 个要点：“明确思路”“焕发活力”和“交付成功”。在其他前沿公司中，我们也看到领导者们将激励员工和为员工赋权作为自己的个人使命，同时确保公司的其他领导者也采取相同的行动，从而助力培养持续的转型能力。我们研究过一些公司，它们会实行一系列动员领导者支持转型的具体策略，包括加强其培训能力和改善绩效评估方式。

让转型的“头脑”更具开放性

对于传统的转型工作而言，前景相当简单直观。只要领导者确定了公司需要在运营的哪些方面进行改革，然后在转型前准备好未来 3 到 4 年的资源即可。持续的转型则要复杂得多，需要领导者付出更多的努力，建立并传达转型流程。仅仅明确一个狭隘的运营目标——“将成本削减 10%”或“将质量提高 10%”，然后放手让公司去执行的做法，显然远远不够。

> 随着转型中具体工作的变化、互相重叠和影响，公司和领导者必须从根本上重置自己与公司的宏大目标。他们必须更广泛、更全面地理解自己的长期发展方向，以及如何确定优先顺序和重点，以达到理想状态。

为了解决这一首要任务，领导者需要勾勒出一幅鼓舞人心的清晰图景，展现企业通过一致努力能够达成的伟大目标。这幅图景必须植根于公司的长期目标，并将本书所述的 8 个策略涵盖其中。领导者必须在公司内部推动这一转型的愿景，用鼓舞人心的理由让员工投身于其中，并确保关键领导者接纳这一愿景。随着时间的推移，领导者还必须每年观察愿景，根据外部条件的变化，以及转型的结束和其他工作的开始，对其进行更新和修改。

让我们再把目光转回微软，在 2014 年一封较长的电子邮件中，萨蒂亚·纳德拉描绘了公司希望达到的理想状态。从传统来看，微软一向专注于为客户提供“设备和服务”，而纳德拉宣称，微软将成为以“在移动优先、云优先的世界且融合生产力与平台的公司。我们将重塑生产力，让地球上的每个人和每个组织都能做得更多、成就更多。”在应用这一策略时，纳德拉并未将股东作为唯一甚至主要的关注点，而是提出了我们在第一章中讨论过的“多利益相关方”观点。这封邮件还阐述了重塑生产力的意义——不仅仅为个人和企业提供创造产品的条件，也提供“更加可靠、更富个性化、更好用”的智能工具。微软致力于提供“以最具个性、最智能、最开放和赋权最多的方式点亮数字化工作和生活”的体验。为了实现这一愿景，微软将调整公司文化，使其更富活力、更以客户为中心、更加高效，并让每个在微软工作的员工都能实现学习与成长。“我们每个人都必须有勇气从个人层面上实行变革。我们必须扪心自问：我能将什么想法付诸实践？”[44]

尽管对未来的整体展望能够鼓舞人心，但如果领导者试图在改革上一蹴而就，员工们便会无从招架。在为持续不断的转型制订计划时，领导者必须根据公司的独特需求阐明前8个策略中的优先事项，明确公司有哪些问题现在亟需解决，以及有哪些问题可以稍缓处理。正如我们在本书中建议的，这些优先事项必须以对公司当前能力的分析为基础。如果公司要在面对不断变化的客户期望、市场趋势或竞争对手行动时创造持久价值，那么哪些具体的转变是最为紧迫的？典型的紧急任务包括简化公司产品、更新商业模式、构建领导力、发掘人才以及开发数字产品和服务。以微软为例，公司最先尝试以发展云业务及支持这种业务的企业文化为重点。除此之外，微软还致力于将公司打造得更加敏捷，同时精减员工团队。随着这些变化开始起效，微软转而投资于增长，收购公司领英和GitHub，同时扩充了公司的人工智能研究部门。最近，微软又开始大力推进公司的可持续发展。

一旦确认了优先事项，公司就应该像微软那样创建一个具体策略的组合，并认识到组合内容将随着时间的推移而变化。公司应该将对该组合的管理与公司的运营模式结合起来。服饰与鞋品制造商耐克就是这样做的。2015 年左右，耐克的领导者担心品牌对消费者的吸引力正逐渐降低。在利润丰厚的美国市场，耐克的份额不断萎缩，曾经占据耐克销售额大部分的零售供应商，正在被在线服饰零售业中独占鳌头的亚马逊所侵占。

决心从品牌和供应链的多个方面进行变革的耐克，在 2016 年制订了以数字技术为中心的广泛而明确的转型计划。为了推动这一战略的执行，耐克搭建了一个管理架构，并在公司内部建立了数字化转型办公室，以创建和执行数字化转型组合中的策略。耐克任命数字转型负责人和首席数字官监督组合内容，还组建了一支由高管组成的指导委员会。为确保让数字化转型成为公司运营模式的一部分，耐克将这些举措与公司年度战略挂钩。每一年，领导者都要评估耐克实现年度战略所需的数字化能力，并制定预算，监督支出，同时允许转型工作与其他战略举措一同在公司业务中孵化并扩大规模。该方法不仅能让领导者监督数字化工作的进展，还确保了人员、数据、基础设施和预算，与数字化转型工作及耐克的具体业务保持一致。

近年来，耐克在转型组合中一直保持 8 到 10 项公司转型举措，每一项举措都处于不同的成熟阶段。领导者们不断重新评估这些举措，并根据耐克业务需求和外部条件的变化重新确定优先级。总体来说，这些举措推动了公司上下的彻底变革，使耐克得以通过数字化零售体验（见第二章）、供应链及生产力的革新，为消费者体验带来了显著改善。

现在消费者可以通过耐克的高人气应用程序，享受公司的会员计划和一系列福利，包括个性化健身课程和独家优惠等。公司的跑步和训练应用程序会对消费者的健身成果进行追踪，并提供个性化的指导以及免费锻炼的机会等。然而，这些应用程序提供的远不止数字化体验。耐克的创新旗舰店（于 2018 年在纽约和上海开店，本书成稿之时，公司还计划在巴黎开设另一家）[45] 与耐克应用程序结合，可让消费者在店内扫描条形码，确定是否有他们想要的颜色和尺码的鞋品后，只需按下按钮，就可以叫来店员为他们试穿，并在收银台快速付款。耐克发现，在这些概念店的刺激下，更多消费者开始下载和使用耐克应用程序，使公司获得了更大的用户数据池，同时也积累了消费者参与度，让耐克品牌在竞争对手中脱颖而出。[46]

耐克还通过收集用户数据（见第六章）来改善消费者的数字购物体验。一位高管表示："通过机器学习和人工智能，耐克的每一次数字体验都可以独一无二、个性化十足。"[47] 除此之外，消费者数据还推动了 Express Lane 的发展，这一供应链体系能让耐克更加快速和灵活地响应消费者的需求。实时数据让耐克得以更快地补充热销商品，并根据消费者的反馈更新产品。而 Express Lane 则可以通过快速成型 3D 打印技术（见第五章），让耐克将开发新产品和上架的时间从数月减少到 10 天。[48] 反过来，Express Lane 也推动了耐克"更加贴近消费者"的策略，该策略旨在提高耐克在 10 个国家共 12 个城市的反应能力，截至 2020 年，耐克 80% 以上的预计增长都来自这些地区。[49] 这些城市的团队（见第七章）密切关注市场需求，依靠 Express Lane 以及耐克应用程序生成的数据来打造消费者喜爱的新品。

耐克的一系列转型举措产生了令人惊叹的效果。2016 年至 2019 年间，公司营收从 324 亿美元飙升至 391 亿美元。2019 年，耐克所有的增长几乎都是由创新平台带来的。投资者们也赚了个盆满钵满：自2016年以来，耐克的总股东回报率的增长速度已经远超标准普尔500指数的增长速度。[50]

耐克之所以能够取得这样的成绩，是因为企业先发制人，在重大挑战、挫折或黑天鹅事件发生之前率先采取行动，事先设定和调整好自己的转型优先事项。BCG的研究表明，在转型上快速起步的公司能够取得更好的成效，与遇到情况才加以应对的公司相比，前者的股东总回报要高出3%。[51]与消极响应的转型相比，抢先转换的执行成本更低，起效速度更快。然而，绝大多数公司却没能在转型上做到先发制人。[52]如此说来，跨国公司可以在转型起步时效仿耐克的做法来获取优势，即制定和传达长期愿景，将转型与公司的运营模式相结合，并制定明确的优先事项。领导者应该对早期预警信号保持警惕，对转型举措设置定期评估，并且根据需要重新确定优先次序的机制。另外，如遇必须调整转型组合内容的情况，这些公司还应把控投资者和员工舆论。

打造更加敏捷的“双手”

如果领导者能为转型制定出一个清晰的流程，那永续的转型工作便更容易成功。我们将转型工作的具体执行称为“转型之手”，公司也可能在执行上有所疏忽。传统转型的执行相对简单，所需的能力从一开始就相对明确，因此公司为某项具体的转型工作练好了“肌肉”后，还可以在下次转型之前进行休整。在当今公司多变的运营环境中，领导者和团队无法从一开始就对每一个执行做出准确预测。他们不得不适应在转型过程中持续创新，并且在多种转型或不同领域之间来回切换。

为了不断进行改革，企业必须具备主动执行战略的能力，也就是说，企业必须将创造力和革新力植入体系之中。在我们研究过的公司中，领导者会对3大领域予以重点关注，从而赋予组织永续的变革能力：（1）敏捷的工作方式，（2）全新的运营能力，（3）强大的管理模式。

正如我们在第七章中所看到的，向敏捷工作方式的转变，本身就是公司在21世纪超越卓越所必经的关键转变之一。在由BCG首先提出的“头脑、心灵和双手”模式中，敏捷方法作为一种手段，能在越发变幻无常的环境下使传统转型尽可能最优和高效。然而，对于那些试图进行永续转型的公司而言，采用敏捷方法则变得至关重要。随着公司变得更加灵活，团队将有能力在更广泛的转型过程中迅速发现资源缺口和其他难题，并设计出相应的解决方案。敏捷方法的关键元素包括跨职能的同地区团队、冲刺期、最简化可实行产品、授权决策以及快速循环学习等，这些都可以帮助团队实现快速创新，从而推进转型工作。同样地，面向客户的敏捷团队使用的数字工具，也可以通过促进更多协作和想法的快速传播来促进转型。一般而言，敏捷方法为策略执行注入了强度和速度，使公司能加速一直在变化的多种转型工作的落地。

微软的转型同样也是由敏捷方法驱动的。纳德拉在2014年7月写给公司的公开信中表示："微软的每个团队都必须想办法去简化，提高速度与效率。我们会采取行动，将组织扁平化，并开发更加精简的业务流程，从而增加信息和创意的流动性。"[53]多年来，公司的某些部门一直推崇敏捷方法，尤其是纳德拉此前负责的开发部门。[54]正如2015年一位参观其开发部门的记者所说："与我们交谈过的每个人——包括与开发人员即兴的对话，都让我们看到，敏捷的价值根植在每个人的生活、交谈和行动中。敏捷并非只是一种行动方式，它还是一种存在方式。在盛行的敏捷思维方式中，对响应客户需求工作的人才的尊重、重视和鼓舞被视为重中之重。"[55]现在，敏捷方法的优势已渗透整个公司，对公司的转型工作起到极大的促进作用。纳德拉要求高级领导者"要为能否推进创新流程、简化运营及其工作方法的机遇做评估"。[56]

除了采用敏捷方法之外，前沿公司也应该超越最初的"头脑—心灵—双手"模式，将转型植入公司的运营模型和领导力之中。尤其需要注意的是，公司应该创建一种管理模式，能让领导者和董事会成员监督进度并持续推动变革。这些模式包括专门的转型办公室，用于负责驱动、监督、支持和沟通变革事宜，还包括关键领导者的持续参与。正如我们在前文中所看到的，耐克将转型紧密地整合在年度战略规划中，并通过建立数字转型办公室来引导和监督转型工作。另外，耐克还成立了一个数字指导委员会，其中包括直接向首席执行官进行汇报的高管。同样，微软也将转型的管理方法奉为重点，将其视为激发参与者活力的 5 个方面之一。

前沿公司启动全新运营方式所需的必要能力，能帮助公司进一步推进永续转型工作的执行，这些能力包括工具、专业知识、流程、技能以及方法（见第七章）。在制订转型计划时，领导者们先发制人，甚至在完成现有的转型之前就开始为即将到来的转型培养能力。为了实现转型，奥多比公司决定放弃主要依靠招聘新人才的战略，而是采取提升员工技能的方法。在过去 5 年中，奥多比通过招聘和收购实现了人才的巨幅增长，公司持续注重内部发展和员工流动，以确保强大的人才供应。除了内部设计的领导力发展项目外，奥多比还与加州大学伯克利分校哈斯商学院合作，为领导者开发了一套全新的培训项目，旨在帮助他们培养推动变革所需的新技能。

给领导者的建议

21 世纪的转型，不可能只是偶尔的、被动的和不连贯的改变。企业应将转型看做一项永续的任务，让其成为运营模式的一个重要组成部分，这将极大地增强企业在未来几年中的竞争、成长和突围的能力。你要驾驭影响市场的 3 种力量，并在其带来的机遇中乘风破浪，而不止是简单地被这些力量包围。尽管新冠肺炎疫情这样的冲击会让我们措手不及，但最终，你会比竞争者们更快渡过难关并恢复。外界不再会将你的公司视为一个因先前的成功而停滞不前的庞然大物，而会将它看作韧性十足、紧跟潮流的创新领袖。微软转型的成功，让当今其他公司不仅将其视为云计算、人工智能和其他技术的领导者，还将其奉为转型领域的带头人。这些公司敲开微软的大门，试图了解微软如何扭转颓势，咨询应该如何让自己的公司发展、变革，在数字时代获得成功。

像许多领导者一样，你可能会发现，将重点集中于模式中的某个要素（尤其是“头脑”）最容易，只需描绘出未来愿景并确定公司的转型优先事项即可。但如果忽视了另外两个要素，你便会陷入危机。我们在研究中发现，如果那些追求传统转型的公司能够果断采取行动、在这三个要素上三管齐下，它们在长期内实现转型的成功率就会更高。几乎所有这类公司（96%）都实现了持续的业绩改善，该比例比未能兼顾这三大要素的公司高出了近两倍。[57] 对于那些追求永续转型的公司，这一研究结果也同样适用。

为了向永续转型过渡，请复盘你在近几年尝试过的成功或失败的转型案例，然后认真考虑下列问题：[58]

- 你的员工是因为公司即将转型而感到畏惧，还是将此视为令人兴奋的、可以为其赋予自主权的措施？如果你的员工对转型抱有畏惧心理，那就几乎可以肯定，你并没有接受永续转型的心态。

- 你是否将大部分精力投入在最为重要的“心灵”要素上，并关注“心灵”的4个“腔室”——宗旨、文化、同理心和领导力？如果做到了这一点，你又能否确定自己的行动引起了员工的共鸣呢？

- 在“头脑”这一要素上，你是否对公司的未来规划了愿景，是否创立了一个动态的转型工作组合，传达了强有力的变革理由，并让你的领导团队团结一致？
- 在“双手”这一要素上，你是否已完全接受了敏捷方法？是否正在积极培养合适的内部能力？又是否设有与之相匹配的管理模式和监督机制？
- 从个人层面来讲，你是否利用了“头脑、心灵和双手”模式来实现领导？在你看来，哪一种要素最上手，哪一种最难用？为了确保更好的平衡，哪些举措是你有能力执行的？

传统的一次性转型会让员工和领导者感到困惑、恐惧、寸步难行。他们巴不得转型工作早日结束，好让一切赶紧恢复正常。但当转型成为一种永久持续的过程并融入公司的日常运营之中，当转型的“头脑、心灵和双手”都得到充分发展时，情况就有所不同了。

想象一下，如果领导者用一个每个人都能参与构建的诱人愿景牢牢吸引住员工，同时将转型过程分解成易于管理的不同部分，并与企业的运营模式联系起来，会是怎样一幅场景呢？如果领导者激励员工，将转型与公司存在的价值联系在一起；如果领导者能够在企业文化中释放更多赋权空间，在员工们感到无处安身时给予关爱，并能号召公司全体主管为各自的下属赋权，从而进一步为员工注入活力的话，又会发生什么呢？最后，让我们一起畅想，如果领导者能够剔除官僚主义，通过敏捷团队、技能培训以及转型管理和监督，大幅改善工作效率和合作关系，未来又会如何？若能多管齐下地采取这些措施，便能够彻底改变员工对变革的感受，使转型内容更为充实、令人惊喜且富有意义。协助一家古板的老牌公司转型成创新市场领导者，并最终为所有利益相关方兑现利益——这样的创举，谁会不愿出一份力呢？谁不想贡献出自己的全部智慧和创造力，让这一目标成为现实呢？

你不仅应该让转型成为一种习惯，还要让其成为一种振奋人心的生活及工作方式，这不仅是为了你的员工，也是为了你自己。通过关注员工的“头脑、心灵和双手”，你不仅能让员工渡过难关，而且能帮助他们在坚持不懈地推动企业走向未来的过程中茁壮成长。归根结底，超越卓越并不意味着要到达一个特定的目的地，而是要将超越、重塑和进化看作一种可以长期保持的心态和状态。20 世纪的大型企业已经在必要的时期和条件下完成了转变。转型，是为了生存。那些敢于超越卓越的公司，会将转型作为毕生的使命。为了追求超越股东价值的目标，领导者和员工发现，当他们推动自身发展并不断增加为企业及其利益相关方创造的价值时，工作变得更加丰富多彩。超越卓越的公司，能够抓住本世纪变化无常且难以预测的商业环境所带来的机遇。它们没有将这种环境视为一种威胁，也没有因恐惧而退缩，而是大胆地将其视为机遇，让企业在其中更好地发挥本身固有的作用：卓有成效，关爱民众，造福于人。

那么，你还在等什么？选出你的优先事项，开始为 21 世纪的竞争环境重塑你的公司吧。你和你的员工即将踏上最精彩的一段旅程——那，就是超越卓越的旅程。

本章洞见

- 转型必须成为一个永续的命题，成为公司经营的一个重要部分。正如塔塔董事长 N. 钱德拉塞克兰告诉我们的：“创新和改革必须深深植根于公司的基因中。”
- 想要在这样一场耐力比赛中获胜，你就要在组织内部构建一种全新的转型能力。我们从微软的故事以及对一百多家公司转型计划的研究中得到了启发，总结出了一种方法——也就是 BCG“头脑—心灵—双手转型模式”的修订版本，它能够让你在持续的转型之中更容易获得成功。
- 公司不能只将永续转型的成功希望寄托在员工（即传统转型的核心）身上。必须关注宗旨、文化、同理心和领导力，将“心灵”作为关注的重点。
- 随着转型中具体工作的变化、互相重叠和影响，公司和领导者必须从根本上重置自己与公司的宏伟目标（即传统转型的“头脑”领域）。他们必须清楚地传达一个范围更广、更全面的理念，阐明长期的发展方向，并且为如何达到这一理想状态而确定优先顺序及专注重点。

- 在传统的转型理念中，公司需要积极主动地培养敏捷的工作方式（即传统转型中的“双手”要素）。要想实行永续转型，公司就必须加倍重视敏捷方法，通过培养新运营能力和采用强有力的管理模型来打造更加灵活的“双手”。

后　记

超越卓越的领导力

以上就是跨国公司为构建新的商业运营模式所必须的 9 大策略。有了这 9 大策略，跨国公司不仅能够在充斥着社会矛盾、经济民族主义和科技革命的时代中生存下来，还能获得卓越的发展。这些策略为大公司创造了公平的竞争环境，为约翰迪尔、惠而浦、微软、塔塔咨询服务公司和荷兰国际集团银行（恕不多列举）等各行各业的公司提供了实现茁壮成长所需的管理工具。应用这 9 大策略的公司将具备一种新能力，能够在不可预测、风云变幻的市场环境下保持韧性，为持久的成功打好基础。然而，我们还有一个重要的问题尚未讨论，那就是：新时代对于领导力意味着什么？假设你是一家跨国公司的新任首席执行官，亦或刚刚被董事会选拔委员会提名，再或者你渴望有朝一日能够被提名 CEO，那么你需要具备哪些具体的领导特质或思维方式，才能帮助企业取得成功？你该选择什么样的领导方式，才能产生强大的发展力、财务业绩和意义深远的社会影响呢？

我们真希望能够为大家提供一个简单的框架，将大家所要做的每件事都涵盖其中，但这无异于轻敌，也与我们从许多超越卓越的领导者身上学到的东西相背离。因此，在本书结尾，我们想与大家分享一些我们与诸多领导者的访谈中收获的感悟，这些领导者都在以自己的方式为实现超越卓越而采取敏捷迅速的行动。从访谈中我们看到，从本质上讲，超越卓越的领导力包涵了6项基本要求。

第一，领导者必须带着对社会产生积极影响的信念进行领导。正如我们在第一章中看到的，利益相关方对公司提的要求正越来越高。若想让公司繁荣发展，领导者就必须放弃只专注于股东回报最大化的传统策略，并以更高的标准来衡量自我，即要为所有利益相关方产生积极影响。面对疫情和不稳定的商业环境，员工和客户对使命的渴望越来越强烈，渴望与有目标意识的公司建立联系。他们还对那些过去信奉使命但只停留在表面的公司持怀疑态度——这些公司只会贴海报、喊口号，但别的什么也不做。能够理解员工和客户对于使命的需求，并采取行动，以深远的方式造福社会的领导者，才是员工和客户所期盼和渴望的。

认真思考公司该如何参与解决社会问题与环境问题。想要产生全面的社会影响，就得把这件事视为重点。而仅仅关注总体社会影响力是不够的——你还必须成为公司的“首席使命官”。西门子的首席执行官博乐仁（Roland Busch）博士告诉我们：“领导者必须超越最新和最强的技术来定义公司的理念，（也必须）为公司做出有意义的贡献。”尤其重要的是，首席执行官必须激励运营主管和管理者。否则，部门间不仅会出现脱节现象，业务部门也终将回到转型前的老样子。[1] 萨蒂亚·纳德拉也明确表示：“我所做过的最有用的事情，就是让我们牢牢把握宗旨、使命感和身份认同。我们之所以存在，是有原因的。”[2]

第二，领导者必须从指挥和控制的思维模式向更加协作和敏捷的方式转变。几个世纪以来，领导力在很大程度上代表着某种形式的指挥和管控。领导者设定好方向，命令手下员工予以遵守，并对其灌输一套必须遵守的规则。这种倾向仍然深深根植于今天大多数领导者的心态、经验和实践中。在一个多变的世界里，超越卓越需要速度，因此，领导者必须摆脱过去的思维，采取一种更加开放、协作的方式。领导者必须专注于团结员工，然后下放自主权，而不是试图时时控制。他们必须为手下员工赋权，并引导员工去追求前进而不是力求完美。除此之外，超越卓越的领导力还要求领导者在公司其他人面前以身作则，树立起敏捷工作的榜样。

纳图拉集团董事长兼首席执行官罗伯托·马克斯指出，在一个变化如此迅速的世界里，没有哪个领导者能指望自己可以掌握所有问题的答案。相反，领导者必须招募有能力提出解决方案的员工，巩固并拓宽他们的工作范围，而不是去指导、监管。“你必须为你的团队赋权，”他表示，“你要明白，在具体业务和职能领域中，总有员工会有正确的答案，知道的比你更多。”[3]他进一步指出，当今领导者需要有一种自我意识，承认你甚至都不知道自己不知道什么，并虚心倾听他人的意见。领导者必须和员工进行有效沟通，“在与公司成员的接触中，有效搜集能够帮你做出正确决定、并在必要时修正方向的信息。”[4]

第三，领导者必须引导公司以更加开放的心态对待竞争者——无论这些公司规模是大是小，也无论你们是否处于同一行业。长期以来，许多公司在为客户提供价值时，所部署的策略几乎只关乎公司本身。就算与其他公司存在关系，也只限于正式往来，与客户和竞争对手之间的合作关系少之又少。领导者认为，自己的公司只是在一个封闭的系统内运作，而竞争对手则完全处在外部。就像敦促工人打败敌人的横幅标语在车间中并不罕见，而所谓的敌人，就是竞争对手。

正如我们在本书中，尤其是第四章中所看到的，现在的公司为交付价值，越来越多地参与到跨行业、跨规模、跨地域的公司群体或生态系统之中，其中甚至可能包括竞争对手。正如塔塔集团主席（也是塔塔咨询服务公司前首席执行官）N. 钱德拉塞克兰所说，市场的力量"正在从公司向生态系统转移"。[5] 每家公司都必须确定自己在生态系统中可能扮演的角色，以便在贡献和获得的价值之间找到一个有利的平衡点。当今领导者不仅要接受这种全新的思维方式，还要从公司之外寻找创意和人才，并不断挖掘合作伙伴以实现更大价值。同时，领导者还必须帮助公司员工执行。纳图拉集团的罗伯托·马克斯指出，更广泛生态系统中持续开放的双向沟通（纳图拉的双向沟通包括数万名的员工和数百万名面向客户的销售顾问沟通想法与感情），是"集团得以持续发展的'氧气'"。[6]

第四，领导者必须强调和植入一种持续学习的心态。为了获得成功和卓越发展，公司需要舍弃什么？目前有不少或含蓄或明确的说法，而本书中超越卓越的理念则具有颠覆性。为了促进创新发展，领导者必须持续摒弃老旧的观察、思维和行动方式。正如 BCG 所指出的，持续不断的学习能力将为公司（和个人）的竞争能力提供坚实的基础。[7] 作为领导者，你必须做好在学习上花费比以往更多时间和精力的准备。随着技术、客户和外部环境的快速发展，你不能再将对于现有业务的假设视作理所当然。正如塔塔集团的N.钱德拉塞克兰所表述的那样，“每家公司都必须从公司产品或服务的角度提出这个问题，即我的新价值链是什么？或者我适合什么样的生态系统？不弄清这一点，你就无法制定出一套好的策略。”[8]另外，领导者还必须为其他员工树立榜样，向他们展现思维的灵活与活力，而这些也是员工在职业生涯中参与新技能培训时要学习的。

正如西门子的博乐仁博士所说，紧跟潮流和持续学习是跟上技术发展的唯一途径。他每年都会特地安排一到两次从德国到美国西海岸的行程，与大型信息技术公司和初创公司会面——虽然只是单纯地了解一下他们的动向。他鼓励西门子的中层管理者也这样做。他表示：“我对此非常关注，也希望下面的管理层能模仿我的做法，我希望他们觉得：‘哦，如果他都这么做了，我也必须试试。’”有一次，博乐仁带他的核心领导层到旧金山参加一场为期两天的研讨会，与科技公司会面。“我们讨论了科技发展，了解了他们对西门子及生态系统的看法，探讨了其中的不足之处以及该如何加以改进。这真是一个全面的会议，简直太不可思议了。”博乐仁补充说，在他看来，学习不仅只是学习技术，还包括个人成长。领导者必须“保持好奇心，并接受终身学习。如果做不到这一点，你就已经输了。”

第五，领导者必须接受变革型的领导方式。正如我们所看到的，在这个日新月异、瞬息万变的时代，永续转型必须成为常态。当然，这么做也存在风险，员工可能会因为公司竭力推行这种持续不止的转型而感到不堪重负、精疲力尽。为了避免这种困境出现，也为了增强公司在不断变革过程中的发展力，每位领导者都必须成为变革型的领导者，接受以人为本的全面领导方式，同时兼顾“头脑、心灵和双手”。领导者必须提供清晰的方向，致力于打造一个不断迭代的流程，并在迭代中评估公司面临的挑战，展望应用9大策略后的未来，并引领公司一同踏上征程（即“头脑”）。领导者必须激励团队更自信地工作，发挥出最好水平，表现出关怀与同情，积极倾听，并训练每一个人，增强其能力（即“心灵”）。最后，领导者必须以更为开放和协作的方针动员公司，通过前文所述的敏捷方法来执行和创新，鼓励能提高创造力和敏捷性的举措（如同地区办公、每日站会、冲刺期以及快速循环学习），重视投资和开发高标准和数字化人才（即“双手”）。微软公司的萨蒂亚·纳德拉就实践了“头脑—心灵—双手”的领导模式，分别向各层领导者阐明了“明确思路”“激发活力”和“交付成功”的重要性。

第六，21世纪的领导者必须培养能驾驭不确定性、压力与矛盾的新能力。回想一下3种颠覆性力量、9大策略以及我们研究的各家公司实行这些策略的具体方式，你会发现，这些公司的领导者都面临着众多激烈矛盾。一方面，领导者必须引导组织去学习、反思和试验；另一方面，他们也要让组织置身于稳定、不变的业务环境之中。公司必须与同行展开激烈竞争，同时以前所未有的方式合作，必须推动公司同时具备全球化和本土化的特点，也必须同时保持流动性和稳定性。20世纪的所谓卓越，意味着努力发展这些二元结构中的一个元素并取得显著的成效。而想要超越卓越，领导者就必须能自如兼顾二元结构的两种元素，还必须帮助员工做到得心应手。

超越卓越的领导者们会带领公司掌控自己的命运，自如应对多变的全球商业环境，而不是被困其中。公司要不只简单地发展现有业务，而是拓宽视野、大胆地进入全新的竞争领域。本书所谈到的每一位——钱德拉塞克兰、马克斯、博乐仁和纳德拉，都是超越卓越的领导者的典范。他们都带领公司实践了 9 大策略中的若干项，获得了行业领先的股东回报，他们的公司不仅具有韧性和社会责任感，还能吸引年轻才俊。他们也都带领公司进行了彻底的转型：钱德拉塞克兰让塔塔咨询服务公司变得更富敏捷性、创新性和企业家精神；马克斯领导纳图拉创立了一种基于合作网络关系驱动的独特运营模式；博乐仁正专注于优化内部的、由技术驱动的强大企业文化，使之以更加开放和敏感的心态面对本地市场和全球问题；而纳德拉则通过一个大胆的全新宗旨将微软所有人才团结到了一起。

那么，你会演绎怎样的传承故事呢？在致力于打造具有新竞争优势的 9 大策略时，请激励你的员工去追求更广泛的社会影响力和股东回报，多一些团结协作，少一些指示领导，把你周围的人当作合作者，也当作竞争者，树立成长型心态的典范，成为一位变革型领导者，接纳不确定性、压力与矛盾。超越卓越的旅程对每一个参与者而言都是丰富充实而精彩纷呈的，而这一切，都将从你开始。

致　谢

能有机会向那些帮助过我们的杰出人士表示感谢，是写完一本像《超越增长》这样的书之后的一大乐事。我们特别感谢塞思·舒尔曼（Seth Schulman）的杰出工作，感谢他对本书手稿的概念提炼，以及在撰写和编辑方面提供的帮助。塞思是首屈一指的专业人士，没有他，这本书也不可能完成。

拉贾·奥古斯汀拉杰（Rajah Augustinraj）和基肖尔·斯特拉姆（Kishore Seetharam）是我们杰出的研究团队的出色统筹，他们对这本书的诞生亦至关重要。在过去的 18 个月里，拉贾和基肖尔坚定不移地与我们合作，共同编订了书中的各项策略，并补充了大量以研究为基础的案例和发人深省的采访内容。他们协调众多贡献者的能力，对书稿在每个关键节点的写作十分重要。同样地，我们也要衷心感谢拉贾和基肖尔所带领的不知疲倦、才华横溢的团队。亚历杭德罗·阿萨姆（Alejandro Assam）和斯蒂芬妮·里奇（Stephanie Rich）为我们早期的论点提供了研究佐证，并帮助我们发掘出最为精彩的故事与大家分享。保罗·帕维尔（Paul Pavel）和伊娜·弗里娅（Ina Foalea）为第一部分“超越增长”设计了明晰的大纲。阿卡什·塞赫拉（Akash Sehra）、希瑟·卡梅隆-瓦特（Heather Cameron-Watt）和劳拉·巴斯孔塞洛斯（Laura Vasconcellos）为“超越运营”和“超越组织”这两部分组织了调查研究。索菲娅·卢戈（Sophia Lugo）和阿弗里恩·高里（Afreen Ghauri）帮助我们研究了总体社会影响力、领导力及韧性，并完成了本书收尾内容的打磨工作。我们也要感谢希巴·沃拉奇（Hiba Warrach），帮忙挖掘出许多细节供团队引用，还要感谢瑞秋·戈斯滕霍夫（Rachel Gostenhofer），帮助我们细致准确地核查事实。

我们要感谢我们的代理人托德·舒斯特（Todd Shuster）和编辑科琳·劳里（Colleen Lawrie），感谢他们对这本书的大力支持。托德是我们名副其实的策划伙伴，从一开始就塑造出这本书的概念，并指引我们将本书推向市场，陪我们走完了这一复杂的旅程。科琳耐心地指导我们完成了长达数月的写作和校对工作，向我们示范了如何让论点简洁、直接且具有感染力的新表达方式。感谢你们二位！

在这段旅程中，我们有幸将诸位资深同事视为思想上的伙伴。首先，感谢我们全球主席李瑞麒的认真阅读和对手稿的增改。他的洞察力让这本书增色不少。也深深感谢 BCG 全球名誉主席汉斯-保罗·博纳克博士（Hans-Paul Bürkner），BCG 印度区主席贾梅詹雅·辛哈（Janmejaya Sinha），以及 BCG 全球首席人力官迪内希·康纳（Dinesh Khanna），感谢他塑造了我们对全球化变革的看法。我们感谢 BCG 亨德森智库的主席马丁·里维斯（Martin Reeves）和 BCG 亨德森智库全球联席负责人范史华，帮助我们最终发展出《超越增长》一书的整体理念，是我们三方的研究成果。BCG 各专项的领导者和各个话题的专家帮助我们找出每项策略的细节，并为我们指出了值得研究的杰出公司。特别感谢 16 位话题专家的积极参与，他们是：全球数据和数字专家西尔万・迪朗东（Sylvain Duranton）、卡拉利・克洛斯（Karalee Close）和拉吉夫・古普塔（Rajiv Gupta）；可持续发展专家戴维・扬（David Young）；生态系统专家马西莫・鲁索（Massimo Russo）和康拉德・冯・什切潘斯基（Konrad von Szczepanski）；灵活交付和全球供应链专家彼得・罗森菲尔德、丹尼尔・屈佩尔（Daniel Küpper）和迈克尔・麦卡杜（Michael McAdoo）；以及组织与人才专家艾利森・贝利（Allison Bailey）、维克拉姆・巴拉（Vikram Bhalla）、马丁・达诺萨斯托（Martin Danoesastro）、戴安娜・多西克（Diana Dosik）、朱莉・基尔曼（Julie Kilmann）、德博拉・洛维奇（Deborah Lovich）和苏米特・萨劳吉（Sumit Sarawgi）。

我们也要向花费大量时间与我们分享个人经历和见解的杰出商业领袖们表示诚挚的谢意。我们对他们的付出感激不尽，也希望这本书准确捕捉到了他们分享的观点。另外，我们也要感谢几位 BCG 的全球合伙人和客户总监，他们是：丹尼尔・阿泽维多（Daniel Azevedo）、道格拉斯・贝亚尔（Douglas Beal）、简・菲利普・本德（Jan Philipp Bender）、阿帕尔纳・巴拉德瓦杰（Aparna Bharadwaj）、陈庆麟（Ted Chan）、阿贾伊・乔杜里（Ajay Chowdhury）、马克・吉尔伯特（Marc Gilbert）、福尔克尔・哈默尔（Volker Hämmerle）、妮米沙・贾殷（Nimisha Jain）、木村良治、小宫聪、贾斯汀・罗斯（Justin Rose）、阿比克・辛格（Abheek Singhi）、彼得・托尔曼（Peter Tollman）、托莫尔・楚尔

（Tomer Tzur），约翰·温斯特拉普（John Wenstrup），感谢你们对书中领导者的引荐。

鲍勃·布莱克、贝恩德·瓦尔特曼（Bernd Waltermann）和麦维德（David Michael）这三位 BCG 的资深顾问对我们的书稿进行了严谨审阅，并担任我们的顾问。他们富有洞见的反馈和鼓舞人心的评价给了我们很大的信心，让我们相信《超越增长》会是一本与时代高度契合的书。如果没有 BCG 全球优势专项的鼎力相助，这本书便不可能完成。我们感谢该项目的全球总监凯西·马加德（Kasey Maggard），感谢她搜集了必要的资料，坚持不懈地引导内外部所有流程，使这本书得以成功付梓。同时感谢马西莫·波帝卡索（Massimo Portincaso），他与贝琳达·加劳勒（Belinda Gallaugher）、埃里克·格雷瓜尔（Eric Gregoire）和萨拉·麦金托什（Sarah McIntosh）的共同努力，让广大读者读到了这部作品。

最后，也是最重要的，我们要感谢我们的家人，感谢他们一直以来的支持、鼓励，感谢他们给予我们信心，支撑我们走过艰辛的写作历程。没有你们的支持，我们便不可能将超越卓越的精彩故事记录下来并传递给全球的读者。感谢你们所做的一切！

注　释

引言　卓越已经不够了

1. 详见 2017 年 6 月 15 日 BCG 研究团队对马克·比策（惠而浦时任首席运营官兼现任首席执行官）的采访。
2. 我们可以认为股东总回报由 3 个主要部分组成：（1）利润增长，（2）股价上涨，（3）股东的现金回报。更全面的讨论，参见杰瑞·汉塞尔（Gerry Hansell）等人所著论文《扭转股东总回报的动力学》（*The Dynamics of TSR Turnarounds*），BCG，2014 年 7 月 15 日，2020 年 4 月 6 日下载，网址：https://www.bcg.com/publications/2014/value-creation-strategy-dyamics-tsr-turnarounds.aspx.
3. Scott D.Anthony et al.,"2018 Corporate Longevity Forecast:Creative Destruction Is Accelerating,"Innosight,accessed December 10, 2019,https://www.innosight.com/insight/creative-destruction/.
4. Martin Reeves and Lisanne Püschel,"Die Another Day:What Leaders Can Do About the Shrinking Life Expectancy of Corporations,"BCG, December 2,2015, https://www.bcg.com/publications/2015/strategy-die-another-day-what-leaders-can-do-about-the-shrinking-life-expectancy-of-corporations.aspx.
5. John D.Stoll,"CEO Tenure Is Getting Shorter.Maybe That's a Good Thing,"Wall Street Journal,October 4,2018,https://www.wsj.com/articles/ceo-tenure-is-getting-shorter-maybe-thats-a-good-thing-1538664764; Lauren Silva Laughlin,"Many C.E.O. Tenures Are Getting Shorter,"*New York Times*,October 23,2018, https://www.nytimes.com/2018/10/23/

business/dealbook/ceo-tenure-kimberly-clark.html.

6. Hans-Paul Bürkner, Martin Reeves,Hen Lotan,and Kevin Whitaker,"A Bad Time to Be Average,"BCG,July 22,2019,https://www.bcg.com/publications/2019/bad-time-to-be-average.aspx.
7. TCS's IPO prospectus,June 2004, 67,http://www.cmlinks.com/pub/dp/dp5400.pdf.
8. Jochelle Mendonca,"TCS Restructures Its Business Units to Focus on Long Term Strategy,"*Economic Times*,last updated October 22,2018,https://economictimes.indiatimes.com/tech/ites/tcs-restructures-its-business-units-to-focus-on-long-term-strategy/articleshow/66309922.cms.
9. "Blazing a Trail,"Tata,accessed April 2, 2020,https://www.tata.com/newsroom /titan-diversity-blazing-a-trail.
10. 截至 2019 年 12 月 30 日，公司市值为 1,150 亿美元。所有数据来源于 BCG ValueScience 数据库，2019 年 12 月 30 日访问。
11. N. Shivapriya, "How N. Chandrasekaran's Second Term at TCS Will Be Different from His First," *Economic Times*, September 4, 2014, https://economictimes.indiatimes.com/tech/ites/how-n-chandrasekarans-second-term-at-tcs-will-be-different-from-his-first/articleshow/41650912.cms.
12. Paul Laudicina, "Globalization Is Dead: What Now?" *World Economic Forum*, January 20, 2016, https://www.weforum.org/agenda/2016/01/globalization-is-dead-what-now/.
13. "2019 Edelman Trust Barometer Reveals 'My Employer' Is the Most Trusted Institution," Edelman, January 20, 2019, https://www.edelman.com/news-awards/2019-edelman-trust-barometer-reveals-my-employer-most-trusted-institution.
14. 可参考 Richard Baldwin, *The Great Convergence: Information Technology and the New Globalization* (Cambridge: Belknap, 2016).
15. "尽管几乎每个经济体都会面临逆境，但由于脆弱性、地域隔离和由来已久的困窘，最贫穷的国家面临着最严峻的挑战，" 世界银行集团副行长在谈到公平增长、金融和机构问题时这样说。Ceyla Pazarbasioglu(World Bank,"Global Growth to Weaken to 2.6% in 2019, Substantial Risks Seen,"press release,June 4, 2019, https://www.worldbank.org/en/news /press-release/2019/06/04/global-growth-to-weaken-to-26-in-2019-substantial-risks -seen).
16. Erdal Yalcin, Gabriel Felbermayr,and Marina Steininger,"Global Impact of a Protectionist U.S.Trade Policy,"ifo Institute, October 2017, 29–30, https://

www.ifo.de/DocDL/ifo_Forschungsberichte_89_2017_Yalcin_etal_US_TradePolicy.pdf.

17. Vanessa Gunnella and Lucia Quaglietti,"The Economic Implications of Rising Protectionism: A Euro Area and Global Perspective,"*ECB Economic Bulletin* 3 (2019), https://www.ecb.europa.eu/pub/economic-bulletin/articles/2019/html/ecb.ebart201903 _01~e589a502e5.en.html#toc3.
18. Emma Cosgrove, "'Economic Nationalism'Is a Growing Challenge for Manufacturers, Survey Says,"Supply Chain Dive, November 13, 2018, https://www.supplychaindive.com/news/economic-nationalism-risk-for-manufacturers/542137/.
19. Figures compiled by TeleGeography database, November 2019,accessed December 12, 2019.
20. BCG Henderson Institute: Center for Macroeconomics, proprietary analysis, 2019.
21. Luke Kawa,"Traders Are Wagering the VIX Hits Triple Digits on Tuesday," Bloomberg,March 9, 2020,https://www.bloomberg.com/news/articles/2020-03-09 /traders-are-wagering-the-vix-hits-triple-digits-on-tuesday.
22. "Vix-Index,"CBOE,accessed June 5,2020,http://www.cboe.com/products/vix-index-volatility/vix-options-and-futures/vix-index/vix-historical-data#.
23. "Business Roundtable Redefines the Purpose of a Corporation to Promote'An Economy That Serves All Americans,'"Business Roundtable,August 19, 2019, https://www.businessroundtable.org/business-roundtable-redefines-the-purpose-of-a-corporation-to-promote-an-economy-that-serves-all-americans.

第一章 助力行善，超越增长

1. Douglas Beal et al.,"Total Societal Impact: A New Lens for Strategy,"BCG, October 25, 2017, https://www.bcg.com/publications/2017/total-societal-impact-new -lens-strategy.aspx; Douglas Beal et al.,"Insights on Total Societal Impact from Five Industries,"BCG,October 25,2017,https://www.bcg.com/publications/2017/corporate -development-finance-strategy-insights-total-societal-impact-five-industries.aspx.
2. Andrea Álvares (chief marketing, sustainability, and innovation officer at Natura), interview with BCG research team,March 18, 2020.
3. "About Us,"Natura, accessed March 29, 2020,https://www.naturabrasil.

com/pages /about-us;"Cosmetics & Relationships,"Natura, accessed March 29,2020,https://www.naturabrasil.fr/en-us/our-values/our-essence.

4. 正如塞亚布拉所述，"16 岁时，我听到了柏拉图的这句话：'一在整体中；整体寓于一'。这对我而言是一种启示，我也一直秉持着这种作为整体中的一部分的观念。"Michael Silverstein and Rune Jacobsen, "Take Giant Leaps (Because You're Not Going to Win with Timid Steps)," BCG, October 7, 2015, https://www.bcg.com/publications/2015/marketing-sales-consumer-products -take-giant-leaps-not-going-win-timid-steps.aspx.
5. "Natura &Co,"Natura Co.,2018, https://naturaeco.com/report_2018_en.pdf.
6. "Natura: Multi-Level Sales for Multi-Level Impact,"Business Call to Action,accessed March 29,2020,https://www.businesscalltoaction.org/sites/default/files/resources/bcta_casestudy_natura_web.pdf.
7. "Natura &Co,"37.
8. "Natura: Multi-Level Sales for Multi-Level Impact";"Natura &Co,"57.
9. Geoffrey Jones,"The Growth Opportunity That Lies Next Door,"*Harvard Business Review*, July–August 2012,https://hbr.org/2012/07/the-growth-opportunity-that-lies-next-door.
10. 凯万·马塞多（纳图拉南非可持续发展经理）接受 BCG 的采访内容，2019 年 3 月 20 日。
11. Luciana Hashiba,"Innovation in Well-Being,"Management Exchange,May 18,2012, https://www.managementexchange.com/story/innovation-in-well-being.
12. "Our Engagements,"Natura,accessed April 1,2020,https://www.naturabrasil.fr/en-us/our-values/sustainable-development.
13. "Natura Presents Campaign with New Positioning of the Brand:The World Is More Beautiful with You,"Cosmeticos BR, February 12,2019,https://www.cosmeticosbr.com.br/conteudo/en/natura-presents-today-a-campaign-with-new-positioning-of-the-brand-the-world-is-more-beautiful-with-you/.
14. BCG company research; Andres Schipani,"Beauty Company Natura Balances Profitability and Sustainability,"Financial Times, December 4, 2019,https://www.ft.com/content/4795bbe2-e469-11e9-b8e0-026e07cbe5b4.
15. "Impact Case Study: Natura's Commitment to Ethical BioTrade," Union for Ethical BioTrade, accessed April 1, 2020, https://static1.squarespace.com/static/58bfcaf22994ca36885f063e/t/5d1a1b3ecff76800013e65d2/1561992003982/Natura-impact+study-july+2019.pdf; Guilherme Leal, "Exploiting Rainforest Riches While Conserving Them," *Telegraph*, June

10, 2019,https://www.telegraph.co.uk/business/how-to-be-green/exploiting-and-conserving-rainforest-riches/.

16. 凯万・马塞多接受 BCG 的采访内容，2019 年 3 月 20 日。
17. "Natura's Carbon Neutral Programme|Global,"United Nations,accessed March 31,2020,https://unfccc.int/climate-action/momentum-for-change/climate-neutral-now/natura.
18. Andrea Álvares,interview with BCG research team,March 18, 2020.
19. Hashiba,"Innovation in Well-Being,"https://www.managementexchange.com/story/innovation-in-well-being.
20. Andrea Álvares,interview with BCG research team, March 18,2020.
21. "About Us,"Natura,accessed March 29,2020,https://www.naturabrasil.com / pages/about-us.
22. "Care About the Planet,"Natura, accessed April 19,2020,https://www.naturabrasil.com/pages/care-about-the-planet-a-sustainable-timeline.
23. 凯万・马塞多接受 BCG 的采访内容，2019 年 3 月 20 日。
24. Data derived from investing.com.,accessed January 15,2020.
25. Katharine Earley,"More Than Half of All Businesses Ignore UN's Sustainable Development Goals,"*Guardian*, September 30,2016, https://www.theguardian.com/sustainable-business/2016/sep/30/businesses-ignore-un-sustainable-development-goals-survey.
26. Scott Tong, "How Shareholders Jumped to First in Line for Profits," MarketPlace,June 14,2016,https://www.marketplace.org/2016/06/14/profit-shareholder-value/.
27. Tony O'Malley,"Business for Good:How Fujitsu Believes CSR Is Essential for Business Success,"Business & Finance,accessed March 29,2020, https://businessandfinance.com/business-for-good-fujitsu/.
28. 罗伯托・马克斯（纳图拉董事长兼首席执行官）接受 BCG 采访内容，2020 年 3 月 10 日。
29. Governance & Sustainability Institute,"Flash Report:86% of S&P 500 Index® Companies Publish Sustainability / Responsibility Reports in 2018," press release, May 16,2019,https://www.ga-institute.com/press-releases/article/flash-report-86-of-sp-500-indexR-companies-publish-sustainability-responsibility-reports-in-20.html.
30. BCG 基于明晟（MSCI）年度报告（2018 年）、创业公司数据库 Crunchbase、标普投资者事实书（S&F investor fact book, 2019 年）和资产管理公司 Vigeo Eiris 估计（2017 年）的分析。

31. Alana L. Griffin, Michael J. Biles, and Tyler J. Highful, "Institutional Investors Petition the SEC to Require ESG Disclosures," American Bar Association, January 16, 2019, https://www.americanbar.org/groups/business_law/publications/blt/2019/01 /investors/.
32. "China Mandates ESG Disclosures for Listed Companies and Bond Issuers," Latham & Watkins, February 6, 2018, https://www.globalelr.com/2018/02/china -mandates-esg-disclosures-for-listed-companies-and-bond-issuers/.
33. "CGS Survey Reveals'Sustainability'Is Driving Demand and Customer Loyalty," CGS, accessed March 30, 2020, https://www.cgsinc.com/en/infographics/CGS-Survey-Reveals-Sustainability-Is-Driving-Demand-and-Customer-Loyalty;"Study: 81% of Consumers Say They Will Make Personal Sacrifices to Address Social, Environmental Issues,"Sustainable Brands,accessed March 31,2020,https://sustainablebrands.com/read/stakeholder-trends-and-insights/study-81-of-consumers say-they-will-make-personal-sacrifices-to-address-social-environmental-issues.
34. "Sustainability Futures," *The Future Laboratory*,6,13,https://www.thefuturelaboratory.com/hubfs/Sustainability%20Futures%20Report.pdf.
35. "Americans Willing to Buy or Boycott Companies Based on Corporate Values, According to New Research by Cone Communications,"Cone,May 17,2017,https://www.conecomm.com/news-blog/2017/5/15/americans-willing-to-buy-or-boycott-companies-based-on-corporate-values-according-to-new-research-by-cone-com munications.
36. "Performance with Purpose: Sustainability Report 2017,"PepsiCo,2,https://www.pepsico.com/docs/album/sustainability-report/2017-csr/pepsico_2017_csr.pdf.
37. "Performance with Purpose,"PepsiCo, 1.
38. "Performance with Purpose,"PepsiCo, 3;"Indra K.Nooyi on Performance with Purpose," BCG,January 14, 2010,https://www.bcg.com/en-in/publications/2010/indra-nooyi-performance-purpose.aspx.
39. "Performance with Purpose,"PepsiCo,3.
40. "Performance with Purpose,"PepsiCo,3–4;"Helping to Build a More Sustainable Food System: PepsiCo Sustainability Report 2018," PepsiCo, 8, https://www.pepsico.com/docs/album/sustainability-report/2018-csr/pepsico_2018_csr.pdf.
41. "Helping to Build a More Sustainable Food System," PepsiCo, 3.
42. "Performance with Purpose," PepsiCo, 3.

43. "Helping to Build a More Sustainable Food System," PepsiCo, 3.
44. "World of Business Must Play Part in Achieving SDGs, Ban Says," United Nations, January 20, 2016, https://www.un.org/sustainabledevelopment/blog/2016/01 /world-of-business-must-play-part-in-achieving-sdgs-ban-says/.
45. 根据法律，印度的公司如果超过了资产净值、销售额或利润的门槛，则必须拿出 2% 的利润用于资助益于社会发展的活动。See Stephen Kurczy, "Forcing Firms to Do Good Could Have a Negative Impact," Columbia Business School, November 13, 2018, https://www8.gsb.columbia.edu/articles/ideas-work/forcing-firms-do-good-could-have-negative-impact.
46. Lee Ann Head, "Getting and Keeping A-List Employees: A Bonus Benefit of Sustainability Efforts," Shelton Group, September 6, 2013, https://sheltongrp.com/posts/getting-and-keeping-a-list-employees-a-bonus-benefit-of-sustainability-efforts/.
47. Susan Warfel, "ESG Investing Survey Reveals 3 Social Goals Investors Value over Profits," *Investor's Business Daily*, November 20, 2019, https://www.investors.com/research/esg-investing-survey-reveals-social-goals-investors-value-over-profits/.
48. "Sustainable Investing's Competitive Advantages," Morgan Stanley, August 6, 2019,https://www.morganstanley.com/ideas/sustainable-investing-competitive-advantages.
49. Nicolas Rabener, "ESG Investing: Too Good to Be True?" Enterprising Investor,January 14, 2019, https://blogs.cfainstitute.org/investor/2019/01/14/esg-factor-investing-too-good-to-be-true/.
50. Gordon L. Clark, Andreas Feiner, and Michael Viehs, "From the Stockholder to the Stakeholder," Smith School of Enterprise and the Environment, September 2014,https://www.smithschool.ox.ac.uk/publications/reports/SSEE_Arabesque_Paper_16Sept14.pdf.
51. "A Fundamental Reshaping of Finance," BlackRock, accessed March 31, 2020,https://www.blackrock.com/corporate/investor-relations/larry-fink-ceo-letter.
52. BCG analysis, led by Vinay Shandal (managing director and partner, global leader in sustainable investing).
53. 关于总体社会影响力的全面表述，请参见贝亚尔等人所著《总体社会影响力》（*Total Societal Impact*）。本章的很多内容都参考了这篇文章中的概念和语言。

54. Beal et al., “Total Societal Impact.”
55. Ajay Banga, “Contributing to a Sustainable and Inclusive Future,” Mastercard,August 20, 2019, https://www.mastercardcenter.org/insights/doing-well-by-doing-good-with-Ajay-Banga.
56. Tara Nathan, interview with BCG team, December 13, 2019.
57. Mohammed Badi et al., “Global Payments 2018: Reimagining the Customer Experience,” BCG, 6, 9, https://image-src.bcg.com/Images/BCG-Global-Payments-2018-Oct-2018_tcm9-205095.pdf.
58. “The Private Sector Is Becoming a Major Catalyst for Sustainability,” Mastercard Center for Inclusive Growth, August 22, 2018, https://www.mastercardcenter.org/insights/private-sector-becoming-major-catalyst-sustainability.
59. 塔拉・内森接受 BCG 的采访内容，2019 年 12 月 13 日。
60. Ryan Erenhouse, “Financial Inclusion Commitment: Reach 500 Million People by 2020,” Mastercard, https://newsroom.mastercard.com/news-briefs/financial-inclusion-commitment-reach-500-million-people-by-2020/; “Doing Well by Doing Good: Corporate Report 2018,” Mastercard, 3,https://www.mastercard.us/content/dam/mccom/global/aboutus/Sustainability/mastercard-sustainability-report-2018.pdf.
61. “How Mobile Payments Can Help Keep Children in School,” Mastercard Center for Inclusive Growth, June 10, 2019, https://www.mastercardcenter.org/insights/how-mobile-payments-can-help-keep-children-in-school.
62. Jake Bright, “Mastercard Launches 2KUZE Agtech Platform in East Africa,” TechCrunch, January 18, 2017, https://techcrunch.com/2017/01/18/mastercard-launches-2kuze-agtech-platform-in-east-africa/.
63. “SASSA MasterCard Debit Card Grows Financial Inclusion in South Africa,”Mastercard, press release, November 13, 2013, https://newsroom.mastercard.com/press-releases/sassa-mastercard-debit-card-grows-financial-inclusion-in-south-africa/; Cath Everett, “Technology for Social Good—Mastercard,” Diginomica, August 10, 2017,https://diginomica.com/technology-social-good-mastercard.
64. BCG 研究。
65. 塔拉・内森接受 BCG 的采访内容，2019 年 12 月 13 日。
66. “Mastercard Incorporating,” Great Places to Work, accessed March 31, 2020, https://www.greatplacetowork.com/certified-company/1001388.
67. BCG 基于资本智商数据库数据的分析。

68. “Businessperson of the Year,” *Fortune*, 2019, https://fortune.com/businessperson-of-the-year/2019/ajay-banga/.
69. Tara Nathan, interview with BCG team, December 13, 2019.
70. “The OMRON Principles,” Omron, 2019, accessed April 1, 2020, https://www.omron.com/global/en/assets/file/ir/irlib/ar19e/OMRON_Integrated_Report_2019 _en_Vision.pdf.
71. Seiji Takeda (Omron executive officer and director of business strategy in main global strategy unit), interview with BCG team, November 8, 2019; “Working for the Benefit of Society: The Corporate Philosophy Driving Omron’s Value Creation,” Omron,accessed April 1, 2020,https://www.omron.com/global/en/assets/file/ir/irlib/ar14e/ar14_02.pdf; “The OMRON Principles,” 5.
72. “Automated Railway Ticket Gate System Named IEEE Milestone,” Omron,November 27, 2007, https://www.omron.com/global/en/media/press/2007/11/c1127.html.
73. “Automated Railway Ticket Gate System.”
74. “Enhancing Lifestyles in Japan,” Omron, accessed April 1, 2020, https://www.omron.com/global/en/about/corporate/history/ayumi/innovation/#history1964; “History of Omron’s Blood Pressure Monitor,” Omron, accessed April 2, 2020, https://www.omronhealthcare.com.hk/en/article/ins.php?index_am1_id=7&index_id=25.
75. “Communities,” Anglo American, accessed April 1, 2020,https://www.angloamerican.com/sustainability/communities.
76. 弗罗于迪斯·卡梅伦–约翰松接受BCG的采访内容，2019年11月14日。
77. Daniel Gleeson, “Anglo American’s FutureSmart Mining on Its Way to Tangible Technology Results,” International Mining (blog), June 7, 2019, https://im-mining.com/2019/06/07/anglo-americans-futuresmart-mining-way-tangible-technology-results/.
78. 弗罗于迪斯·卡梅伦–约翰松接受BCG的采访内容，2019年11月14日。
79. 保罗·波尔曼与克里斯汀·阿曼普尔（Christiane Amanpour）的采访内容，美国公共电视网，2020年，http://www.pbs.org/wnet/amanpour-and-company/video/bill-mckibben-impact-fossil-fuel-divestment-efforts-r1eszd-2/.
80. Mary Sigmond, “93% Of CEOs Believe Business Should Create Positive Impact Beyond Profit,” YPO, accessed April 1, 2020, https://www.ypo.org/2019/01/93-of-ceos-believe-business-should-create-positive-impact-

beyond-profit/; "2019 YPO Global Leadership Survey," YPO, 2019, https://www.ypo.org/global-leadership-survey/.

81. "The US Walking the Walk of a Circular Economy," ING, February 5,2019,https://www.ing.com/Newsroom/News/The-US-walking-the-walk-of-a-circular-economy.htm.
82. "United Nations Global Compact Progress Report," United Nations Global Compact, 2017,https://d306pr3pise04h.cloudfront.net/docs/publications%2FUN+Impact+Brochure_Concept-FINAL.pdf.
83. Franklin Foer, "It's Time to Regulate the Internet," *Atlantic*, March 21, 2018,https://www.theatlantic.com/technology/archive/2018/03/its-time-to-regulate-the-internet/556097/.
84. Please see "What Empowerment Means to Us," Microsoft, accessed April 1,2020,https://news.microsoft.com/empowerment/.
85. Brad Smith, "Microsoft Will Be Carbon Negative by 2030," Microsoft, January 16, 2020,https://blogs.microsoft.com/blog/2020/01/16/microsoft-will-be-carbon-negative-by-2030/.
86. For more guidance,please see Beal et al.,"Insights on Total Societal Impact."
87. Elisha Goldstein,"What Is the Investment That Never Fails?"Mindfulness & Psychotherapy with Elisha Goldstein,PhD (blog), updated April 26,2011,https://blogs.psychcentral.com/mindfulness/2011/04/what-is-the-investment-that-never-fails/.

第二章 提供数字服务，而非实体商品

1. Nick Ismail, "Servitisation:How Technology Is Making Service the New Product," Information Age, March 28,2018,https://www.information-age.com/servitisation-technology-service-new-product-123471260/.
2. 罗素·斯托克斯接受作者的采访内容，2017 年 10 月 5 日、2018 年 2 月 19 日和 2019 年 6 月 12 日。
3. 马克·比策接受作者的采访内容，2017 年 6 月 15 日。
4. BCG 基于联合国贸发会议数据的分析。
5. Amy Watson, "Netflix—Statistics & Facts," Statista, February 6,2020,https://www.statista.com/topics/842/netflix/.
6. "Netflix Is Now Available Around the World," Netflix, January 6, 2016,https://media.netflix.com/en/press-releases/netflix-is-now-available-around-the-world; Watson, "Netflix."
7. "Shared Micromobility in the U.S.: 2018," National Association of City

Transportation Officials, accessed December 13, 2019, https://nacto.org/shared-micromobility-2018/.

8. "The Sharing Economy," PricewaterhouseCoopers, 2015, https://www.pwc.fr/fr/assets/files/pdf/2015/05/pwc_etude_sharing_economy.pdf.
9. Thales S. Teixeira, *Unlocking the Customer Value Chain* (New York: Currency,2019), 251.
10. Keith Naughton and David Welch, "Why Carmakers Want You to Stop Buying Cars, Someday," Bloomberg, July 11, 2019, https://www.bloomberg.com/news/articles/2019-07-12/why-carmakers-want-you-to-stop-buying-cars-someday-quicktake.
11. Jack Ewing, Liz Alderman, and Ben Dooley, "Renault and Nissan Need Each Other to Thrive in Future, 2 Leaders Say," *New York Times*, July 21, 2019,https://www.nytimes.com/2019/07/21/business/renault-nissan-alliance.html.
12. BCG Henderson Institute: Center for Macroeconomics, internal proprietary analysis, accessed July 2019; "The Great Mobility Tech Race: Winning the Battle for Future Profits," Boston Consulting Group, January 11, 2018. 该分析是在 2019 年新冠肺炎疫情暴发前进行的。截至本文撰写时，疫情仍在蔓延。我们认为，向数字化传输汽车服务的转变只会在汽车行业稳定后加速。
13. Mike Colias and Nick Kostov, "After Defeat in Europe, GM Is Picking Its Battles," *Wall Street Journal*, April 1, 2017, https://www.wsj.com/articles/gm-signs-off-on-its-retreat-from-europe-1501573108?mod=e2tw.
14. General Motors, "General Motors Accelerates Transformation," news release,November 26, 2018, https://investor.gm.com/news-releases/news-release-details/general-motors-accelerates-transformation; David Goldman, "GM Is Reinventing Itself. It's Cutting 15% of Its Salaried Workers and Shutting 5 Plants in North America,"CNN, November 26, 2018,https://edition.cnn.com/2018/11/26/business/gm-oshawa-plant/index.html.
15. "GM and Lyft to Shape the Future of Mobility," General Motors, January 4,2016,https://media.gm.com/media/us/en/gm/news.detail.html/content/Pages/news/us/en/2016/Jan/0104-lyft.html; "GM to Acquire Cruise Automation to Accelerate Autonomous Vehicle Development," General Motors, March 11, 2016,https://media.gm.com/media/us/en/gm/home.detail.html/content/Pages/news/us/en/2016/mar/0311-cruise.html.
16. "GM Advances Self-Driving Vehicle Deployment with Acquisition of

LIDAR Developer," General Motors, October 9, 2017, https://media.gm.com/media/us/en/gm/news.detail.html/content/Pages/news/us/en/2017/oct/1009-lidar1.html.

17. Andrew J. Hawkins, "GM's Cruise Will Get $2.75 Billion from Honda to Build a New Self-Driving Car," Verge, October 3, 2018, https://www.theverge.com/2018/10/3/17931786/gm-cruise-honda-investment-self-driving-car.
18. 在自动驾驶汽车领域，通用汽车预计利润率在 20% 至 30% 之间：Mike Colias and Heather Somerville, "Cruise, GM's Driverless-Car Unit, Delays Robot-Taxi Service," *Wall Street Journal*, July 24, 2019, https://www.wsj.com/articles/gm-s-driverless-car-unit-cruise-delays-robot-taxi-service-11563971401.
19. Andrew J. Hawkins, "Waymo Strikes a Deal with Nissan-Renault to Bring Driverless Cars to Japan and France," Verge, June 20,2019,https://www.theverge.com/2019/6/20/18692764/waymo-nissan-renault-self-driving-car-japan-france.
20. Philips, "New Study Demonstrates Significant Clinical Workflow and Staff Experience Benefits of Philips' Azurion Image-Guided Therapy Platform," news release, November 14, 2017,https://www.philips.com/a-w/about/news/archive/standard/news/press/2017/20171114-new-study-demonstrates-significant-benefits-of-philips-azurion.html.
21. "Reducing Procedure Time in Image-Guided Therapy with Philips Azurion," Philips, accessed December 27, 2019, https://www.philips.com/a-w/about/news/archive/case-studies/20180824-reducing-procedure-time-in-image-guided-therapy-with-philips-azurion.html.
22. "Reduction of Procedure Time by 17% with Philips Azurion in an Independently Verified Study," Philips, November 2017, 7, https://www.usa.philips.com/c-dam/b2bhc/master/landing-pages/azurion/philips-nieuwegein-case-study.pdf.
23. "Reduction of Procedure Time," 7.
24. "Reducing Procedure Time in Image-Guided Therapy."
25. "With Azurion, Performance and Superior Care Become One," Philips, accessed December 27, 2019, https://www.usa.philips.com/healthcare/resources/landing/azurion.
26. "Reduction of Procedure Time," 8.
27. "Aiming for Zero," Philips, accessed January 13, 2020, https://www.

usa.philips.com/c-dam/b2bhc/master/landing-pages/aiming-for-zero/Infographic_remote_services_final.pdf.

28. "Five Ways in Which Healthcare Innovation Has Changed over the Past 15 Years," Philips, April 2, 2019, https://www.philips.com/a-w/about/news/archive/blogs/innovation-matters/20190402-five-ways-in-which-healthcare-innovation-has-changed-over-the-past-15-years.html.
29. Elizabeth Cairns, "Philips Uses Its Intelligence for Outcomes-Based Incomes," Evaluate, April 25, 2018, https://www.evaluate.com/vantage/articles/interviews/philips-uses-its-intelligence-outcomes-based-incomes.
30. "Value-Based Care: Turning Healthcare Theory into a Dynamic and PatientFocused Reality," Philips, position paper, April 2019, 8, https://www.philips.com/c-dam/corporate/newscenter/global/whitepaper/20200128_Value-based_care_position_paper_FINAL.pdf; "Transforming Healthcare to a Value-Based Payment system," *Washington Post*, https://www.washingtonpost.com/sf/brand-connect/philips/transforming-healthcare/.
31. Frans van Houten and Abhijit Bhattacharya, "Company Update and Performance Roadmap," (investor presentation, Philips internal documents), slide 21,https://www.philips.com/corporate/resources/quarterlyresults/2016/Capital_Markets_Day/01 _VanHouten_Bhattacharya_Company_update_and_performance_roadmap.pdf; "Royal Philips Third Quarter 2019 Results," Philips, October 28, 2019, 8, https://www.results.philips.com/publications/q319/downloads/files/en/philips-third-quarter-results-2019-presentation.pdf.
32. Van Houten and Bhattacharya, "Company Update," slide 16.
33. "Jeroen Tas on the Importance of Long-Term Relationships," Philips, April 1, 2019, https://www.philips.com/a-w/about/news/archive/standard/news/articles/2019/20190401-jeroen-tas-on-the-importance-of-long-term-relationships.html.
34. "Jeroen Tas."
35. Andrew Ross, "Digital Transformation in Manufacturing Is Driven by Customers," Information Age, May 4, 2018, https://www.information-age.com/digital-transformation-manufacturing-customers-123471810/.
36. "Power by the Hour," Rolls-Royce, accessed December 28, 2019, https://www.rolls-royce.com/media/our-stories/discover/2017/totalcare.aspx.
37. "Power by the Hour."
38. "Power by the Hour."
39. "Rolls-Royce Opens New Airline Aircraft Availability Centre—Supporting

Its 'On Time, Every Time' Vision," Rolls-Royce, press release, June 6, 2017, https://www.rolls-royce.com/media/press-releases/2017/06-06-2017-rr-opens-new-airline-aircraft-availability-centre.aspx.

40. Company website, press releases; http://www.mro-network.com/engines-engine-systems/rolls-royce-opens-new-service-center-airline-support, https://www.rolls-royce.com/sustainability/performance/sustainability-stories/totalcare.aspx. "Rolls-Royce and Microsoft Collaborate to Create New Digital Capabilities," Microsoft, accessed January 13, 2020; Anna-Maria Ihle, "Encouraging Rolls-Royce Power Systems to Create an Innovation Culture," SAP, August 24, 2018, https://news.sap.com/2018/08/rolls-royce-power-systems-innovation-culture/.
41. Ian Sheppard, "Rolls-Royce Launches 'IntelligentEngine' Concept," AIN Online,February 5, 2018, https://www.ainonline.com/aviation-news/air-transport/2018-02-05/rolls-royce-launches-intelligentengine-concept.
42. "R2 Data Labs Ecosystem," Rolls-Royce, accessed January 9, 2019, https://www.rolls-royce.com/products-and-services/ecosystem.aspx.
43. Sheppard, "Rolls-Royce Launches."
44. "Digital Innovations for a Sustainable World," Schneider Electric, 2019,https://www.se.com/ww/en/assets/564/document/124836/annual-report-2019-en.pdf.
45. Marco Annunziata, "Digital-Industrial Revolution: Ready to Run After Very Slow Start, New Survey Shows," *Forbes*, February 28, 2019, https://www.forbes.com/sites/marcoannunziata/2019/02/28/digital-industrial-revolution-ready-to-run-after-very-slow-start-new-survey-shows/#770250d777dd.
46. Madeleine Johnson, "Starbucks' Digital Flywheel Program Will Use Artificial Intelligence," Zacks, July 31, 2017, https://www.zacks.com/stock/news/270022/starbucks-digital-flywheel-program-will-use-artificial-intelligence?cid=CS-NASDAQ-FT-270022.
47. Kevin R. Johnson, Starbucks Corporations Q2 2017 earnings call, April 27, 2017.
48. Kevin R. Johnson, Starbucks Corporations Q2 2017 earnings call, April 27, 2017.
49. Howard Schultz, Starbucks Corporation Q3 2016 earnings call, July 21, 2016.
50. Tim Hardwick, "Apple Pay Overtakes Starbucks as Most Popular Mobile Payment Platform in the US," Mac Rumors, October 23, 2019, https://www.

macrumors.com/2019/10/23/apple-pay-overtakes-starbucks-in-us/.

51. Amanda Mull, "The Future of Marketing Is Bespoke Everything," *Atlantic*, June 11, 2019, https://www.theatlantic.com/health/archive/2019/06/special-orders-dont-upset-us/591367/.
52. Mull, "The Future of Marketing."
53. Katrina Lake, "Stitch Fix's CEO on Selling Personal Style to the Mass Market,"*Harvard Business Review*, May–June 2018, https://hbr.org/2018/05/stitch-fixs-ceo-on-selling-personal-style-to-the-mass-market.
54. "Stitch Fix Annual Report, 2019," Stitch Fix, October 2, 2019, https://investors.stitchfix.com/static-files/96389147-1dbe-444a-b2cf-880a1bf7f99f.
55. For the profile, I'm indebted to "L'Oréal Unveils Perso, an AI-Powered At-Home System For Skincare and Cosmetics," L'Oréal, press release, January 5, 2020,https://www.lorealusa.com/media/press-releases/2020/ces2020.
56. "L'Oréal Unveils Perso," L'Oréal.
57. Mull, "The Future of Marketing."
58. Ellen Byron, "We Now Live in a World with Customized Shampoo," *Wall Street Journal,* April 17, 2019, https://www.wsj.com/articles/we-now-live-in-a-world-with-customized-shampoo-11555506316; "Introducing Gx," Gatorade, accessed January 13,2020,https://www.gatorade.com/gx/.
59. Chantal Tode, "Burger King Builds Mobile Platform to Quickly Scale Up in Payments," Retail Dive, accessed December 29, 2019, https://www.retaildive.com/ex/mobilecommercedaily/burger-king-builds-mobile-platform-to-quickly-scale-up-in-payments.
60. Nick Babich, "The Next Level User Experience of Tesla's Car Dashboard," Adobe Blog, October 24,2017, https://theblog.adobe.com/the-next-level-user-experience-of-teslas-car-dashboard/.
61. Babich, "The Next Level User Experience."
62. Jason Udy, "Tesla Model S Software Update Increases Personalization," *Motor Trend,* September 22, 2014, https://www.motortrend.com/news/tesla-model-s-software-update-increases-personalization/.
63. Udy, "Tesla Model S Software."
64. Udy, "Tesla Model S Software."
65. Fred Lambert, "Tesla Reveals How It Will Use Camera Inside Model 3 to Personalize In-Car Experience," Electrek, July 24, 2019, https://electrek.co/2019/07/24/tesla-use-camera-inside-cars-personalize-in-car-experience/.
66. Fred Lambert, "Tesla Vehicles Can Now Diagnose Themselves and

Even Preorder Parts for Service," Electrek, May 6, 2019, https://electrek.co/2019/05/06/tesla-diagnose-pre-order-parts-service/.

67. "Advancing Automotive Service," Tesla, accessed December 29, 2019,https://www.tesla.com/service.
68. Jacob Kastrenakes, "Spotify Is Personalizing More Playlists to Individual Users,"Verge, March 26, 2019, https://www.theverge.com/2019/3/26/18282549/spotify-personalized-playlists-curation-more-songs.
69. Sarah Perez, "Spotify Expands Personalization to Its Programmed Playlists,"Techcrunch, March 26, 2019, https://techcrunch.com/2019/03/26/spotify-expands-personalization-to-its-programmed-playlists/; Monica Mercuri, "Spotify Reports First Quarterly Operating Profit, Reaches 96 Million Paid Subscribers," *Forbes,* February 6,2019,https://www.forbes.com/sites/monicamercuri/2019/02/06/spotify-reports-first-quarterly-operating-profit-reaches-96-million-paid-subscribers/#61bde1ed5dc9.
70. Matt Burgess, "This Is How Netflix's Secret Recommendation System Works,"*Wired*, August 18, 2018, https://www.wired.co.uk/article/netflix-data-personalisation-watching; Sameer Chhabra, "Netflix Says 80 Percent of Watched Content Is Based on Algorithmic Recommendations," Mobile Syrup, August 22, 2017, https://mobilesyrup.com/2017/08/22/80-percent-netflix-shows-discovered-recommendation/.
71. Chhabra, "Netflix Says 80 percent of Watched Content."
72. Nicole Nguyen, "Netflix Wants to Change the Way You Chill," Buzzfeed,December 13, 2018, https://www.buzzfeednews.com/article/nicolenguyen/netflix-recommendation-algorithm-explained-binge-watching.
73. Tom Gerken, "Fortnite: 'Millions Attend' Virtual Marshmello Concert," BBC,February 4, 2019, https://www.bbc.com/news/blogs-trending-47116429.
74. Tec 2 News Staff, "Pokemon Go Earns $950 Million in 2016, Breaks Records:Report," Tech 2, January 17, 2017, https://www.firstpost.com/tech/gaming/pokemon-go-earns-950-million-in-2016-breaks-records-report-3724949.html.
75. "NBA," *Fast Company*, accessed December 29, 2019, https://www.fastcompany.com/company/nba.

第三章 优化全球战略

1. Eva Dou, "Xiaomi Overtakes Samsung in China Smartphone Market," *Wall Street Journal*, August 4, 2014, https://blogs.wsj.com/digits/2014/08/04/xiaomi-overtakes-samsung-in-china-smartphone-market/?mod=article_inline.
2. BCG 基于对二手资料和年度报告全面回顾的分析。
3. Kenny Chee, "China Phone Maker Xiaomi Setting Up International Headquarters in Singapore," *Straight Times*, February 19, 2014, https://www.straitstimes.com/business/china-phone-maker-xiaomi-setting-up-international-headquarters-in-singapore;Savannah Dowling, "The Rise and Global Expansion of Xiaomi," Crunchbase, February 12, 2018, https://news.crunchbase.com/news/rise-global-expansion-xiaomi/.
4. Daniel Tay, "Launch of Xiaomi's Redmi Note in Singapore Sees 5,000 Phones Sold Within 42 Seconds, Breaking Last Record," TechinAsia, July 7, 2014, https://www.techinasia.com/launch-xiaomi-redmi-note-singapore-42-seconds-record.
5. Dowling, "The Rise and Global Expansion of Xiaomi."
6. Anand Daniel, "[Podcast] Manu Kumar Jain on Scaling Xiaomi and Disrupting the Indian Electronics Space," *Your Story*, September 20, 2019, https://yourstory.com/2019/09/accel-podcast-manu-kumar-jain-jabong-xiaomi-anand-daniel.
7. Team Counterpoint, "India Smartphone Market Share: By Quarter," *Counterpoint*, November 27, 2019, https://www.counterpointresearch.com/india-smartphoneshare/.
8. Uptin Saiidi, "The 'Apple of China' Expanded into 80 New Markets in Four Years.Here's How Xiaomi Grew So Rapidly," CNBC, updated September 10,2019,https://www.cnbc.com/2019/09/09/xiaomi-how-the-apple-of-china-grew-rapidly-into-80-new-markets.html.
9. Komal Sri-Kumar, "Hot Emerging Markets May Be in for a Shock," Bloomberg,March 27, 2019, https://www.bloomberg.com/opinion/articles/2019-03-27/emerging-markets-are-hot-but-face-a-shock.
10. Martin Fackler, "Putting the We Back in Wii," *New York Times*, June 8, 2007;"Europe Gets Wii Last," Nintendo World Report, September 15, 2006, http://www.nintendoworldreport.com/pr/12069/europe-gets-wii-last.
11. Sameer Desai, "Nintendo Wii and DS to Launch in India on September 30,"Rediff, September 16, 2008, https://www.rediff.com/getahead/2008/

sep/16wii.htm; Siliconera staff, "Wii Launches in South Korea on April 26 with Even Cheaper Virtual Console Games," *Siliconera*, April 14, 2008, https://www.siliconera.com/wii-launches-in-south-korea-on-april-26-with-even-cheaper-virtual-console-games/; Matt Martin,"Wii to Release in Taiwan July 12," Games Industry, June 26, 2008, https://www.gamesindustry.biz/articles/wii-to-release-in-taiwan-july-12; "Wii," Wayback Machine, December 12, 2009, https://web.archive.org/web/20100306012826/http://www.nintendo.com.hk/wii_console.htm.

12. Tech2 News staff, "Pokemon Go Earns $950 Million in 2016, Breaks Records:Report," Tech2, January 17, 2017, https://www.firstpost.com/tech/gaming/pokemon-go-earns-950-million-in-2016-breaks-records-report-3724949.html; Alina Bradford,"Here Are All the Countries Where Pokemon Go Is Available," Cnet, January 24, 2017,https://www.cnet.com/how-to/pokemon-go-where-its-available-now-and-coming-soon/.
13. Louis Brennan, "How Netflix Expanded to 190 Countries in 7 Years," *Harvard Business Review,* updated October 12, 2018, https://hbr.org/2018/10/how-netflix-expanded-to-190-countries-in-7-years.
14. "Emerging Markets Powering Airbnb's Global Growth," Airbnb, accessed January 3, 2020, https://press.airbnb.com/wp-content/uploads/sites/4/2019/02/Final_-Emerging-Markets-Powering-Airbnbs-Global-Growth-.pdf; Shawn Tully, "Why Hotel Giant Marriott Is on an Expansion Binge as It Fends Off Airbnb," *Fortune*,June 14, 2017, https://fortune.com/2017/06/14/marriott-arne-sorenson-starwood-acquisition-airbnb/; "Number of Marriott International Hotel Rooms Worldwide from 2009 to 2018," Statista, March 20, 2019,https://www.statista.com/statistics/247304/number-of-marriott-international-hotel-rooms-worldwide/.
15. James Brumley, "If Fitbit Finds a Willing Suitor, It Should Take the Offer,"Motley Fool, September 28, 2019, https://www.fool.com/investing/2019/09/28/if-fitbit-finds-a-willing-suitor-it-should-take-th.aspx; Robert Hof, "How Fitbit Survived as a Hardware Startup," *Forbes*, February 4, 2014, https://www.forbes.com/sites/roberthof /2014/02/04/how-fitbit-survived-as-a-hardware-startup/#204121341934.
16. "FY 2017 Earnings Deck," Fitbit, February 2018,https://s2.q4cdn.com/857130097/files/doc_financials/2017/Q4/Q4'17-Earnings-Presentation.pdf.
17. 欲了解更多关于 Fitbit 及其部分合作伙伴的信息，请参见 Simon Mainwaring, "Purpose at Work: How Fitbit's Giveback Is Strengthening Its Business," *Forbes*,

February 12,2019,https://www.forbes.com/sites/simonmainwaring/2019/02/12/purpose-at-work-how-fitbits-giveback-is-strengthening-its-business/#11fac05058d2.

18. "Fitbit Authorized Retailers," Fitbit, accessed January 3, 2020, https://www.fitbit.com/content/assets/legal-pages/FITBIT%20AUTHORIZED%20RETAILERS%20Q2%202016.pdf.
19. Matt Swider, "Fitbit OS 3.0 Is Giving the Ionic and Versa Smartwatches New Powers," Tech Radar, December 17, 2018, https://www.techradar.com/in/news/fitbit-os-3-0-new-versa-ionic-features.
20. Chaim Gartenberg, "Google Buys Fitbit for $2.1 Billion," Verge, November 1,2019,https://www.theverge.com/2019/11/1/20943318/google-fitbit-acquisition-fitness-tracker-announcement.
21. 自 20 世纪 70 年代以来，这家公司一直在适当时机进行出口。
22. "The World's Favourite Indian," *Bajaj Auto Limited* (12th Annual Report) 2018–2019, 9.
23. "The World's Favourite Indian," *Bajaj Auto Limited* (12th Annual Report) 2018–2019, 18.
24. "The World's Favourite Indian," *Bajaj Auto Limited* (12th Annual Report) 2018–2019, 10, 18–19.
25. BCG 公司研究；Tom Brennan, "Alibaba.com Opens Platform to US Sellers," Alizila.com, July 23, 2019, https://www.alizila.com/alibaba-com-opens-platform-to-us-sellers/.
26. Gene Marks, "Is Now the Time to Start Selling on Alibaba?" *Inc.*, July 25, 2019, https://www.inc.com/gene-marks/is-now-time-to-start-selling-on-alibaba.html.
27. See Tmall global's website, https://merchant.tmall.hk/.
28. François Candelon, Fangqi Yang, and Daniel Wu, "Are China's Digital Companies Ready to Go Global?" BCG Henderson Institute, May 22, 2019, https://www.bcg.com/publications/2019/china-digital-companies-ready-go-global.aspx.
29. John Detrixhe, "Americans Are Splurging on Personal Loans Thanks to Fintech Startups," Quartz, July 24, 2018, https://qz.com/1334899/personal-loans-are-surging-in-the-us-fueled-by-fintech-startups/; Wendy Weng, "Despite Rapid Digitisation of Payments in China, Credit Card Usage Will Reach New Heights by 2020," Asian Banker, February 28, 2019,www.theasianbanker.com/updates-and-articles/despite-rapid-digitisation-of-

payments-in-china,-credit-card-usage-will-reach-new-heights-by-2020; “Allied Wallet Adds WeChat Pay with 900 Million Active Users,” Mobile Payments Today, October 12, 2018, https://www.mobilepaymentstoday.com/news/allied-wallet-adds-wechat-pay-with-900-million-active-users/; Kate Rooney, “Fintechs Help Boost US Personal Loan Surge to a Record $138 Billion,” CNBC, February 21, 2019,https://www.cnbc.com/2019/02/21/personal-loans-surge-to-a-record-138-billion-in-us-as-fintechs-lead-new-lending-charge.html.

30. Jonathan Kandell, “Can Citi Return to Its Pre-crisis Glory?” Institutional Investor, January 8, 2018, https://www.institutionalinvestor.com/article/b15ywlgddl683f/can-citi-return-to-its-pre-crisis-glory.

31. 请注意，在 2009 年，公司拥有大约 30 万名员工；而在 2016 年年末，公司的兼职和全职员工数量为 241,000 人。“Strong, Steadfast, Sustainable,” HSBC Holdings plc, Annual Reports and Accounts 2009, 10, 12, https://www.hsbc.com/-/files/hsbc/investors/investing-in-hsbc/all-reporting/group/2009/hsbc2009ara0.pdf; “Annual Report and Accounts 2016,”HSBC Holdings plc, 8, 150, https://www.hsbc.com/-/files/hsbc/investors/investing-in-hsbc/all-reporting/group/2016/annual-results/hsbc-holdings-plc/170221-annual-report-and-accounts-2016.pdf.

32. Bruce Sterling, “Banks Thrilled to Be Free of Customers,” *Wired,* July 27,2016,https://www.wired.com/beyond-the-beyond/2016/07/banks-thrilled-free-cus tomers/.

33. Martin Arnold and Camilla Hall, “Big Banks Giving Up on Their Global Ambitions,” *Financial Times,* October 19, 2014, https://www.ft.com/content/95bed102-5641-11e4-bbd6-00144feab7de.

34. 关于花旗银行退出日本的内容，请参见 Stephen Harner, “Citibank to Quit Japan’s Retail Market:Another QE Casualty,” *Forbes*, August 19, 2014,https://www.forbes.com/sites/stephenharner/2014/08/19/another-qe-casualty-citibank-to-quit-japans-retail-market/#f8dd5bf67bb1; 以及对花旗银行前高级全球业务主管的非正式采访。

35. Kevin Lim, “Singapore’s UOB to Launch Digital Bank in Thailand,” *Nikkei Asian Review*, February 14, 2019, https://asia.nikkei.com/Business/Companies/Singapore-s-UOB-to-launch-digital-bank-in-Thailand.

36. Jessica Lin, “UOB Is Going After Asean’s Millennials with a Digital Bank Called TMRW—and Its Biggest Draw Could Be a Game That Levels-Up with Savings,”Business Insider Singapore, February 14, 2019, https://www.

businessinsider.sg/uob-isgoing-after-aseans-millennials-with-a-digital-bank-called-tmrw-and-its-biggest-draw-could-be-a-game-that-levels-up-with-savings/.

37. Lin, "UOB Is Going After Asean's Millennials."
38. Lin, "UOB Is Going After Asean's Millennials."
39. Jonathan Wheatley, "Does Investing in Emerging Markets Still Make Sense?"*Financial Times*, July 15, 2019, https://www.ft.com/content/0bd159f2-937b-11e9-aea1-2b1d33ac3271.
40. BCG 基于经济学人智库（EIU）数据库数据的分析。
41. BCG 基于经济学人智库数据库数据的分析。
42. BCG 基于经济学人智库数据库数据的分析。
43. Bernard Marr, "The Amazing Ways Chinese Face Recognition Company Megvii (Face++) Uses AI and Machine Vision," *Forbes*, May 24, 2019, https://www.forbes.com/sites/bernardmarr/2019/05/24/the-amazing-ways-chinese-face-recognition-company-megvii-face-uses-ai-and-machine-vision/#58e4b7fd12c3.
44. "Ever Better and Cheaper, Face-Recognition Technology Is Spreading," *Economist*, September 9, 2017, https://www.economist.com/business/2017/09/09/ever-better-and-cheaper-face-recognition-technology-is-spreading.
45. Donald R. Lessard and Cate Reavis, "CEMEX: Globalization 'The CEMEX Way,'" MIT Management Sloan School, revised November 16, 2016, https://mitsloan.mit.edu/LearningEdge/CaseDocs/09%20039%20cemex%20%20lessard.pdf.
46. "CEMEX Makes Significant Progress in Asset Disposal Program," Associated Press, March 21,2019, https://apnews.com/1a037a1fe938441fa389bd5fe6b0cae7.
47. Reeba Zachariah, "Tata Steel to Divest Southeast Operations," *Times of India*,July 21, 2018, https://timesofindia.indiatimes.com/business/india-business/tata-steel-to-divest-southeast-operations/articleshow/65075987.cms; Tata Steel, "Tata Steel Acquires Two Steel Rolling Mills in Vietnam," press release, March 8, 2007, https://www.tatasteel.com/media/newsroom/press-releases/india/2007/tata-steel-acquires-two-steel-rolling-mills-in-vietnam/.
48. Penny Macrae, "At 100, Tata Steel Aims to Double Output," Live Mint,updated August 26,2007, https://www.livemint.com/Home-Page/

eCfuLf5DC4hP0uo HOHvrsM/At-100-Tata-Steel-aims-to-double-output.html.

49. Rosemary Marandi, "China's HBIS Buys Control of Tata Steel's Southeast Asia Business," *Nikkei Asian Review*, January 29, 2019, https://asia.nikkei.com/Business/Business-deals/China-s-HBIS-buys-control-of-Tata-Steel-s-Southeast-Asia-business.
50. Silvia Antonioli, "Steel Firm SSI Hopes New Plant Will Help Bring UK Profit,"Reuters, June 13, 2013, https://www.reuters.com/article/ssi-uk-steel/steel-firm-ssi-hopes-new-plant-will-help-bring-uk-profit-idUSL5N0EP20T20130613.
51. Kritika Saxena, "After ThyssenKrupp Fall Out, Tata Steel in Talks with Three Companies to Sell European Operations," CNBC, updated May 28, 2019, https://www.cnbctv18.com/infrastructure/after-thyssenkrupp-fall-out-tata-steel-in-talks-with-three-companies-to-sell-european-operations-3492291.htm; "Tata Steel Cancels Pacts to Sell Southeast Asian Businesses to Hesteel Group," *Economic Times*, August 7, 2019,https://economictimes.indiatimes.com/industry/indl-goods/svs/steel/tata-steel-arm-snaps-pact-with-hbis-group-to-divest-majority-stake-in-se-asia-biz/articleshow/70561112.cms.
52. Rakhi Mazumdar, "Tata Steel Rejigs India, Europe Operations," *Economic Times*,updated August 12, 2019, https://economictimes.indiatimes.com/industry/indl-goods/svs/steel/tata-steel-rejigs-india-europe-operations/articleshow/70636697.cms?from=mdr.
53. Mike Wittman (former vice president of supply chain for Mars Chocolate North America), interview with BCG research team, July 18, 2019; Douglas Yu, "Mars to Bring Maltesers to the US & Canada," Confectioner News, March 13, 2017,https://www.confectionerynews.com/Article/2017/03/13/Mars-to-launch-Maltesers-in-the-US-Canada.
54. 迈克・威特曼（Mike Wittman）接受 BCG 研究团队的采访内容，2019 年 7 月 18 日。
55. 津谷正明接受 BCG 研究团队的采访内容，2019 年 11 月 2 日。
56. 霍斯特・凯泽博士接受 BCG 团队的采访内容，2019 年。
57. 霍斯特・凯泽博士接受 BCG 团队的采访内容，2019 年。
58. "Siemens Inks Deal with Alibaba to Launch Digital Products in China," Reuters, July 9, 2018, https://www.reuters.com/article/us-siemens-alibaba/siemens-inks-deal-with-alibaba-to-launch-digital-products-in-

china-idUSKBN1JZ22U; "Siemens China : and Wuhan Sign Strategic Cooperation Agreement," Market Screener, November 11, 2019,https://www.marketscreener.com/news/Siemens-China-and-Wuhan-sign-strategic-cooperation-agreement--29563000/.

59. "Siemens in China," Siemens, accessed January 6, 2020, https://new.siemens.com/cn/en/company/about/siemens-in-china.html.
60. 霍斯特·凯泽博士接受 BCG 团队的采访内容，2019 年。
61. 基于西门子 2012—2019 年年报数据的分析。
62. 整个段落的内容均参考了阿里研究院跨境电商研究中心主任欧阳澄接受 BCG 的采访内容，2019 年 8 月 22 日。
63. 若想了解更多关于这个话题的信息，请见 Peter H. Diamandis,"Introducing the Augmented World of 2030," September 6, 2019, https://singularityhub.com/2019/09/06/introducing-the-augmented-world-of-2030/.

第四章 打造生态系统

1. 这些数据来源于我们基于 40 多个生态系统的研究。欲了解更多关于生态系统的规模和范围的信息，请参考 Nikolaus Lang, Konrad von Szczepanski, and Charline Wurzer, "The Emerging Art of Ecosystem Management," BCG Henderson Institute, January 16, 2019,https://www.bcg.com/publications/2019/emerging-art-ecosystem-management.aspx.
2. Nicole Jao, "China's Mobile Payment Market Fourth Quarter Growth Dwindled," Technode, March 28, 2019, https://technode.com/2019/03/28/chinas-mobilepayment-market-fourth-quarter-growth-dwindled/.
3. Evelyn Cheng, "How Ant Financial Grew Larger Than Goldman Sachs," CNBC,June 8, 2018, https://www.cnbc.com/2018/06/08/how-ant-financial-grew-larger-than-goldman-sachs.html.
4. BCG 基于专有数据库和公司网站进行的研究与分析。
5. "Ant Financial: How a Bug Took on the World," Asia Money, September 26,2019, https://www.euromoney.com/article/b1h7mtyfd5d8lg/ant-financial-how-a-bugtook-on-the-world.
6. "Ant Financial: How a Bug Took on the World."
7. BCG 基于专有数据库和公司网站进行的研究与分析。
8. BCG 公司调研；Rita Liao, "Alibaba's Alternative to the App Store Reaches 230M Daily Users," Techcrunch, January 29, 2019, https://techcrunch.com/2019/01/29/alibaba-alipay-mini-programs-230m-users/.
9. BCG 公司调研；"Ant Financial: How a Bug Took on the World"; "Ant Financial,"

Fast Company, January 2020, https://www.fastcompany.com/company/ant-financial.

10. John Detrixhe, "China's Ant Financial, Thwarted in the US, Is Expanding Rapidly in Europe," Quartz, March 15, 2019; "Ant Is Worth 50% More Than Goldman with $150 Billion Valuation," Bloomberg, April 10, 2018, http://www.bloomberg.com/news/articles/2018-04-11/ant-is-worth-50-more-than-goldman-with-150-billion-valuation.
11. Morris, "China's March to Be the World's First Cashless Society."
12. Donna Lu, "China Is Showing the Rest of the World How to Build a Cashless Society," New Scientist, January 9, 2019, https://www.newscientist.com/article/mg24132120-100-china-is-showing-the-rest-of-the-world-how-to-build-a-cashless-society/#ixzz60rB4qQ63. 到 2019 年，世界上许多国家都在废除传统的纸币，接受数字金融交易。马来西亚的一项研究发现，相比于使用纸币支付的商店，相当多的消费者（70%）会选择在允许其使用数字支付的商店购物 (Harizah Kamel, "Malaysia Is Fast Becoming a Cashless Society," Malaysian Reserve,September 20, 2019, https://themalaysianreserve.com/2019/09/20/malaysia-is-fast-becoming-a-cashless-society/). 在瑞典，只有五分之一的人使用自动取款机取钱，数以千计的人已将电脑芯片植入手部皮下，以获得一种新的便利。只要随便挥一挥手，他们就能购买杂货或在公共交通工具上购买车票。(Liz Alderman, "Sweden's Push to Get Rid of Cash Has Some Saying, 'Not So Fast,'" *New York Times*, November 21, 2018, https://www.nytimes.com/2018/11/21/business/sweden-cashless-society.html; Maddy Savage, "Thousands of Swedes Are Inserting Microchips Under Their Skin," National Public Radio (*All Things Considered*), October 22,2018,https://www.npr.org/2018/10/22/658808705/thousands-of-swedes-are-inserting-microchips-under-their-skin?t=1541532530852).
13. Michael Lyman, Ron Ref, and Oliver Wright, "Cornerstone of Future Growth: Ecosystems," Accenture, 2018, https://www.accenture.com/_acnmedia/PDF-77/Accenture-Strategy-Ecosystems-Exec-Summary-May2018-POV.pdf#zoom=50.
14. Nikolaus Lang, Konrad von Szczepanski, and Charline Wurzer, "The Emerging Art of Ecosystem Management," BCG Henderson Institute, January 16, 2019, https:// www.bcg.com/publications/2019/emerging-art-ecosystem-management.aspx. 本章接下来的部分一定程度上借鉴了这篇文章，并从中引用了大量论点和例证。

15. "Together 2025+," Volkswagen AG, accessed January 14, 2020, https://www.volkswagenag.com/en/group/strategy.html.
16. Andrew Krok, "VW Car-Net's Massive Updates Include 5 Free Years of Remote Access," CNET, September 17, 2019, https://www.cnet.com/roadshow/news/vw-car-net-overhaul-update-connectivity-remote-access/.
17. BCG 基于大众汽车网站、新闻报道以及大众生态系统合作伙伴的网站对其生态系统进行的分析。
18. Lang, von Szczepanski, and Wurzer, "The Emerging Art of Ecosystem Management."
19. "[Infographic] Get Smart: The Latest in What SmartThings Can Do for You,"Samsung Newsroom, October 30, 2019, https://news.samsung.com/global/infographic-get-smart-the-latest-in-what-smartthings-can-do-for-you.
20. Amazon, "Amazon Introduces an Array of New Devices and Features to Help Make Your Home Simpler, Safer, and Smarter," press release, September 25, 2019,https://press.aboutamazon.com/news-releases/news-release-details/amazon-introduces-array-new-devices-and-features-help-make-your.
21. "AKQA & Dyson Launch a Connected Way to Clean with Dyson Link App,"Little Black Boom, September 18, 2014, https://lbbonline.com/news/akqa-dyson-launch-a-connected-way-to-clean-with-dyson-link-app/; Tanya Powley, "Dyson Helps Launch Design Engineering School at Imperial College," *Financial Times*, March 22,2015, https://www.ft.com/content/73b0b9ac-cf15-11e4-893d-00144feab7de.
22. John Markoff and Laura M. Holson, "Apple's Latest Opens a Developers' Playground," *New York Times*, July 10, 2008, https://www.nytimes.com/2008/07/10/technology/personaltech/10apps.html. 500万的数字只是预测：Sarah Perez, "App Store to Reach 5 Million Apps by 2020, with Games Leading the Way," Techcrunch, August 10, 2016, https://techcrunch.com/2016/08/10/app-store-to-reach-5-million-apps-by-2020-with-games-leading-the-way/.
23. Kevin Kelleher, "Developer's $34 Billion Earnings from Apple's App Store Rose 28% in 2018," *Fortune,* January 28, 2019, https://fortune.com/2019/01/28/apple-app-store-developer-earnings-2018/; Lauren Goode, "App Store 2.0," Verge, accessed February 9, 2020, https://www.theverge.com/2016/6/8/11880730/apple-app-store-subscription-update-phil-schiller-interview; "Apple Rings in New Era of Services Following Landmark Year," Apple, updated January 8, 2020, https://www.apple.com/newsroom/2020/01/

apple-rings-in-new-era-of-services-following-landmark-year/.

24. BCG 公司研究。
25. Harriet Agnew, "Digital Health Start-Up Doctolib Raises €150m at a €1bn+ Valuation," *Financial Times*, March 19, 2019, https://www.ft.com/content/58ba164e-4a62-11e9-bbc9-6917dce3dc62; Romain Dillet, "Doctolib Grabs $20 Million for Its Booking Platform for Doctors," Techcrunch, October 12, 2015, https://techcrunch.com/2015/10/12/doctolib-grabs-20-million-for-its-booking-platform-for-doctors/.
26. Alexa 的战略合作伙伴要么制造内置 Alexa 的设备，要么允许 Alexa 作为访问其平台的路径。
27. Erika Malzberg, "Caterpillar and the Age of Smart Iron," Zuora, May 22, 2017, https://www.zuora.com/2017/05/22/caterpillar-and-the-age-of-smart-iron/; Bob Woods, "Caterpillar's Autonomous Vehicles May Be Used by NASA to Mine the Moon and Build a Lunar Base," CNBC, October 23, 2019, https://www.cnbc.com/2019/10/23/caterpillar-and-nasa-developing-autonomous-vehicles-to-mine-the-moon.html.
28. 本章的这一节大量借鉴了 Michael G. Jacobides, Nikolaus Lang, Nanne Louw, and Konrad von Szczepanski, "What Does a Successful Ecosystem Look Like?" BCG, June 26, 2019, https://www.bcg.com/publications/2019/what-does-successful-digital-ecosystem-look-like.aspx.
29. 据网络流量统计工具 StatCounter 统计，这是世界第二大搜索引擎："Everything You Need to Know About Baidu: The Largest Search Engine in China," Search Decoder,accessed February 4, 2020, https://www.searchdecoder.com/largest-search-engine-in-china-baidu; "Baidu Announces Project Apollo, Opening Up Its Autonomous Driving Platform," GlobalNewswire, April 18, 2017, https://www.globenewswire.com/news-release/2017/04/19/1018939/0/en/Baidu-Announces-Project-Apollo-Opening-Up-its-Autonomous-Driving-Platform.html.
30. Meng Jing, "Baidu Leads Tesla, Uber and Apple in Developing Self-Driving Cars," *South China Morning Post,* January 18, 2018,https://www.scmp.com/tech/enterprises/article/2129559/baidu-leads-tesla-uber-and-apple-developing-self-driving-cars.
31. Kyle Wiggers, "Baidu's DuerOS Voice Platform Is Now on 400 Million Devices,"Venture Beat, July 2, 2019, https://venturebeat.com/2019/07/02/baidus-dueros-voice-platform-is-now-on-400-million-devices/.
32. BCG 研究与分析。

33. Kyle Wiggers, "Baidu's Autonomous Cars Have Driven More Than 1 Million Miles Across 13 Cities in China," Venture Beat, July 2, 2019, https://venturebeat.com/2019/07/02/baidus-autonomous-cars-have-driven-more-than-1-million-miles-across-13-cities-in-china/.
34. Ryan Daws, "Shanghai Becomes the First Chinese City to License Self-Driving Cars to Carry Passengers," IoT News, September 19, 2019, https://www.iottechnews.com/news/2019/sep/19/shanghai-first-chinese-city-license-self-driving-cars-passengers/.
35. "Amazon Introduces the Alexa Fund: $100 Million in Investments to Fuel Voice Technology Innovation," Business Wire, June 25, 2015, https://www.businesswire.com/news/home/20150625005704/en/Amazon-Introduces-Alexa-Fund-100-Million-Investments.
36. Chris Ziegler, "Nokia CEO Stephen Elop Rallies Troops in Brutally Honest'Burning Platform' Memo? (Update: It's Real!)," Engadget, February 8,2011,https://www.engadget.com/2011/02/08/nokia-ceo-stephen-elop-rallies-troops-in-brutally-honest-burnin/.
37. 这些问题大量引用了 Lang, von Szczepanski,and Wurzer, "The Emerging Art of Ecosystem Management." 的说明性建议。

第五章 流程灵活化

1. BCG 基于牛津经济研究院和经合组织网站数据进行的分析。
2. N. 钱德拉塞克兰（塔塔集团控股公司 Tata Sons 董事长）接受作者采访内容，2020 年 1 月 14 日。
3. "TCS Hungary Townhall 2019," Tata Consultancy Services, accessed January 20, 2020,https://www.mytcscareer.com/; "TCS Opens Fifth Delivery Centre in China," Business Standard, January 20, 2013, https://www.business-standard.com/article/technology/tcs-opens-fifth-delivery-centre-in-china-110082200076_1.html;Tata Consultancy Services, "TCS Opens New Global Delivery Center in Argentina,"press release, accessed January 1, 2020, https://www.tcs.com/tcs-new-delivery-center-argentina; "Annual Report 2018–2019: Growth and Transformation with Business 4.0," Tata Consultancy Services,https://www.tcs.com/content/dam/tcs/investor-relations/financial-statements/2018-19/ar/annual-report-2018-2019.pdf.
4. "Tata Consultancy Services," Tata Consultancy Services, accessed January 20, 2020,https://www.ibef.org/download/Tata_Consultancy_Services.pdf.
5. BCG 基于 BCG ValueScience 中心、纳斯达克和印度国家证券交易所

（NSE）的研究和分析。

6. BCG 基于 BCG ValueScience 中心、年报、以及 N. 钱德拉塞克兰 2020 年 1 月 14 日接受作者采访内容的研究。
7. “Asia with Little Variation in the Share of World Footwear Exports,” World Footwear, September 14, 2016, https://www.worldfootwear.com/news/asia-with-little-variation-in-the-share-of-world-footwear-exports/1882.html.
8. Mark Abraham et al., “The Next Level of Personalization in Retail,” BCG, June 4, 2019, https://www.bcg.com/publications/2019/next-level-personalization-retail.aspx.
9. Catrin Morgan et al., “Use of Three-Dimensional Printing in Preoperative Planning in Orthopaedic Trauma Surgery: A Systematic Review and Meta-analysis,” *World Journal of Orthopedics* 11, no. 1 (January 18, 2020), http://dx.doi.org/10.5312/wjo.v11.i1.57.
10. “‘ECU’ Is a Three Letter Answer for All the Innovative Features in Your Car: Know How the Story Unfolded,” Embitel, accessed March 8, 2020, https://www.embitel.com/blog/embedded-blog/automotive-control-units-development-innovations-mechanical-to-electronics; Jeff Desjardins, “How Many Millions of Lines of Code Does It Take?” Visual Capitalist, February 8, 2017, https://www.visualcapitalist.com/millions-lines-of-code/.
11. 埃马纽埃尔·拉加里格接受 BCG 团队的采访内容，2019 年 10 月 30 日。
12. Zach Stolzenberg, “Adidas: Racing to Supply Chain 4.0,” Harvard Business School Digital Initiative, November 12, 2017, https://digital.hbs.edu/platform-rctom/submission/adidas-racing-to-supply-chain-4-0/; Tansy Hoskins, “Robot Factories Could Threaten Jobs of Millions of Garment Workers,” *Guardian*, July 16, 2016, https://www.theguardian.com/sustainable-business/2016/jul/16/robot-factories-threaten-jobs-millions-garment-workers-south-east-asia-women; “Adidas’s High-Tech Factory Brings Production Back to Germany,” *Economist*, January 14, 2017, https://www.economist.com/business/2017/01/14/adidass-high-tech-factory-brings-production-back-to-germany.
13. “Adidas’ First Speedfactory Lands in Germany,” Adidas, accessed February 12,2020, https://www.adidas-group.com/en/media/news-archive/press-releases/2015/adidas-first-speedfactory-lands-germany/.
14. Sara Germano, “Adidas to Close Sneaker Factory in the U.S., Move Production to Asia,” *Wall Street Journal*, November 11, 2019, https://www.wsj.com/articles/adidas-to-close-sneaker-factory-in-the-u-s-move-

production-to-asia-11573485445?mod=hp_lista_pos2.
15. 彼得·罗森菲尔德接受 BCG 团队的采访内容，2019 年 7 月 19 日。
16. 彼得·罗森菲尔德接受 BCG 团队的采访内容，2019 年 7 月 19 日。
17. Beau Jackson, “3D Bioprinting Center of Excellence Launched by Amber and Johnson & Johnson,” 3D Printing Industry, February 22, 2018, https://3dprintingindustry.com/news/3d-bioprinting-center-excellence-launched-amber-johnson-johnson-129373/.
18. Corey Clarke, “Johnson & Johnson Partners with Bioprinters to Create 3D Printed Knee,” 3D Printing Industry, January 6, 2017, https://3dprintingindustry.com/news/johnson-johnson-partner-bioprinters-create-3d-printed-knee-102336/.
19. “Partner Up—Building a Global Manufacturing Network,” Medical Device, May 8, 2017, https://www.medicaldevice-developments.com/features/featurepartner-up-building-a-global-manufacturing-network-5846594/.
20. Peter Pham, “Vietnam’s Trade War Balancing Act,” Forbes, November 29, 2018, https://www.forbes.com/sites/peterpham/2018/11/29/vietnams-trade-war-balancing-act/#63db28677b36. 在制鞋行业，由于公司寻求逃避中美贸易战的影响，并从越南较低的劳动力成本中获益，导致在中国进行的制造有所减少，而在越南进行的制造有所增加。耐克、彪马（Puma）和阿迪达斯都通过其采购战略推动了这一趋势。
21. BCG 获取的公司数据。
22. Hemani Sheth, “Samsung Invests $500 Million for New Smartphone Display Manufacturing Plant in India,” *Hindu Business Line*, updated January 20, 2020, https://www.thehindubusinessline.com/info-tech/samsung-invests-500-million-for-new-smartphone-display-manufacturing-plant-in-india/article30605865.ece.
23. “Samsung to Expand U.S. Operations, Open $380 Million Home Appliance Manufacturing Plant in South Carolina,” Samsung Newsroom, June 28, 2017, https://news.samsung.com/us/samsung-south-carolina-home-appliance-manufacturing-plant-investment-newberry/.
24. 阿尼尔·乔杜里（Anil Chaudhry，施耐德电气印度区总裁兼总经理）接受 BCG 采访内容，2019 年 7 月 12 日。
25. “MindSphere Application Centers,” Siemens, accessed February 19, 2020, https://new.siemens.com/global/en/products/software/mindsphere/application-centers.html; Brian Buntz, “Siemens Exec Dishes on MindSphere Industrial IoT Platform,” IOT Today, June 7, 2019, https://

www.iotworldtoday.com/2019/06/07/siemens-execdishes-on-mindsphere-industrial-iot-platform/.

26. Tomas Kellner, "Wind in the Cloud? How the Digital Wind Farm Will Make Wind Power 20 Percent More Efficient," GE Reports, September 27, 2015, https:// www.ge.com/reports/post/119300678660/wind-in-the-cloud-how-the-digital-wind-farm-will-2/.
27. Markets and Markets, "Digital Twin Market Worth $35.8 Billion by 2025," press release, accessed February 19, 2020, https://www.marketsandmarkets.com/PressReleases/digital-twin.asp.
28. "Industrial Digital Twins: Real Products Driving $1B in Loss Avoidance," GEDigital (blog), accessed February 19, 2020, https://www.ge.com/digital/blog/industrial-digital-twins-real-products-driving-1b-loss-avoidance.

第六章 让数据贯穿始终

1. Rich Miller, "Facebook Accelerates Its Data Center Expansion," Data Center Frontier, March 19, 2018, https://datacenterfrontier.com/facebooks-accelerates-data-center-expansion/.
2. Arindam Bhattacharya, "Digital Globalisation vs Geopolitical Globalisation: A Tale of Two Worlds," *Economic Times*, June 18, 2017, https://economictimes.indiatimes.com/tech/internet/digital-globalisation-vs-geopolitical-globalisation-a-tale-of-two-worlds/articleshow/59173111.cms?from=mdr; Analysis based on data from TeleGeography, April 2019.
3. BCG 基于 Gartner 报告数据的分析。
4. J. Clement, "Global Digital Population as of April 2020," Statista, June 4, 2020, https://www.statista.com/statistics/617136/digital-population-worldwide/.
5. BCG 基于 ITU 数据的分析。想要了解固定宽带套餐内容，请访问 "ICT Price Basket Methodology," ITU, accessed March 12, 2020,https://www.itu.int/en/ITUD/Statistics/Pages/definitions/pricemethodology.aspx.
6. "Internet of Things Forecast," Ericsson, accessed March 9, 2020, https://www.ericsson.com/en/mobility-report/internet-of-things-forecast.
7. Caroline Donnelly, "Public Cloud Competition Prompts 66% Drop in Prices Since 2013, Research Reveals," Computer Weekly, January 12, 2016, https://www.computerweekly.com/news/4500270463/Public-cloud-competition-results-in-66-drop-in-prices-since-2013-research-reveals.
8. "Volume of Data/Information Created Worldwide from 2010 to 2025,"

Statista, February 28, 2020, https://www.statista.com/statistics/871513/worldwide-data-created/.

9. "The 2017 Global CVC Report," CB Insights, 2017, https://relayto.com/cdn/media/files/ZaqycE4xRtyhl7er5GgE_CB-Insights_CVC-Report-2017.pdf; Kathleen Walch, "Is Venture Capital Investment in AI Excessive?" *Forbes*, January 5, 2020, https:// www.forbes.com/sites/cognitiveworld/2020/01/05/is-venture-capital-investment-for-ai-companies-getting-out-of-control/#7c37438c7e05.

10. Ian Sherr, "Fortnite Reportedly Will Pull in an Epic $3 Billion Profit This Year,"CNET, December 27, 2018, https://www.cnet.com/news/fortnite-reportedly-will-pull-in-an-epic-3-billion-profit-this-year/.
想了解更多关于《堡垒之夜》的内容，请参见 Akhilesh Ganti, "How Fortnite Makes Money," Investopedia, August 20, 2019, http://www.investopedia.com/tech/how-does-fortnite-make-money/; Felix Richter, "The Biggest Free-to-Play Cash Cows of 2019," Statista,January 3, 2020, https://www.statista.com/chart/16687/top-10-free-to-play-games/; Rupert Neate, "Fortnite Company Epic Games Valued at Nearly $15bn After Cash Boost," Guardian, October 28, 2018, https://www.theguardian.com/games/2018/oct/28/fortnite-company-epic-games-valued-15bn.

11. Kayla Matthews, "Precision Farming: AI and Automation Are Transforming Agriculture," Data Center Frontier, October 31, 2019, https://datacenterfrontier.com/precision-farming-ai-and-automation-are-transforming-agriculture/.

12. Ofir Schlam, "4 Ways Big Data Analytics Are Transforming Agriculture," Future Farming, July 15, 2019, https://www.futurefarming.com/Tools-data/Articles/2019/7/4-ways-big-data-analytics-are-transforming-agriculture-450440E/.

13. Bhaskar Chakravorti, "A Game Plan for Technology Companies to Actually Help Save the World," Conversation, November 6, 2018, https://theconversation.com/a-game-plan-for-technology-companies-to-actually-help-save-the-world-105007.

14. Cassie Perlman, "From Product to Platform: John Deere Revolutionizes Farming," *Harvard Business Review*, August 25, 2017, https://digital.hbs.edu/data-and-analysis/product-platform-john-deere-revolutionizes-farming/.

15. Perlman, "From Product to Platform."

16. Alejandro Sayago, interview with BCG team, October 23, 2019.

17. "S-Series Combines," John Deere, accessed March 9, 2020, https://www.deere.com/en/harvesting/s-series-combines/?panel=harvest.
18. 更多信息，请访问约翰迪尔网站 http://www.deere.com
19. "John Deere Operations Center," John Deere, accessed March 9, 2020, https://www.deere.com/en/technology-products/precision-ag-technology/data-management/operations-center/. The company's ExactEmerge technology enables high-precision seeding while the planter still moves horizontally at record speeds: https://www.deere.com/assets/publications/index.html?id=6f7a8a69.
20. 想了解更多信息，请访问 "S-Series Combines."
21. Adele Peters, "How John Deere's New AI Lab Is Designing Farm Equipment for a More Sustainable Future," *Fast Company*, September 11, 2017, https://www.fastcompany.com/40464024/how-john-deeres-new-ai-lab-is-designing-farm-equipment-for-more-sustainable-future.
22. Bernard Marr, "The Amazing Ways John Deere Uses AI and Machine Vision to Help Feed 10 Billion People," *Forbes*, March 15, 2019, https://www.forbes.com/sites/bernardmarr/2019/03/15/the-amazing-ways-john-deere-uses-ai-and-machine-vision-to-help-feed-10-billion-people/#2fa699232ae9.
23. Peters, "How John Deere's New AI Lab Is Designing Farm Equipment."
24. C. Williams, "Farm to Data Table: John Deere and Data in Precision Agriculture," Harvard Business School Digital Initiative, November 12, 2019, https://digital.hbs.edu/platform-digit/submission/farm-to-data-table-john-deere-and-data-in-precision-agriculture/.
25. Scott Ferguson, "John Deere Bets the Farm on AI, IoT," Light Reading, March 12, 2018, https://www.lightreading.com/enterprise-cloud/machine-learning-and-ai/john-deere-bets-the-farm-on-ai-iot/a/d-id/741284.
26. 更多信息，请访问约翰迪尔网站 http://www.deere.com.
27. Sharon O'Keeffe, "FarmConnect Initiated by John Deere, Claas and CNH Industral," *Farm Weekly*, November 19, 2019, https://www.farmweekly.com.au/story/6497351/machinery-companies-collaborate-on-data/.
28. O'Keeffe, "FarmConnect."
29. "Deere & Company Board Elects John May as CEO and Board Member," press release, August 29, 2019, https://www.prnewswire.com/news-releases/deere--company-board-elects-john-may-as-ceo-and-board-member-300909127.html.
30. 本段内容大量借鉴了以下文章："L'Oréal Data-Driven Marketing & Digital

Focus Continues to Boost Sales," Digital Media Solutions, December 3, 2019, https://insights.digitalmediasolutions.com/articles/loreal-sees-record-sales-growth.

31. "L'Oréal Data-Driven Marketing & Digital Focus."
32. Rory Butler, "L'Oréal Powers Its R&D by Processing 50 Million Pieces of Data a Day," *Manufacturer*, November 5, 2019, https://www.themanufacturer.com/articles/loreal-powers-its-rd-by-processing-50-million-pieces-of-data-a-day/.
33. Butler, "L'Oréal Powers Its R&D."
34. "L'Oréal Data-Driven Marketing & Digital Focus."
35. "How Open Science and External Innovation Are Transforming Drug Development," Stat, accessed March 10, 2020, https://www.statnews.com/sponsor/2018/08/30/transforming-drug-development-allergan/.
36. "Biotechs Investments Disrupt Big Pharma Business Model," *BNP Paribas*, December 11, 2019, https://group.bnpparibas/en/news/biotechs-investments-disrupt-big-pharma-business-model.
37. "Annual Report," GlaxoSmithKline, 2018, https://www.gsk.com/media/5347/strategic-report.pdf.
38. "GSK and 23andMe Sign Agreement to Leverage Genetic Insights for the Development of Novel Medicines," press release, July 25, 2018, https://www.gsk.com/en-gb/media/press-releases/gsk-and-23andme-sign-agreement-to-leverage-genetic-insights-for-the-development-of-novel-medicines/.
39. "Open Targets," Hyve, accessed March 10, 2020, https://thehyve.nl/solutions/open-targets/.
40. "About UK Biobank," Biobank, accessed March 10, 2020, https://www.ukbiobank.ac.uk/about-biobank-uk/.
41. "Siemens AG," *Encyclopaedia Britannica*, accessed March 10, 2020, https://www.britannica.com/topic/Siemens-AG.
42. "Siemens Sells Mobile Phone Biz to BenQ," *China Daily*, updated June 8, 2005, http://www.chinadaily.com.cn/english/doc/2005-06/08/content_449618.htm.
43. 霍斯特·凯泽博士接受 BCG 团队的采访内容，2018 年 3 月 17 日；"History: Wind Power Pioneers," Siemens, accessed March 10, 2020, https://www.siemensgamesa.com/en-int/about-us/company-history.
44. 内容来自与西门子领导者的非正式对话。想了解更多信息，请参见 Eric Johnson, "A Big Brain for Power Plant Diagnostics," *Living Energy* 9

(December 2013):65, https://assets.new.siemens.com/siemens/assets/api/uuid:dbfd4b0d225b592bd2e6ded1c4210cfe2e403a8d/version:1533824147/power-plant-diagnostics-rds-living-energy-9.pdf.

45. "Annual Report 2019," Siemens, 2019, https://assets.new.siemens.com/siemens /assets/api/uuid:59a922d1-eca0-4e23-adef-64a05f0a8a61/siemens-ar2019.pdf; Georgina Prodhan, "Siemens Sees Scale, Data Privacy as Winners in Digital Race," Reuters,December 15, 2017, https://www.reuters.com/article/us-siemens-digital/siemens-sees-scale-data-privacy-as-winners-in-digital-race-idUSKBN1E90YY; "Siemens—Business Fact Sheets," Siemens, 2019, https://www.siemens.com/investor/pool/en/investor_relations/equity-story/Siemens-Business-Fact-Sheets.pdf.
46. 霍斯特・凯泽博士接受 BCG 团队的采访内容，2018 年 3 月 17 日。
47. Schneider Electric, "Schneider Electric Launches Next Generation of EcoStruxure™, the Architecture and Platform for End-to-End IoT-Enabled Solutions at Scale," PR Newswire, November 29, 2016, https://www.prnewswire.com/news-releases/schneider-electric-launches-next-generation-of-ecostruxure-the-architecture-and-platform-for-end-to-end-iot-enabled-solutions-at-scale-300369412.html.
48. Schneider Electric, "Schneider Electric Launches."
49. "Ambitious Outlook. Positive Action. Full Accountability," Schneider Electric, 2018,https://www.se.com/ww/en/assets/564/document/69032/2018-annual-report.pdf; "Digital Innovations for a Sustainable World," Schneider Electric, 2019, https://www.se.com/ww/en/assets/564/document/124836/annual-report-2019-en.pdf.
50. Schneider Electric, "Schneider Electric Launches New Digital Ecosystem to Drive Worldwide Economies of Scale for IoT Solutions," PR Newswire, April 1, 2019,https://www.prnewswire.com/news-releases/schneider-electric-launches-new-digital-ecosystem-to-drive-worldwide-economies-of-scale-for-iot-solutions-300821811.html.
51. 埃尔韦・库勒伊接受 BCG 团队的采访内容，2019 年 10 月 25 日。
52. 埃尔韦・库勒伊接受 BCG 团队的采访内容，2019 年 10 月 25 日。
53. 埃尔韦・库勒伊接受 BCG 团队的采访内容，2019 年 10 月 25 日。
54. "Where Problems Find Solutions," Schneider Electric Exchange, accessed March 11, 2020, https://exchange.se.com/.
55. 埃马纽埃尔・拉加里格接受 BCG 团队的采访内容，2019 年 10 月 30 日。
56. 埃尔韦・库勒伊接受 BCG 团队的采访内容，2019 年 10 月 25 日。

57. 根据一种估算，2018 年全球物流市场的价值约为 4.7 万亿美元："The Global Logistics Market Reached a Value of US$ 4,730 Billion in 2018 and Will Continue to Rise by 4.9% by 2024," Business Wire, July 3, 2019, https://www.businesswire.com/news/home/20190703005488/en/Global-Logistics-Market-Reached-4730-Billion-2018.
58. 更多信息，请查看公司网站：http://www.flexport.com.
59. "How Gerber Gains End-to-End Supply Chain Visibility and Savings with Flexport," Flexport, accessed March 11, 2020, https://www.flexport.com/customers/gerber/; "How American Metalcraft Serves Up Digital Transformation with Flexport," Flexport,accessed March 11, 2020, https://www.flexport.com/customers/american-metalcraft/;"Leading Smart Travel Brand, Horizn Studios, Breathes New Life into a Centuries-Old Industry and Transforms Operations," Flexport, accessed April 3, 2020, https://www.flexport.com/customers/horizn-studios/.
60. Alex Konrad, "Freight Startup Flexport Hits $3.2 Billion Valuation After $1 Billion Investment Led by SoftBank," *Forbes*, February 21, 2019, https://www.forbes.com/sites/alexkonrad/2019/02/21/flexport-raises-1-billion-softbank/#430462ac5650.
61. "Digitalisation in the Energy Industry: Adapt, or Be Disrupted," Shell, March 5, 2019, https://www.shell.com/business-customers/lubricants-for-business/news-and-media-releases/2019/digitalisation-in-the-energy-industry.html.
62. "Revolutionary Wireless Telematics," Machine Max, accessed March 11, 2020, https://machinemax.com/.
63. 来自 IDC 数据产品 Global DataSphere 的 2018 年的信息。
64. 罗素・斯托克斯（惠而浦公司战略副总裁）接受作者采访内容，2019 年 6 月 12 日。
65. BCG 基于 "Total Worldwide Software Revenue Market Share by Market," Gartner Report, April 2019. 的分析。
66. "Mass Data Fragmentation: The Main Cause of 'Bad Data' and How to Take Control of It," Information Age, May 17, 2019, https://www.information-age.com/mass-data-fragmentation-123482521/.
67. "AI and Data Irony—Ferrari Without Fuel?" Data Quest, November 20, 2019, https://www.dqindia.com/ai-data-irony-ferrari-without-fuel/.
68. Alan Cohen, "The Mass Data Fragmentation Cleanup," *Forbes*, October 24, 2018, https://www.forbes.com/sites/forbestechcouncil/2018/10/24/the-mass-

data-fragmentation-cleanup/#55a48cfa67a9.

第七章 专注、快捷、扁平

1. “ByteDance,” generated by PitchBook for Samridhi Agarwal, Boston Consulting Group Global, updated March 4, 2020; “About Us,” ByteDance, accessed March 14, 2020, https://job.bytedance.com/en/.
2. 李墨稼（字节跳动管理研究所战略总监）与 BCG 研究团队采访，2019 年 8 月 22 日。
3. 此段基于 BCG 内部研究。
4. 整个段落的内容全部基于李墨稼于 2019 年 8 月 22 日接受的 BCG 研究团队的采访。
5. 本段资料基于 BCG 亨德森智库的研究。
6. Martin Danoesastro, “Nick Jue on Transforming ING Netherlands and Introducing an Agile Way of Working,” BCG, July 17, 2017, https://www.bcg.com/publications/2017/technology-digital-financial-institutions-nick-jue-transforming-ing.aspx.
7. BCG 基于中央银行、公司网站和经济学人智库 2018 年全球零售银行报告数据进行的分析。
8. Katrina Cuthell, “Many Consumers Trust Technology Companies More Than Banks,” Bain, January 9, 2019, https://www.bain.com/insights/many-consumers-trust-technology-companies-more-than-banks-snap-chart/.
9. Erin Lyons, “RBS Takes Inspiration from Amazon and Uber as It Puts Focus on Customer Experience,” Phvntom, October 3, 2018, https://phvntom.com/rbs-takes-inspiration-from-amazon-and-uber-as-it-puts-focus-on-customer-experience/.
10. BCG 基于 BCG 银行池、Expand Fintech 数据库和 Fintech Control Tower 数据进行的分析。
11. ING Investor Day Presentation (2019).
12. “‘We Want to Be a Tech Company with a Banking License’—Ralph Hamers,” ING, August 8, 2017, https://www.ing.com/Newsroom/News/We-want-to-be-a-tech-company-with-a-banking-license-Ralph-Hamers.htm.
13. Martin Danoesastro, “Nick Jue on Transforming ING Netherlands and Introducing an Agile Way of Working,” BCG, July 17, 2017, https://www.bcg.com/publications/2017/technology-digital-financial-institutions-nick-jue-transforming-ing.aspx.
14. For a sober assessment of the matrix structure and its drawbacks dating

from the 1990s, please see Stanley M. Davis and Paul R. Lawrence, "Problems of Matrix Organizations," *Harvard Business Review,* May 1978, https://hbr.org/1978/05/problems-of-matrix-organizations; Christopher A. Bartlett and Sumantra Ghoshal, "Matrix Management: Not a Structure, a Frame of Mind," *Harvard Business Review,* July–August 1990, https://hbr.org/1990/07/matrix-management-not-a-structure-a-frame-of-mind.

15. 当今的跨国公司被官僚主义或者 BCG 所谓的"复杂性"所扰，复杂性即"为抵御外部商业环境愈发加剧的复杂性，各家公司建立起越发繁琐的组织结构、流程、程序、决策权、度量标准、记分卡，以及委员会"(Reinhard Messenböck et al., "Simplify First—Then Digitize," BCG, August 8, 2019, https://www.bcg.com/capabilities/change-management/simplify-first-then-digitize.aspx)。
16. 马丁・达诺萨斯托（BCG 阿姆斯特丹办事处董事总经理和高级合伙人）接受 BCG 团队的采访内容，2019 年 10 月 16 日。
17. See the ING Group's 2014 annual report, 184, downloaded April 19, 2020, at https://www.ing.com/web/file? uuid=9e4a52e6-1746-4a83-b31f-1c5978c8361c&owner=b03bc017-e0db-4b5d-abbf-003b12934429&contentid=33430.
18. Saabira Chaudhuri, "Outfoxed by Small-Batch Upstarts, Unilever Decides to Imitate Them," *Wall Street Journal*, January 2, 2018, https://www.wsj.com/articles/outfoxed-by-small-batch-upstarts-unilever-decides-to-imitate-them-1514910342.
19. "Making Sustainable Living Commonplace," Unilever (Annual Report and Accounts), annual report, 2017, 10, https://www.unilever.com/Images/ara-principle-risk-factors_tcm244-525944_en.pdf.
20. 桑吉夫・梅赫塔接受 BCG 的采访内容，2019 年 7 月 24 日；Ajita Shashidhar, "How HUL Got Its Mojo Back," *Business Today*, August 12, 2018, https://www.businesstoday.in/magazine/cover-story/how-hul-got-its-mojo-back/story/280535. html.
21. "Making Sustainable Living Commonplace," Unilever, 2017, 10.
22. 桑吉夫・梅赫塔接受 BCG 的采访内容，2019 年 7 月 24 日。
23. "Unilever Investor Event," Hindustan Unilever Limited, December 4, 2018, 23, https://www.hul.co.in/Images/hul-presentation-to-investors_tcm1255-529129_en.pdf.
24. "Unilever Investor Event," Hindustan Unilever Limited, 21.
25. 尼廷・帕兰吉普接受 BCG 研究团队的采访内容，2019 年 7 月 10 日。

26. 尼廷・帕兰吉普接受作者的采访内容，2019 年 7 月 10 日。
27. "Making Sustainable Living Commonplace," Unilever, 2017.
28. "Making Sustainable Living Commonplace," Unilever (Annual Report and Accounts), 2016: 27, https://www.unilever.com/Images/unilever-annual-report-and-accounts-2016_tcm244-498880_en.pdf; "Purpose-Led, Future-Fit," Unilever (Annual Report and Accounts), 2019, https://www.unilever.com/Images/unilever-annual-report-and-accounts-2019_tcm244-547893_en.pdf.
29. Grant Freeland, "To Understand the Company of the Future, Head to a Jazz Club," *Forbes*, September 23, 2019, https://www.forbes.com/sites/grantfreeland/2019/09/23/to-understand-the-company-of-the-future-head-to-a-jazz-club/#6e825ab32785.
30. Darrell K. Rigby, Jeff Sutherland, and Hirotaka Takeuchi, "Embracing Agile," *Harvard Business Review*, May 2016, https://hbr.org/2016/05/embracing-agile.
31. 有关敏捷的更多信息，请参阅 Michael Sherman et al., "Taking Agile Way Beyond Software," BCG, July 19, 2017, https://www.bcg.com/publications/2017/technology-digital-organization-taking-agile-way-beyond-software.aspx.
32. Marco Nink, "To Be Agile, You Need Fewer Processes and Policies," Gallup, January 18, 2019, https://www.gallup.com/workplace/246074/agile-need-fewer-processes-policies.aspx.
33. BCG 基于荷兰国际集团银行 2014—2019 年度报告中的数据进行的分析。
34. "Our Organisation," Buurtzorg, accessed March 15, 2020, https://www.buurtzorg.com/about-us/our-organisation/; "Buurtzorg: Revolutionising Home Care in the Netherlands," Center for Public Impact, November 15, 2018, https://www.centreforpublicimpact.org/case-study/buurtzorg-revolutionising-home-care-netherlands/.
35. "Our Organisation"; Sofia Widén, Malin Lidforss, and William A. Haseltine, "Buurtzorg: A Neighborhood Model of Care: Interviews with Jos de Blok and Gertje van Roessel," Access Health International, April 2016; Stevan Ćirković, "Buurtzorg: Revolutionising Home Care in the Netherlands."
36. Jaap van Ede, "The Self-Steering and Care-Driven Teams of Buurtzorg," Business Improvement, 2014, https://www.business-improvement.eu/lead_change/Buurtzorg_autonomous_teams.php; Jef J.J. van den Hout and Orin

C. Davis, *Team Flow: The Psychology of Optimal Collaboration* (Cham, Switzerland: Springer: 2019), 80–81.

37. Widén, Lidforss, and Haseltine, "Buurtzorg," 1.
38. "Buurtzorg's Healthcare Revolution: 14,000 Employees, 0 Managers, Sky-High Engagement," Corporate Rebels, accessed March 15, 2020, https://corporate-rebels.com/buurtzorg/.
39. Blake Morgan, "How Fidelity Creates Its Vision for Customer Experience," *Forbes*, April 5, 2016, https://www.forbes.com/sites/blakemorgan/2016/04/05/how-fidelity-creates-amazing-customer-experiences/#3446ae7159c7; Robin Wigglesworth,"Fidelity's Search for the Technology of Tomorrow," *Financial Times*, October 19, 2019, https://www.ft.com/content/b90cbc8a-ef45-11e9-bfa4-b25f11f42901.
40. "Internal Auditing Around the World, Volume 15: Fidelity Investments," Protiviti, accessed June 11, 2020, https://www.protiviti.com/US-en/insights/iaworld-fidelity-investments.
41. 更多关于平台的信息，请参阅艾利森·贝利（Allison Bailey）等人所著 "Organizing for the Future with Tech, Talent, and Purpose," BCG, September 16, 2019, https://www.bcg.com/publications/2019/organizing-future-tech-talent-purpose.aspx; Rich Hutchinson, Lionel Aré, Justin Rose, and Allison Bailey, "The Bionic Company," BCG, November 7, 2019, https://www.bcg.com/publications/2019/bionic-company.aspx.
42. 罗伯托·马克斯接受 BCG 研究小组的采访内容，2020 年 3 月 10 日。
43. 这段文字内容提取自 BCG 内部研究和分析。
44. Mary Jo Kreitzer et al., "Buurtzorg Nederland: A Global Model of Social Innovation, Change, and Whole-Systems Healing," *Global Advances in Health and Medicine* 4, no. 1 (January 2015).
45. "What Is R² Data Labs?" Rolls-Royce, accessed March 15, 2020, https://www.rolls-royce.com/products-and-services/r2datalabs.aspx.
46. "R² Data Labs Ecosystem," Rolls-Royce, accessed March 20, 2020, https://www.rolls-royce.com/products-and-services/ecosystem.aspx.
47. Rich Hutchinson et al., "The Bionic Company," BCG, November 7, 2019, https://www.bcg.com/publications/2019/bionic-company.aspx.
48. Jim Hemerling et al., "It's Not a Digital Transformation Without a Digital Culture," BCG, April 13, 2018, https://www.bcg.com/publications/2018/not-digital-transformation-without-digital-culture.aspx.
49. Hemerling et al., "It's Not a Digital Transformation."

50. Deborah Lovich et al., "Agile Starts—or Stops—at the Top," BCG, May 17, 2018, https://www.bcg.com/publications/2018/agile-starts-or-stops-at-the-top.aspx.
51. Allison Bailey et al., "Organizing for the Future with Tech, Talent, and Purpose," BCG, September 16, 2019, https://www.bcg.com/publications/2019/organizing-future-tech-talent-purpose.aspx.
52. 鲍勃・布莱克接受 BCG 的采访内容，2020 年 1 月 13 日。
53. Lars Marquardt et al., "Blending Old and New Ways of Working to Drive Digital Value," BCG, October 21, 2019, https://www.bcg.com/publications/2019/blending-old-new-ways-working-drive-digital-value.aspx.
54. 马丁・达诺萨斯托接受 BCG 的采访内容，2019 年 10 月 16 日。

第八章 人才制胜

1. "Unilever Opens €50m Leadership Development Facility," Unilever, June 28, 2013, https://www.unilever.com.sg/news/press-releases/2013/leadership-development-facility.html.
2. Stephen Remedios, "What Goes into Building a CEO Factory?" Management Innovation Exchange, July 14, 2013, https://www.managementexchange.com/story/what-goes-building-ceo-factory; Sudhir Sitapati, "How Hindustan Unilever Became a CEO Factory and a Company with Good Middle-Class Values," Print, January 5, 2020, https://theprint.in/pageturner/excerpt/how-hindustan-unilever-became-a-ceo-factory-and-company-with-middle-class-values/344917/.
3. BCG 研究和分析。
4. Angus Loten, "America's Got Talent, Just Not Enough in IT," *Wall Street Journal*, October 15, 2019, https://www.wsj.com/articles/americas-got-talent-just-not-enough-in-it-11571168626.
5. "Future of Work," Korn Ferry, accessed March 17, 2020, https://www.kornferry.com/challenges/future-of-work.
6. J. Puckett et al., "Fixing the Global Skills Mismatch," BCG, January 15, 2020, https://www.bcg.com/publications/2020/fixing-global-skills-mismatch.aspx.
7. "How to Future-Proof Your Workforce," BCG, accessed March 17, 2020, https://www.bcg.com/featured-insights/how-to/workforce-of-the-future.aspx.

8. J. Puckett et al., "Fixing the Global Skills Mismatch," BCG, January 15, 2020, https://www.bcg.com/publications/2020/fixing-global-skills-mismatch.aspx.
9. Rainer Strack et al., "Decoding Digital Talent," BCG, May 15, 2019, https://www.bcg.com/publications/2019/decoding-digital-talent.aspx.
10. Shawn Achor et al., "9 Out of 10 People Are Willing to Earn Less Money to Do More-Meaningful Work," *Harvard Business Review*, November 6, 2018, https://hbr.org/2018/11/9-out-of-10-people-are-willing-to-earn-less-money-to-do-more-meaningful-work.
11. 本段借鉴莱纳・奈尔 2019 年 6 月 17 日接受 BCG 的采访内容。
12. Kathleen Hogan, "When People Are the Priority, Everything Else Falls into Place," LinkedIn, June 4, 2019, https://www.linkedin.com/pulse/when-people-priority-everything-else-falls-place-kathleen-hogan/.
13. Hogan, "When People Are the Priority."
14. Angus Loten, "'Talent War' at Home Prompts U.S. Employers to Take Another Look Abroad," *Wall Street Journal*, May 30, 2019, https://www.wsj.com/articles/talent-war-at-home-prompts-u-s-employers-to-take-another-look-abroad-11559257791.
15. "iCIMS Survey Finds Increased Acceptance of Tech Candidates with NonTraditional Educations," Globe Newswire, September 17, 2018, https://www.globenewswire.com/news-release/2018/09/17/1571757/0/en/iCIMS-Survey-Finds-Increased-Acceptance-of-Tech-Candidates-with-Non-Traditional-Educations.html.
16. Rainer Strack et al., "How to Gain and Develop Digital Talent and Skills," BCG, July 19, 2017, https://www.bcg.com/publications/2017/people-organization-technology-how-gain-develop-digital-talent-skills.aspx.
17. "Leap: A Modern Apprenticeship," Microsoft, accessed March 17, 2020, https://www.industryexplorers.com/.
18. Sue Shellenbarger, "Make Your Job Application Robot-Proof," W*all Street Journal*, December 16, 2019, https://www.wsj.com/articles/make-your-job-application-robot-proof-11576492201; "Balancing the Risks, Rewards of People Analytics," *Wall Street Journal*, May 30, 2018, https://deloitte.wsj.com/cio/2018/05/30/balancing-the-risks-rewards-of-people-analytics/.
19. Ingrid Lunden, "GM Confirms Sidecar Acquisition as Auto Makers Take Tech Ambitions up a Gear," TechCrunch, January 19, 2016, https://techcrunch.com/2016/01/19/whos-driving/.

20. Sandeep Soni, "Acqui-Hiring: The New Normal in Talent Acquisition," *Entrepreneur*, March 20, 2015, https://www.entrepreneur.com/article/248598.
21. "Wipro's Mantra: Acquire to Grow," M&A Critique, accessed March 18, 2020, https://mnacritique.mergersindia.com/wipro-technologies-growth-by-acquisition/.
22. "Wipro to Acquire US-Based ITI for USD 45 Million," *Economic Times*, January 5, 2019, https://economictimes.indiatimes.com/tech/ites/wipro-to-acquire-us-based-iti-for-usd-45-million/articleshow/69664283.cms?from=mdr.
23. Andrew Karpie, "Wipro Acquires Appirio for $500M to Reach for the Cloud, Leverage Power of the Crowd," Spend Matters, October 21, 2016, https://spendmatters.com/2016/10/21/wipro-acquires-appirio-500m-reach-cloud-leverage-power-crowd/;Chris Barbin, "One Year Later: Appirio (A Wipro Company)," Appirio, December 12, 2017, https://hub.appirio.com/cloud-powered-blog/one-year-later-appirio-a-wipro-company.
24. Wipro, "Wipro Digital to Enhance Digital Transformation Capability with Designit," press release, July 9, 2015, https://www.wipro.com/en-IN/newsroom/press-releases/2015/wipro-digital-to-enhance-digital-transformation-capability-with-/.
25. Teressa Iezzi, "Unilever Looks to Forge New Partnerships with Startups with the Launch of the Foundry," *Fast Company*, May 21, 2014, https://www.fastcompany.com/3030940/unilever-looks-to-forge-new-partnerships-with-startups-with-the-launch-of-the-foundry.
26. "Unilever's Platform for Partnering with Start-Ups to Accelerate Innovation on a Global Scale," Unilever Foundry, accessed March 18, 2020, https://www.theunileverfoundry.com/.
27. "What Corporate Incubators and Accelerators Can Mean for Your Business,"*Entrepreneur*, February 15, 2017, https://www.entrepreneur.com/article/287495.
28. "Here's How Large Firms Can Innovate by Collaborating with Startups," *Forbes*,May 10, 2018, https://www.forbes.com/sites/iese/2018/05/10/heres-how-large-firms-can-innovate-by-collaborating-with-startups/#30a166de2241.
29. Judith Wallenstein et al., "The New Freelancers: Tapping Talent in the Gig Economy," BCG Henderson Institute, January 2019, http://image-src.bcg.

com/Images/BCG-The-New-Freelancers-Jan-2019_tcm9-211593.pdf.

30. Judith Wallenstein et al., "The New Freelancers," 5.
31. 要了解这些数据和更多信息，请访问 http://www.tongal.com.
32. Tongal.com, accessed January 19, 2020.
33. "Unilever Launches New AI-Powered Talent Marketplace," Unilever, June 24, 2019, https://www.unilever.com/news/press-releases/2019/unilever-launches-ai-powered-talent-marketplace.html.
34. Shaun Sutner, "New Kronos Headquarters Design Mirrors Reinvention Play," Search HR Software, May 29, 2018, https://searchhrsoftware.techtarget.com/feature/New-Kronos-headquarters-design-mirrors-reinvention-play.
35. For coverage of the company's Dublin office, for instance, please see "First Look: From Gyms and Music Rooms to Baristas and Yoga . . . Inside LinkedIn's New €85m EMEA HQ Office in Dublin," *Independent*, September 18, 2017, https://www.independent.ie/business/technology/first-look-from-gyms-and-music-rooms-to-baristas-and-yogainside-linkedins-new-85m-emea-hq-office-in-dublin-36142701.html.
36. Katie Jacobs, "Dogs in the Office: How Nestlé Makes It Work," *HR Magazine*, February 11, 2016, https://www.hrmagazine.co.uk/article-details/dogs-in-the-office-how-nestle-makes-it-work-1; Grace Newton, "Nestle in York Now Lets Staff Take Bring Their Dogs to Work," *Yorkshire Post*, April 4, 2019, https://www.yorkshirepost.co.uk/news/nestle-in-york-now-lets-staff-take-bring-their-dogs-to-work-1-9691747.
37. 亚历山大·珀迪（Alexander Purdy，前约翰迪尔公司员工）接受 BCG 的采访内容，2019 年 10 月 10 日。
38. "No One Reaches More Machines with Smarter Technology Than John Deere," John Deere, accessed March 20, 2020, https://www.deere.com/en/our-company/john-deere-careers/work-here/isg/.
39. Shawn Achor et al., "9 Out of 10 People Are Willing to Earn Less Money to Do More-Meaningful Work," *Harvard Business Review*, November 6, 2018, https://hbr.org/2018/11/9-out-of-10-people-are-willing-to-earn-less-money-to-do-more-meaningful-work.
40. Leena Nair, interview with BCG team, June 17, 2019.
41. "People with Purpose Thrive," Unilever, accessed March 19, 2020, https://careers.unilever.com/global/en/people-with-purpose-thrive.
42. 莱纳·奈尔接受 BCG 的采访内容，2019 年 6 月 17 日。

43. "Project #ShowUs: Dove's Disruptive New Partnership to Shatter Stereotypes," Unilever, May 15, 2019, https://www.unilever.com/news/news-and-features/Feature-article/2019/project-showus-doves-disruptive-new-partnership-to-shatter-stereotypes.html.
44. Leena Nair, "Have You Found Your Purpose?" Medium, November 22, 2018, https://medium.com/@leenanairHR/have-you-found-your-purpose-heres-how-4d93f7bccaa9.
45. 莱纳・奈尔接受 BCG 的采访内容，2019 年 6 月 17 日。
46. Jörgen Sundberg, "How Unilever Developed a New EVP and Employer Brand," Link Humans, accessed March 20, 2020, https://linkhumans.com/unilever/.
47. "LinkedIn," Tulsa Marketing Online, accessed March 19, 2020,https://www.tulsamarketingonline.com/linkedin-lists-its-10-most-followed-pages/. 排名虽有波动，但截至 2020 年 3 月 25 日，其在领英上的粉丝数达到 940 万 ("Unilever," LinkedIn, accessed March 26, 2020,https://www.linkedin.com/company/unilever/).
48. Meghan French Dunbar, "How Nature Became the World's Largest B Corp—and How Its Helping," Conscious Company Media, January 5, 2016, https://consciouscompanymedia.com/sustainable-business/how-natura-became-the-worlds-largest-b-corp-and-how-its-helping/; 丹尼尔・阿泽维多（BCG 全球合伙人和客户总监、纳图拉合伙人兼首席运营官）接受 BCG 的采访内容，2019 年 7 月 11 日。
49. 凯万・马塞多接受 BCG 的采访内容，2019 年 12 月 20 日。
50. 凯万・马塞多接受 BCG 的采访内容，2019 年 12 月 20 日。
51. Carol Fulp, *Success Through Diversity: Why the Most Inclusive Companies Will Win* (Boston: Beacon Press, 2018). 研究发现，多样性和参与度之间存在明显联系。例如，在参与度得分较低的公司中，性别比率差异较大 ("BCG's Gender Diversity Research: By the Numbers," BCG, accessed March 19, 2020, https://www.bcg.com/en-us/capabilities/diversity-inclusion/gender-diversity-research-by-numbers.aspx).
52. Frances Brooks et al., "Winning the Race for Women in Digital," BCG, November 28, 2018, https://www.bcg.com/en-us/publications/2018/winning-race-women-digital.aspx.
53. Ruth Umoh, "Meet America's Best Employers for Diversity 2020," *Forbes*, January 21, 2020, https://www.forbes.com/sites/ruthumoh/2020/01/21/meet-americas-best-employers-for-diversity-2020/#31144fcd5739.

54. Rainer Strack et al., "Decoding Digital Talent."
55. Orsolya Kovacs-Ondrejkovic et al., "Decoding Global Trends in Upskilling and Reskilling," BCG, November 2019, https://www.bcg.com/publications/2019/decoding-global-trends-upskilling-reskilling.aspx.
56. 鲍勃・布莱克接受 BCG 的采访内容，2020 年 1 月 13 日。
57. Laura Heller, "Walmart Launches Tech Incubator Dubbed Store No. 8," *Forbes*, March 20, 2017, https://www.forbes.com/sites/lauraheller/2017/03/20/walmart-launches-tech-incubator-store-no-8/#13ee844e2dcb.
58. Adam Kearney, "We Digitized Google's Peer Recognition," Medium, May 2, 2016, https://medium.com/@K3ARN3Y/how-google-does-peer-recognition-188446e329dd; John Quinn, "A Look at Google's Peer-to-Peer Bonus System," Bonusly (blog), accessed March 20, 2020, https://blog.bonus.ly/a-look-at-googles-peer-to-peer-bonus-system/.
59. Børge Brende, "We Need a Reskilling Revolution. Here's How to Make It Happen," World Economic Forum, April 15, 2019, https://www.weforum.org/agenda/2019/04/skills-jobs-investing-in-people-inclusive-growth/; "The Future of Jobs Report," Economic Forum, 2018, ix, http://www3.weforum.org/docs/WEF_Future_of_Jobs_2018.pdf.
60. "The Future of Jobs Report," 12.
61. "The Future of Jobs Report," 13.
62. Orsolya Kovacs-Ondrejkovic et al., "Decoding Global Trends."
63. Orsolya Kovacs-Ondrejkovic, "What Would You Do to Stay Relevant at Work?" LinkedIn, November 7, 2019, https://www.linkedin.com/pulse/what-would-you-do-stay-relevant-work-orsolya-kovacs-ondrejkovic/.
64. 事实上，大约三分之二的员工的"工作情况都会在未来 5 年内发生重大变化。" (Vikram Bhalla et al., "A CEO's Guide to Talent Management Today," BCG, April 10, 2018, https://www.bcg.com/publications/2018/ceo-guide-talent-management-today.aspx).
65. 作为行业贸易协会的印度软件和服务业企业行业协会确定了 10 种新兴技术。"What Is FutureSkills?" FutureSkills, accessed March 26, 2020, http://futureskills .nasscom.in/about-futureskill.html#whyFutureSkill. NASSCOM, the industry's trade association, identified ten emerging technologies ("What Is FutureSkills?").
66. "NASSCOM," NASSCOM, July 17, 2019, accessed March 21, 2020, https://www.nasscom.in/sites/default/files/media_pdf/pr_hr_summit%20 2019.pdf.

67. "What Is FutureSkills," FutureSkills, accessed March 21, 2020, http://futureskills.nasscom.in/about-futureskill.html#whyFutureSkill.
68. "Nasscom," Nasscom, July 17, 2019, accessed March 21, 2020, https://www.nasscom.in/sites/default/files/media_pdf/pr_hr_summit%202019.pdf; Venkatesh Ganesh and KV Kurmanath, "Modi Launches Nasscom's 'Future Skills' Platform," *Hindu Business Line*, February 19, 2018, https://www.thehindubusinessline.com/info-tech/modi-launches-nasscoms-future-skills-platform/article22800117.ece.
69. "How Does It Work," FutureSkills, accessed March 21, 2020, http://futureskills.nasscom.in/how-does-it-work.html.
70. Ganesh and Kurmanath, "Modi Launches Nasscom's 'Future Skills' Platform."
71. "FutureSkills: A NASSCOM Initiative," NASSCOM, accessed March 26, 2020, https://www.nasscom.in/sites/default/files/FutureSkills_An_Industry_Response.pdf; Shilpa Patankar, "Wipro, Nassscom Tie-Up for Future Skills Platform," *Times of India*, December 21, 2019, https://timesofindia.indiatimes.com/business/india-business/wipro-nassscom-tie-up-for-future-skills-platform/articleshow/72914868.cms.
72. 本段基于 BCG 的研究和分析。
73. Debbie Weinstein, "How L'Oréal Is Preparing for the Next Evolution of Digital Marketing," Think with Google, June 2018, https://www.thinkwithgoogle.com/intl/en-aunz/advertising-channels/video/how-loreal-preparing-next-evolution-digital-marketing/.
74. "AT&T Invests $1 Billion in Employee Reskilling," Aspen Institute, March 12, 2018, https://www.aspeninstitute.org/of-interest/upskilling-news-att-invests-1-billion-employee-reskilling/.
75. Susan Caminiti, "AT&T's $1 Billion Gambit: Retraining Nearly Half Its Workforce for Jobs of the Future," CNBC, March 13, 2018, https://www.cnbc.com/2018/03 /13/atts-1-billion-gambit-retraining-nearly-half-its-workforce.html.
76. Aaron Pressman, "Can AT&T Retrain 100,000 People?" *Fortune*, March 13, 2017, https://fortune.com/longform/att-hr-retrain-employees-jobs-best-companies/.
77. Caminiti, "AT&T's $1 Billion Gambit."
78. Caminiti, "AT&T's $1 Billion Gambit."
79. Kate Rogers, "Manufacturers to Spend $26.2 Billion on 'Upskilling' in 2020

to Attract and Keep Workers," CNBC, January 17, 2020, https://www.cnbc.com/2020/01/17/manufacturers-to-spend-26point2-billion-on-upskilling-workers-in-2020.html.

80. Scott Snyder, "Talent, Not Technology, Is the Key to Success in a Digital Future," World Economic Forum, January 11, 2019, https://www.weforum.org/agenda/2019/01/talent-not-technology-is-the-key-to-success-in-a-digital-future/.

81. Rich Hutchinson et al., "The Bionic Company," BCG, November 7, 2019, https://www.bcg.com/publications/2019/bionic-company.aspx.

82. Bob Desimone, "What High-Performance Workplaces Do Differently," Gallup, December 12, 2019, https://www.gallup.com/workplace/269405/high-performance-workplaces-differently.aspx.

83. Shawn Achor et al., "9 Out of 10 People Are Willing to Earn Less Money to Do More-Meaningful Work," *Harvard Business Review*, November 6, 2018, https://hbr.org/2018/11/9-out-of-10-people-are-willing-to-earn-less-money-to-do-more-meaningful-work.

84. Charles Mitchell et al., "The CEO View of Risks and Opportunities in 2020," Conference Board, accessed March 21, 2020, https://files.constantcontact.com/ff18da33701/9f112366-808b-4de4-b342-60b0f843784a.pdf.

85. "Key Skills Needed to Survive the 21st Century," Jobiness (blog), January 14, 2019, http://blog.jobiness.com/key-skills-needed-to-survive-the-21st-century/.

第九章 接受永续转型

1. N. 钱德拉塞克兰接受 BCG 的采访内容，2020 年 1 月 14 日。

2. David Leonard and Claude Coltea, "Most Change Initiatives Fail—but They Don't Have To," Gallup, May 24, 2013, https://news.gallup.com/businessjournal/162707 /change-initiatives-fail-don.aspx.

3. 数据来自对标准普尔资本智商数据库的搜索。

4. "Microsoft Market Cap 2006–2019," Macrotrends, accessed March 25, 2020, https://www.macrotrends.net/stocks/charts/MSFT/microsoft/market-cap.

5. Rolf Harms (general manager, strategy and acquisitions, at Microsoft), interview with BCG team, September 2019.

6. Satya Nadella, Hit Refresh: *The Quest to Rediscover Microsoft's Soul and Imagine a Better Future for Everyone* (New York: Harper Business, 2017), 66.

7. Eugene Kim, "Microsoft Has a Strange New Mission Statement," Business Insider, June 25, 2015, https://www.businessinsider.com/microsoft-ceo-satya-nadella-new-company-mission-internal-email-2015-6.

8. "Annual Report 2017," Microsoft, accessed Mach 25, 2020, https://www.microsoft.com/investor/reports/ar17/index.html.
9. Krzysztof Majdan and Michał Wasowski, "We Sat Down with Microsoft's CEO to Discuss the Past, Present and Future of the Company," Business Insider,April 20, 2017, https://www.businessinsider.com/satya-nadella-microsoft-ceo-qa-2017-4?IR=T.
10. Jordan Novet, "How Satya Nadella Tripled Microsoft's Stock Price in Just Over Four Years," CNBC, July 18, 2018, https://www.cnbc.com/2018/07/17/how-microsoft-has-evolved-under-satya-nadella.html; Matt Asay, "Who Really Contributes to Open Source," InfoWorld, February 7, 2018, https://www.infoworld.com/article/3253948/who-really-contributes-to-open-source.html#tk.twt_ifw.
11. Ron Miller, "After 5 Years, Microsoft CEO Satya Nadella Has Transformed More Than the Stock Price," TechCrunch, February 4, 2019, https://techcrunch.com/2019/02/04/after-5-years-microsoft-ceo-satya-nadella-has-transformed-more-than-the-stock-price/.
12. Austin Carr and Dina Bass, "The Most Valuable Company (for Now) Is Having a Nadellaissance," Bloomberg, May 2, 2019, https://www.bloomberg.com/news/features/2019-05-02/satya-nadella-remade-microsoft-as-world-s-most-valuable-company.
13. 数据来自标准普尔资本智商数据库和 BCG ValueScience 中心。
14. 这一章大量引用了Jim Hemerling, Julie Kilmann, and Dave Matthews, "The Head, Heart, and Hands of Transformation," Boston Consulting Group, Novem-ber 5, 2018,https://www.bcg.com/publications/2018/head-heart-hands-transformation .aspx. 本章的概念框架最初就是从这里提取的，我们也借用了必要的术语来传达关键思想。这一章还从林杰敏的一次名为"转变的头脑、心灵和双手"的现场演讲中提取了一些概念和短语。
15. Hemerling, Kilmann, and Matthews, "The Head, Heart, and Hands of Transformation."
16. Patti Sanchez, "The Secret to Leading Organizational Change Is Empathy," *Harvard Business Review*, December 20, 2018, https://hbr.org/2018/12/the-secret-to-leading-organizational-change-is-empathy.
17. Hemerling, Kilmann, and Matthews, "The Head, Heart, and Hands of Transformation."
18. Cathy Carlisi et al., "Purpose with the Power to Transform Your Organization," BCG, May 15, 2017, https://www.bcg.com/en-us/publications/2017/

transformation-behavior-culture-purpose-power-transform-organization.aspx.

19. Nadella, *Hit Refresh*, 68.
20. Nadella, *Hit Refresh*, 75.
21. Nadella, *Hit Refresh*, 79.
22. Nadella, *Hit Refresh*, 79–80.
23. Cathy Carlisi et al., "Purpose with the Power to Transform."
24. See Jim Hemerling et al., "It's Not a Digital Transformation Without a Digital Culture," BCG, April 13, 2018, https://www.bcg.com/publications/2018/not-digital-transformation-without-digital-culture.aspx.
25. Nadella, *Hit Refresh*, 100.
26. Nadella, *Hit Refresh*, 102–103.
27. Rolf Harms, interview with BCG team, September 2019.
28. Rolf Harms, interview with BCG team, September 2019.
29. Nadella, *Hit Refresh*, 118–120.
30. Simone Stolzoff, "How Do You Turn Around the Culture of a 130,000-Person Company? Ask Satya Nadella," Quartz, accessed March 25, 2020, https://qz.com/work/1539071/how-microsoft-ceo-satya-nadella-rebuilt-the-company-culture/.
31. Nadella, *Hit Refresh*, 9–10.
32. Sandra J. Sucher and Shalene Gupta, "Layoffs That Don't Break Your Company,"*Harvard Business Review*, May–June 2018, https://hbr.org/2018/05/layoffs-that-dont-break-your-company.
33. Sandra Sucher, "There's a Better Way to Do Layoffs: What Nokia Learned, the Hard Way," LinkedIn, May 3, 2019, https://www.linkedin.com/pulse/theres-better-way-do-layoffs-what-nokia-learned-hard-sandra-sucher/.
34. Sucher and Gupta, "Layoffs That Don't Break Your Company."
35. Sucher, "There's a Better Way to Do Layoffs."
36. Sucher, "There's a Better Way to Do Layoffs."
37. Sucher, "There's a Better Way to Do Layoffs."
38. Sucher, "There's a Better Way to Do Layoffs."
39. Sucher, "There's a Better Way to Do Layoffs."
40. BCG 基于标准普尔资本智商数据库数据的分析。
41. John Callaham, "Microsoft Is Helping Fund Startups Created by Laid Off Smartphone Workers in Finland," Windows Central, August 2, 2016, https://www.windowscentral.com/microsoft-tries-help-laid-smartphone-workers-finland-find-new-jobs.

42. Gerard O'Dwyer, "Finland's IT Sector Recovers After Break-Up of Nokia," Computer Weekly, December 12, 2018, https://www.computerweekly.com/news/252454294/Finlands-IT-sector-recovers-after-break-up-of-Nokia.
43. O'Dwyer, "Finland's IT Sector Recovers."
44. Jay Yarrow, "Microsoft's CEO Sent Out a Giant Manifesto to Employees About the Future of the Company," Business Insider, July 10, 2014, https://www.businessinsider.com/microsofts-ceo-email-2014-7.
45. Samantha McDonald, "Nike to Open Paris Flagship in the Most Expensive Building on the Champs-Élysées," *Footwear News*, October 8, 2019, https://footwearnews.com/2019/business/retail/nike-champs-elysees-headquarters-house-of-innovation-paris-1202852317/.
46. Hilary Milnes, "In Effort to Grow Direct Sales, Nike Integrated Its App Strategy into Its Stores," Digiday, March 26, 2019, https://digiday.com/retail/nike-integrated-app-strategy-stores/.
47. Khadeeja Safdar, "Nike's Strategy to Get a Lot More Personal with Its Customers," *Wall Street Journal*, March 13, 2019, https://www.wsj.com/articles/nikes-strategy-to-get-a-lot-more-personal-with-its-customers-11557799501.
48. Morgan Forde, "Company of the Year: Nike," Supply Chain Dive, December 9, 2019, https://www.supplychaindive.com/news/nike-supply-chain-Celect-dive-awards/566234/.
49. Alfonso Segura, "The Fashion Retailer," Fashion Retail Blog, April 16, 2018, https://fashionretail.blog/2018/04/16/5015/.
50. BCG 基于标准普尔金融数据库 Capital IQ 和 BCG ValueScience 中心的 BCG 数据的分析。
51. Martin Reeves et al., "Preemptive Transformation: Fix It Before It Breaks," BCG Henderson Institute, August 17, 2018, https://www.bcg.com/publications/2018/preemptive-transformation-fix-it-before-it-breaks.aspx.
52. Reeves et al., "Preemptive Transformation."
53. Polly Mosendz, "Microsoft's CEO Sent a 3,187-Word Memo and We Read It So You Don't Have To," *Atlantic*, July 10, 2014, https://www.theatlantic.com/technology/archive/2014/07/microsofts-ceo-sent-a-3187-word-memo-and-we-read-it-so-you-dont-have-to/374230/.
54. Steve Denning, "How Microsoft Vanquished Bureaucracy with Agile," *Forbes*, August 23, 2019, https://www.forbes.com/sites/stevedenning/2019/08/23/how-microsoft-vanquished-bureaucracy-with-agile/#5d26bb3c6f58.
55. Steve Denning, "Surprise: Microsoft Is Agile," *Forbes*, October 27, 2015,

https://www.forbes.com/sites/stevedenning/2015/10/27/surprise-microsoft-is-agile/#45dd014a2867.

56. Mosendz, "Microsoft's CEO Sent a 3,187-Word Memo."
57. Jim Hemerling, Julie Kilmann, and Dave Matthews, "The Head, Heart, and Hands of Transformation," BCG, November 5, 2018, https://www.bcg.com/publications/2018/head-heart-hands-transformation.aspx.
58. 这些问题借鉴了本书其中一位作者（林杰敏）的演讲，并做了一些调整。

后 记 超越卓越的领导力

1. 博乐仁接受 BCG 的采访内容， 2020 年 2 月 17 日。
2. 萨蒂亚·纳德拉接受 BCG 的采访内容，2019 年 6 月 4 日。
3. 罗伯托·马克斯接受 BCG 的采访内容，2020 年 3 月 10 日。
4. 罗伯托·马克斯接受 BCG 的采访内容，2020 年 3 月 10 日。
5. N. 钱德拉塞克兰接受 BCG 的采访内容，2019 年 9 月 17 日。
6. 罗伯托·马克斯接受 BCG 的采访内容，2020 年 3 月 10 日。
7. Lars Fæste et al., "Transformation: The Imperative to Change," BCG, November 3, 2014, https://www.bcg.com/en-us/publications/2014/people-organization-transformation-imperative-change.aspx.
8. N. 钱德拉塞克兰接受 BCG 的采访内容，2019 年 9 月 17 日。

作者简介

波士顿咨询公司（BCG）

阿瑞丹姆·巴塔查里亚（Arindam Bhattacharya） 是波士顿咨询公司（BCG）董事总经理、全球资深合伙人，常驻新德里办公室。他是 BCG 印度区负责人、BCG 亨德森智库的联合创始人和研究学者、BCG 全球优势专项核心领导。多年来，他一直从事对全球化和全球商业模式主题的研究、写作和咨询工作，并在 TED 发表相关演讲。他与林杰敏合著的书籍《全球性：在任何地方与任何人进行任何的竞争》（*Globality: Competing with Everyone from Everywhere for Everything*）曾被《经济学人》选入年度最佳榜单。

波士顿咨询公司（BCG）

尼古拉斯·朗（Nikolaus Lang） 是波士顿咨询公司（BCG）董事总经理、全球资深合伙人，常驻慕尼黑办公室。他也是 BCG 全球优势专项的全球负责人，在地缘政治和贸易、合资公司和数字生态系统等多个全球化话题上为客户提供专业支持。作为 BCG 移动出行、连通性和自动驾驶汽车领域最顶尖的专家，在过去的 5 年中，他带领 BCG 在移动出行的未来发展领域与世界经济论坛展开合作，并协助监督波士顿市自动驾驶车队的试运行和启动工作。

波士顿咨询公司（BCG）

林杰敏（Jim Hemerling） 是波士顿咨询公司（BCG）董事总经理、全球资深合伙人，常驻旧金山办公室。他是 BCG 组织与人才以及转型专项的负责人、BCG 亨德森智库的研究学者，曾任 BCG 中国区业务负责人。他的工作和研究重点是如何通过以人为本的全方位渠道实现组织转型。他就此话题常发表演讲，其中在 TED 进行的题为“5 种让你在变化时代获胜的方式”（5 Ways to Lead in an Era of Constant Change）的演讲点击播放量颇高，获得了观众们的广泛好评。